WANGLUO JIAOYI GUANLI
LILUN YU SHIWU

网络交易管理理论与实务

国家工商行政管理总局网络商品交易监管司 编著

中国工商出版社

编委会成员

编委会主任：
　刘红亮　国家工商总局网络商品交易监管司司长

编委会副主任：
　杨洪丰　国家工商总局网络商品交易监管司副司长

编委会成员：
　吴东平　国家工商总局网络商品交易监管司网络商品交易监管处处长
　刘宝恒　国家工商总局网络商品交易监管司网络商品交易规范处处长
　王德翼　国家工商总局网络商品交易监管司网络商品交易监管处主任科员
　陈建平　北京市工商局特殊交易监管处处长
　刘　凯　北京市工商局丰台分局企业监督科科长
　戚　辉　大连市工商局网监分局副局长
　徐立鹤　上海市工商局市场处副处长
　李　艳　江苏省工商局市场处副处长
　姚　俊　浙江省工商局网监办主任
　朱春燕　浙江省工商局市场处副处长
　陶利军　浙江省台州市路桥区工商局网监办主任
　郭金山　山东省工商局市场处副处长
　蒋鸿宇　四川省工商局市场处处长
　王渝莎　四川省工商局市场处主任科员

序

这个时代的特征就是速度、变化、危机。如今,互联网正以改变一切的力量,带动着一场影响世界经济、政治、文化和社会发展的深刻变革。面对变革,党中央、国务院高度重视。2014年2月27日,中央网络安全和信息化领导小组成立,习近平总书记担任领导小组组长。李克强总理在政府工作报告中指出,要促进信息消费,鼓励电子商务创新发展;要促进物流配送、快递业和网络购物发展,充分释放十几亿人口蕴藏的巨大消费潜力。

党的十八大以来,新一届中央政府面对错综复杂的国内外经济形势,保持战略定力,依靠激发市场活力和发展内生动力,始终将经济运行保持在合理区间。这个过程中,网络市场发挥了非常重要的作用。在全面深化改革的进程中,国家工商总局网络商品交易监管司编著的《网络交易管理理论与实务》也即将付梓,这将进一步助推网络交易监管事业的创新发展。

当前工商系统正面临转变职能、划转职责、调整体制等诸多改革任务,网络市场监管成效将直接影响到今后工商行政管理的发展和定位。能否抓住事业发展的机遇,取决于政府和社会的信任和认可,归根到底取决于我们的工作实绩。工商部门网监条线的同志要认清肩负的历史使命,以主动作为和工作实绩抢抓机遇,促进工商行政管理事业实现新跨越,为经济社会发展作出更大的贡献。

自从网络市场监管职责赋予工商机关以来,工商系统即着手构筑全国一体化的网络市场监管机制与监管格局,这当然是由网络世界的全球性、开放性、瞬间性与网络市场的难控性、复杂性、易感性决定的。国家工商总局不仅率先公布施行了我国第一部促进和规范网络市场发展与监管的行政规章《网络商品交易及有关服务行为管理暂行办法》，稳步构建我国网络市场监管规则体系，而且在依法管网、以网管网的理念指导下，打造"政府、企业与社会互助，法律、技术、社会、教育等多种手段并用的综合治理模式"，构建由制度、技术、机构交织成"全国一体、功能齐全、统分结合、上下联动、左右互动"的网络市场监管格局。

2014年是中国正式接入国际互联网的第20个年头，也是工商部门实施新颁布的《网络交易管理办法》的第一年。8月29日，中编办批复国家工商总局市场规范管理司加挂"网络商品交易监管司"牌子，在新的发展起点上，各级工商网监机构要以工商部门系列网络监管研究图书的出版为契机，进一步做好规范网络商品交易及有关服务的工作。

一是要强化学习能力，提升监管履职能力。大数据、云计算、物联网、移动互联网的飞速发展，在为现实生活带来更多便利的同时，也对监管执法者提出了挑战。各级工商干部要研究新技术、新业态对社会治理和监管实践带来的冲击及其新的变革需求，紧跟互联网发展潮流，不断更新知识储备，切实提高监管履职的能力水平。

二是要转变监管思路，推动监管模式转变。要以信用体系建设为支撑，促进网络市场规范运行。建设社会信用体系，是完善社会主义市场经济体制的基础性工程，各级网监机构要及时总结电子商务可信交易环境建设的试点经验，结合总局正在开展企业主体信用信息公示平台建设，加快构建覆盖整个网络市场的诚信体系。要进一步转变政府职能，充分发扬企业行业自律机制。各级工商机关在继续大力培育和扶持行业自律组织的同时，还要深入梳理网络交易平台等各类经营型网站的交易规则、信用评价规则、商家入驻规则以及各类合同格式条款，不断完善行业规则的指导意见，促进企业和行业自律，努力建立自律在前、执法在后的网络市场治理格局。

三是要加大监管执法力度，切实提升依法监管水平。作为网络市场的监管执法部门，各级工商部门要进一步加大执法力度、创新执法手段、拓宽执法领域，不断完善案件查办机制，积极开展网络执法，以扎扎实实的监管执法工作维护网络市场的公平正义，回应消费者的热切期盼。

随着网络交易的不断发展，网络市场监管面临新的形势和任务。一方面涉及的行业和领域众多，交叉性强，另一方面涉及的新技术和新东西多，技术性强，监管难度大，任务重。因此，培养工商系统自己的网络监管行政执法能手，是适应时代发展需要和工商业务发展需要的重要任务。希望该书的出版能使新时期的执法人员掌握更多网络市场监管知识，为推动网络市场监管事业改革发展和服务经济社会科学发展作出新的更大的贡献！

国家工商行政管理总局副局长 甘霖

二〇一四年九月二日

目 录

第1章 互联网与电子商务

1.1 互联网技术 (1)
  1.1.1 计算机网络概述 (1)
    1.1.1.1 计算机网络发展历程 (1)
    1.1.1.2 计算机网络功能 (3)
  1.1.2 互联网基础知识 (5)
  1.1.3 域名相关知识 (6)
    1.1.3.1 域名的层次结构 (6)
    1.1.3.2 域名的命名规则 (6)
    1.1.3.3 域名的管理机构 (7)
    1.1.3.4 域名的申请途径 (7)
  1.1.4 互联网技术发展与演进 (9)
    1.1.4.1 物联网 (9)
    1.1.4.2 云计算 (13)
    1.1.4.3 大数据 (15)
    1.1.4.4 三网融合 (16)
    1.1.4.5 移动互联网 (18)
1.2 电子商务 (22)
  1.2.1 电子商务概述 (22)
    1.2.1.1 电子商务的定义 (22)
    1.2.1.2 电子商务的发展历程 (23)

1.2.1.3 国内电子商务发展现状 …………………………… (24)
　1.2.2 电子商务类型 …………………………………………… (27)
　　1.2.2.1 电子商务基本模式 ………………………………… (27)
　　1.2.2.2 电子商务新型模式 ………………………………… (29)
　1.2.3 国家促进电子商务发展若干政策 ……………………… (31)
　　1.2.3.1 《国务院办公厅关于加快电子商务发展的若干意见》… (31)
　　1.2.3.2 《关于开展国家电子商务示范城市创建工作的指导
　　　　　　意见》 ………………………………………………… (34)
　　1.2.3.3 《电子商务"十二五"发展规划》 ……………………… (35)
　　1.2.3.4 《国务院关于促进信息消费扩大内需的若干意见》 …… (39)

第 2 章　网络交易管理综述

2.1 网络交易管理概况 ………………………………………… (42)
　2.1.1 网络交易与管理 ………………………………………… (42)
　2.1.2 工商部门网络交易管理历程简介 ……………………… (42)
　2.1.3 网络交易管理职责分工 ………………………………… (44)
　2.1.4 网络交易特点及管理需求 ……………………………… (50)
　2.1.5 网络交易管理指导思想和工作原则 …………………… (52)
2.2 网络交易管理内容和策略 ………………………………… (54)
　2.2.1 网络交易管理内容 ……………………………………… (54)
　2.2.2 网络交易管理策略 ……………………………………… (59)
2.3 网络交易管理信息化平台应用 …………………………… (62)
　2.3.1 网络交易管理信息化平台概述 ………………………… (62)
　2.3.2 网络交易信息化管理平台建设 ………………………… (63)
　　2.3.2.1 基本工作思路 ………………………………………… (63)
　　2.3.2.2 具体工作目标 ………………………………………… (63)
　　2.3.2.3 基本工作任务 ………………………………………… (64)
2.4 网络经营主体和第三方网络交易平台管理 ……………… (66)
　2.4.1 网络经营主体管理 ……………………………………… (66)

        2.4.1.1 网络经营主体分类及工商部门监管对象 ……… (67)
        2.4.1.2 网络经营主体管理业务内容 ……………………… (68)
        2.4.1.3 网络经营主体市场准入管理 …………………… (70)
    2.4.2 第三方网络交易平台管理 ………………………………… (71)
        2.4.2.1 国外对第三方网络交易平台的治理思路 ……… (72)
        2.4.2.2 国内对第三方网络交易平台管理的实践 ……… (72)
        2.4.2.3 第三方网络交易平台管理的内容 ……………… (73)
        2.4.2.4 工商部门管理第三方网络交易平台的具体路径 …… (74)
2.5 **垂直搜索引擎在网络交易管理中的应用** …………………… (75)
    2.5.1 垂直搜索引擎概念与分类 ……………………………… (76)
        2.5.1.1 垂直搜索引擎定义 ……………………………… (76)
        2.5.1.2 工商网络交易管理垂直搜索引擎类型 ………… (76)
    2.5.2 垂直搜索引擎的架构分析 ……………………………… (77)
    2.5.3 垂直搜索引擎技术应用于网络交易管理的目标 ……… (79)
    2.5.4 垂直搜索引擎技术对网络交易管理的具体功用 ……… (80)
        2.5.4.1 网络交易管理行政执法方面 …………………… (80)
        2.5.4.2 网络交易管理公共服务方面 …………………… (82)
    2.5.5 垂直搜索引擎技术应对网络交易管理需求的研发重点
          和方向 ……………………………………………………… (84)
2.6 **国外网络交易管理简要介绍** …………………………………… (85)
    2.6.1 美国 ……………………………………………………… (85)
        2.6.1.1 互联网基础立法概况 …………………………… (85)
        2.6.1.2 互联网信息监管 ………………………………… (86)
        2.6.1.3 电子商务法 ……………………………………… (87)
        2.6.1.4 反垃圾邮件 ……………………………………… (89)
        2.6.1.5 公民隐私保护 …………………………………… (89)
        2.6.1.6 互联网犯罪及数据安全 ………………………… (90)
        2.6.1.7 互联网知识产权保护 …………………………… (90)
        2.6.1.8 互联网管辖 ……………………………………… (91)

2.6.2 欧盟 …………………………………………………………… (91)
　　2.6.2.1 电子商务 ………………………………………………… (91)
　　2.6.2.2 互联网犯罪 ……………………………………………… (92)
2.6.3 英国 …………………………………………………………… (93)
　　2.6.3.1 互联网监管 ……………………………………………… (93)
　　2.6.3.2 其他互联网基础立法 …………………………………… (93)
2.6.4 法国 …………………………………………………………… (95)
2.6.5 德国 …………………………………………………………… (95)
2.6.6 日本 …………………………………………………………… (96)
　　2.6.6.1 互联网监管 ……………………………………………… (96)
　　2.6.6.2 电子商务法 ……………………………………………… (96)
2.6.7 新加坡 ………………………………………………………… (97)
　　2.6.7.1 互联网监管 ……………………………………………… (97)
　　2.6.7.2 电子商务法 ……………………………………………… (98)
2.6.8 澳大利亚 ……………………………………………………… (98)
　　2.6.8.1 互联网内容规制 ………………………………………… (99)
　　2.6.8.2 内容分级制度 …………………………………………… (100)
　　2.6.8.3 建立互联网信息过滤制度的努力 ……………………… (101)
　　2.6.8.4 ISPs与ICHs的主动报告义务 ………………………… (102)
　　2.6.8.5 与自杀有关的内容 ……………………………………… (102)
　　2.6.8.6 网络种族主义和网络暴力的有关内容 ………………… (103)
2.7 网络交易管理大事记 ……………………………………………… (104)

第3章　网络交易行政执法

3.1 网络交易行政执法概述 ………………………………………… (110)
　3.1.1 传统法律网络适用性 ………………………………………… (110)
　3.1.2 网络交易执法主体和职责 …………………………………… (111)
　3.1.3 行政执法主体和职责 ………………………………………… (112)
　3.1.4 部门协同配合 ………………………………………………… (112)

3.1.5 管辖权问题 …………………………………………… (113)
   3.1.5.1 现行法律法规规定 ………………………………… (113)
   3.1.5.2 网络交易管辖确立原则 …………………………… (114)
   3.1.5.3 《网络交易管理办法》管辖权规定 ………………… (115)
3.2 **网络交易违法行为主要类型** …………………………… (116)
 3.2.1 网络违法广告 ……………………………………… (116)
 3.2.2 网络不正当竞争行为 ……………………………… (119)
   3.2.2.1 网络不正当竞争行为的类型 ……………………… (119)
   3.2.2.2 网络不正当竞争行为的特点 ……………………… (121)
   3.2.2.3 监管执法中存在的主要问题 ……………………… (122)
 3.2.3 网络传销行为 ……………………………………… (123)
3.3 **网络交易违法行为调查方法及处理实务** ……………… (125)
 3.3.1 网络交易违法行为调查方法 ……………………… (125)
   3.3.1.1 典型案件调查方法解析 …………………………… (125)
   3.3.1.2 网络交易案件实战技巧 …………………………… (129)
 3.3.2 网络交易违法行为处理实务 ……………………… (132)
3.4 **典型网络交易违法行为分析认定和行政处罚决定书制作** ……… (138)
 3.4.1 典型网络交易违法行为分析认定 ………………… (138)
   3.4.1.1 网上发布虚假、不真实企业简介信息定性分析 …… (138)
   3.4.1.2 利用搜索引擎竞价排名发布违法广告行为
           定性分析 ………………………………………… (142)
 3.4.2 行政处罚决定书制作 ……………………………… (145)
   3.4.2.1 行政处罚决定书制作要点 ………………………… (145)
   3.4.2.2 网络交易违法案件范文 …………………………… (146)
3.5 **网络交易违法行为典型案例** …………………………… (148)
 3.5.1 工商部门公布典型案例 …………………………… (148)
   3.5.1.1 国家工商总局公布案例 …………………………… (148)
   3.5.1.2 北京市工商局公布案例 …………………………… (157)
   3.5.1.3 浙江省工商局公布案例 …………………………… (157)

3.5.1.4 山东省工商局公布案例 …………………………………（161）
　3.5.2 人民法院判处搜索引擎商标侵权典型案例 …………………（163）
　　3.5.2.1 "绿岛风"案 ……………………………………………（164）
　　3.5.2.2 "大众搬场"案 …………………………………………（166）

第4章　网络交易消费维权

4.1 网络交易消费维权概述 ………………………………………………（169）
　4.1.1 侵害网络消费者合法权益表现形式 ………………………………（170）
　4.1.2 法律法规对网络消费者合法权益保护的具体规定 ………………（172）
　　4.1.2.1 《消费者权益保护法》 …………………………………（172）
　　4.1.2.2 《网络交易管理办法》 …………………………………（173）
　　4.1.2.3 《工商行政管理部门处理消费者投诉办法》…………（175）
　4.1.3 网络消费维权工作要点 ……………………………………………（176）
4.2 网络团购交易中的消费者权益保护 …………………………………（177）
　4.2.1 网络团购存在的主要问题 …………………………………………（178）
　4.2.2 网络团购纠纷的法律关系 …………………………………………（180）
　　4.2.2.1 餐饮消费网络团购纠纷的法律关系 …………………（180）
　　4.2.2.2 消费者、团购网站、商家之间法律关系分析 ………（181）
　4.2.3 《关于加强网络团购经营活动管理的意见》对消费者
　　　　的保护 …………………………………………………………（182）
4.3 各地推进网络消费维权工作经验 ……………………………………（184）
　4.3.1 上海市工商局 ………………………………………………………（184）
　4.3.2 深圳市工商局 ………………………………………………………（186）
　4.3.3 杭州市工商局 ………………………………………………………（187）
4.4 网络消费维权典型案例 ………………………………………………（189）
　4.4.1 河南省工商局查办华豪商贸有限公司侵犯消费者
　　　　权益案 …………………………………………………………（189）
　4.4.2 深圳市市场监管局依托ODR机制解决网络交易纠纷
　　　　典型案例 ………………………………………………………（191）

第 5 章 电子数据证据取证

5.1 电子数据证据取证基础理论 (193)
- 5.1.1 电子数据证据概述 (193)
- 5.1.2 工商机关电子数据证据取证工作的必要性 (194)
- 5.1.3 电子数据证据取证相关基础知识 (196)
  - 5.1.3.1 电子数据证据的分类 (196)
  - 5.1.3.2 电子数据证据的特性 (197)
- 5.1.4 电子数据证据的自身特点对取证的影响 (198)
- 5.1.5 电子数据证据取证的基本原则 (199)
- 5.1.6 电子数据证据的效力认证标准 (200)
- 5.1.7 国内外有关电子数据证据方面的主要法律规定 (202)
  - 5.1.7.1 国外有关电子数据证据的相关法律规定 (202)
  - 5.1.7.2 国内有关电子数据证据的相关法律规定 (203)
- 5.1.8 《关于工商行政管理机关电子数据证据取证工作的指导意见》解读 (205)
  - 5.1.8.1 内容要点 (205)
  - 5.1.8.2 相关焦点问题解释 (207)

5.2 电子数据证据取证实务操作 (208)
- 5.2.1 电子数据证据表现形式和来源 (208)
- 5.2.2 电子数据证据取证流程 (210)
  - 5.2.2.1 取证准备阶段 (210)
  - 5.2.2.2 证据识别阶段 (212)
  - 5.2.2.3 证据采集与固定阶段 (213)

5.3 电子数据证据取证设备及技术简介 (214)
- 5.3.1 电子数据取证基础硬件设备 (214)
- 5.3.2 电子数据证据取证分析技术 (216)
  - 5.3.2.1 基础取证分析软件 (216)
  - 5.3.2.2 其他取证分析辅助软件 (217)

5.3.3 电子数据证据保全技术 …………………………………… (218)
5.3.4 电子数据证据复制技术 …………………………………… (220)
　　5.3.4.1 位对位复制技术 …………………………………… (220)
　　5.3.4.2 电子数据证据镜像技术 …………………………… (221)
5.3.5 电子数据证据校验技术 …………………………………… (222)

附录：国内现行涉及网络交易管理方面的法律法规及规范性文件

1.《网络交易管理办法》……………………………………………… (223)
2.《全国人民代表大会常务委员会关于维护互联网安全的
　决定》……………………………………………………………… (233)
3.《全国人民代表大会常务委员会关于加强网络信息保护
　的决定》…………………………………………………………… (235)
4.《中华人民共和国电子签名法》…………………………………… (237)
5.《中华人民共和国侵权责任法》(摘录) ………………………… (244)
6.《中华人民共和国消费者权益保护法》…………………………… (244)
7.《互联网信息服务管理办法》……………………………………… (256)
8.《工商行政管理部门处理消费者投诉办法》……………………… (261)
9. 国家工商总局《关于加强跨省网络商品交易及有关服务违法
　 行为查处工作的意见》…………………………………………… (266)
10. 国家工商总局《关于工商行政管理机关电子数据证据取证
　　工作的指导意见》………………………………………………… (268)
11. 国家工商总局《关于加强网络团购经营活动管理的意见》…… (271)

参考文献 ……………………………………………………………… (277)

后记 …………………………………………………………………… (280)

第1章　互联网与电子商务

互联网与电子商务从20世纪70年代诞生以来，先后经历了几个发展阶段，日新月异，已成为人们日常生活中越来越重要的组成部分。

网络交易作为电子商务的重要组成部分，是基于现代计算机和通信网络技术应用而发展的。电子商务与互联网有着密不可分的关系，电子商务是从互联网基础上发展起来的新兴产业，同时又是互联网的新鲜血液。

1.1 互联网技术

1.1.1 计算机网络概述

计算机网络，是指将地理位置不同的具有独立功能的多台计算机及其外部设备，通过通信线路连接起来，在网络操作系统、网络管理软件及网络通信协议的管理和协调下，实现资源共享和信息传递的计算机系统。

1.1.1.1 计算机网络发展历程

计算机网络的发展大体分为四个阶段：第一代计算机网络的远程终端联机阶段、第二代计算机网络的计算机网络阶段、第三代计算机网络的计算机网络互联阶段、第四代计算机网络的国际互联网与信息高速公路阶段。计算机发展早期是一个巨型机时代，被称为分时系统的大系统所控制。远程终端计算机系统是在分时计算机系统基础上，通过 Modem（调制解调器）和 PSTN（公用电话网）向地理上分布的许多远程终端用户提供共享资源服务。这虽然还不能算是真正的计算机网络系统，但它是计算机与通信系统结合的最初尝试。在远程终端计算机系统基础上，人们开始研究把计算机与计算机通过 PSTN 等已有的通信系统互联起来。

为了使计算机之间的通信联接可靠,又建立了分层通信体系和相应的网络通信协议,于是诞生了以资源共享为主要目的的计算机网络。由于网络中计算机之间具有数据交换的能力,提供了在更大范围内计算机之间协同工作、实现分布处理甚至并行处理的能力,联网用户之间直接通过计算机网络进行信息交换的通信能力也大大增强。1969 年 12 月,互联网的前身——美国的 ARPA 网投入运行,它标志着我们常称的计算机网络的兴起。计算机互联的网络系统是一种分组交换网。分组交换技术使计算机网络的概念、结构和网络设计方面都发生了根本性的变化,为后来的计算机网络打下了基础。20 世纪 80 年代初,随着 PC 个人微机应用的推广,PC 联网的需求也随之增大,各种基于 PC 互联的微机局域网纷纷出台。这个时期微机局域网系统的典型结构是共享文件服务器结构,即为所有联网 PC 设置一台专用的可共享的网络文件服务器。由于使用了较 PSTN 速率高得多的同轴电缆、光纤等高速传输介质,使 PC 网上访问共享资源的速率和效率大大提高。这种基于文件服务器的微机网络对网内计算机进行了分工:PC 机面向用户,微机服务器专用于提供共享文件资源。所以它实际上就是一种客户机/服务器模式。计算机网络系统是非常复杂的系统,计算机之间相互通信涉及许多复杂的技术问题。为实现计算机网络通信,计算机网络采用的是分层解决网络技术问题的方法。但是,由于存在不同的分层网络系统体系结构,它们的产品之间很难实现互联。为此,国际标准化组织 ISO 在 1984 年正式颁布了"开放系统互连基本参考模型"OSI 国际标准,使计算机网络体系结构实现了标准化。进入 20 世纪 90 年代,计算机技术、通信技术以及建立在计算机和通信技术基础上的计算机网络技术得到了迅猛的发展。特别是 1993 年美国宣布建立国家信息基础设施(NII)后,全世界许多国家纷纷制定和建立本国的 NII,从而极大地推动了计算机网络技术的发展,使计算机网络进入了一个崭新的阶段。目前,全球以美国为核心的高速计算机互联网络(即 Internet)已经全面形成,互联网已经成为人类最重要、最大的知识宝库。网络中计算机设备之间的距离可近可远,即网络覆盖地域面积可大可小。

按照联网的计算机之间的距离和网络覆盖面的不同,一般分为局域网(Local Area Network,LAN)、城域网(Metropolitan Area Network,MAN)、广域网(Wide Area Network,WAN)和互联网(Internet)。局域网相当于某厂、某校的内部电话网,城域网犹如某地只能拨通市话的电话网,广域网就像国内直拨电话网,互联网则类似于国际长途电话网。局域网是由某种类型的电缆把计算机直接连在一起的网络,把许多个局域网连在一起则组成了广域网。大多数广域网是通过电话线路、光纤连接的,少数也采用其他类型的技术,如卫星通信。互联网中大多数广域网连接是通过电话系统。

1.1.1.2 计算机网络功能

计算机网络具有很多实际用处,其中最重要的三个功能是:数据通信、资源共享、分布处理。

数据通信:这是计算机网络最基本的功能,用来快速传送计算机与终端、计算机与计算机之间的各种信息。利用这一功能,可实现将分散在各单位或部门的计算机网络联系起来,进行统一的调配、控制和管理。

资源共享:"资源"指的是网络中所有的软件、硬件和数据资源。"共享"指的是网络中的用户能够部分或全部地享受这些资源。例如,某些地区或单位的数据库可供全网使用;某些单位设计的软件可供有需要的地方有偿调用或办理一定手续后调用;一些外部设备如打印机,可面向用户,使不具有这些设备的地方也能使用这些硬件设备。如果不能实现资源共享,各地区都需要有完整的一套软、硬件及数据资源,全系统的投资费用则将大大增加。

分布处理:当某台计算机负担过重时,或该计算机正在处理某项工作时,网络可将新任务转交给空闲的计算机来完成,这样处理能均衡各计算机的负载,提高处理问题的实时性;对大型综合性问题,可将问题各部分交给不同的计算机分头处理,充分利用网络资源,扩大计算机的处理能力,即增强实用性。对解决复杂问题来讲,多台计算机联合使用并构成高性能的计算机体系,这种协同工作、并行处理要比单独购置高性能的大型计算机便宜得多。如果网络所连接的计算机较多,就需要考虑专门设立一个计算机来存储和管理需要共享的资源,这台计算机被称为文件服务器,其他的计算机称为工作站,工作站里硬盘的资源就不必与他人共享。如果想与某人共享一份文件,就必须先把文件从工作站拷贝到文件服务器上,或者一开始就把文件安装在服务器上,这样其他工作站上的用户才能访问到这份文件。这种网络称为客户机/服务器(Client/Server)网络。客户机/服务器系统是计算机网络中最重要的应用技术之一,大部分计算机网络都使用这种客户机/服务器关系。其系统结构是指把一个大型的计算机应用系统变为多个能互为独立的子系统,而服务器便是整个应用系统资源的存储与管理中心,多台客户机则各自处理相应的功能,共同实现完整的应用。用户使用应用程序时,首先启动客户机通过有关命令告知服务器进行连接以完成各种操作,而服务器则按照此请示提供相应的服务。这种系统的绝妙之处,就是客户机和服务器程序不在同一台计算机上运行,这些客户机和服务器程序通常归属不同的计算机。例如,你可能坐在中国北京的一台 PC 机前,通过 WWW 来阅读万里之外的美国国家安全局的"今日新闻"。在这种情况下,WWW 客户机就是你的 PC 机,它运行着一个程序,此时 WWW 服务器是在美国另一端的一台超级计算机,它运行着另一个程序。从结构上来看,组成计算机网络的硬件有网络服务器、网络工作站、网络适配器、连接线,我们把这些硬件连接起来,再安装上专门用来支持网络运行的系统软件和应用软件,那么一个能够满足工作或生活需求的计算机网络也就建成了。网络操作系统(NOS)是网络的心脏和灵魂,是向网络计算机提供服务的特殊的操作系统,它在计算机操作系统下工作,使计算机操作系统增加了网络操作所需要的能力。网络操作系统运行在服务器上,并由连网的计算机用户共享。协议是网络设备之间进行互相通信的语言和规范。常用的网络协议有:IPX、TCP/IP、NetBEUI、NWLink。TCP/IP 是互联网使用的协议。

1.1.2 互联网基础知识

网站：是指在互联网络上，根据一定的规则，使用 HTML 等工具制作的用于展示特定内容的相关网页的集合。简单地说，网站就像布告栏一样，人们可以通过网站来发布自己想要公开的信息，或者利用网站来提供相关的网络服务。人们可以通过网页浏览器来访问网站，获取自己需要的信息或者享受网络服务。

网页：是网站中的一页，通常是 HTML 格式（文件扩展名为".html"或".htm"）。它实际上是一个纯文本文件，存放在与网络相连接的某一台计算机中。在网页上点击鼠标右键，选择菜单中的"查看源文件"，就可以通过记事本看到网页的实际内容。网页经由网址（URL）来识别与存取，当我们在浏览器输入网址后，经过一段复杂而又快速的程序，网页文件会被传送到你的计算机，然后再通过浏览器解释网页的内容，再展示到你的眼前。文字与图片是构成一个网页的两个最基本的元素。除此之外，网页的元素还包括动画、音乐、程序等。

网址：互联网中，如果要从一台计算机访问网上另一台计算机，就必须知道对方的网址。这里所说的网址实际上指两个内涵，即 IP 地址和域名地址。通俗地说，网址就如打电话时拨的电话号码，全世界没有重复的网址。从社会科学的角度看，网址已成为了 Internet 文化的组成部分。从商业角度看，网址已被誉为"企业的网上商标"。

通用网址是一种新兴的网络名称访问技术，通过建立通用网址与网站地址 URL 的对应关系，实现浏览器访问的一种便捷方式。借助通用网址，您只需要使用自己所熟悉的语言告诉浏览器就可访问某个网站。

IP 地址：是互联网协议地址（Interner Protocol Address）的缩写。互联网依靠 TCP/IP 协议，在全球范围内实现不同硬件结构、不同操作系统、不同网络系统的互联。IP 地址是 IP 协议提供的一种统一的地址格式，用于标识互联网上每一台主机的唯一编号。IP 地址是一个 32 位的二进制数，被分割为 4 个"8 位二进制数"（也就是 4 个字节），通常用"点分十进制"表示成"a.b.c.d"的形式，其中，a、b、c、d 都是 0～255 之间的十进制整数。例如,点分十进 IP 地址(100.4.5.6),实际上是 32 位二进制数(01100100.00000100.00000101.00000110)。由于互联网的蓬勃发展,IP 位址的需求量越来越大,32 位的 IP 地址目前已基本用完,新一代 128 位的 IP 地址正在建设试运行之中。

网站名称:是指网站设立人给网站所起的称号,是一个类似商号的名称,只是用来命名网站。

1.1.3 域名相关知识

域名是指互联网络上识别和定位计算机的层次结构式的字符标识,与该计算机的 IP 地址相对应。长期以来,全球互联网以英文域名为主。中文域名是指以中文字符作为域名主体的域名。2010 年 4 月,中国互联网络信息中心(CNNIC)代表中国递交的简、繁体". 中国"域名国际申请通过了互联网名字与编号分配机构(ICANN)的快速通道评审,成为国际域名顶级后缀。

1.1.3.1 域名的层次结构

域名有不同的层次结构,在我国通常分为三级,即顶级(一级)域名、二级域名和三级域名。顶级域名由互联网名称与地址分配公司(ICANN)来定义和分配。顶级域名分为通用顶级域名(国内也称之为国际域名,如 com、net、org、edu 和 gov)和国家代码顶级域名(如中国代码为 cn)。二级域名可分为两类:类别域名和区域域名。类别域名主要有以下 6 个。

ac:适用于科研机构。edu:适用于教育机构。com:适用于商业性的机构或公司。gov:适用于政府部门。net:适用于互联网、接入网络的信息中心和运行中心。org:适用于各种非营利性的组织、团体。

1.1.3.2 域名的命名规则

域名命名规则主要针对三级域名。三级域名由字母(A~Z,a~z,大小写等价)、数字(0~9)和连接符(—)组成,各级域名之间用实点(.)连接。为了强化域名在虚拟世界中标识现实企业的作用,也基于现行惯例,申请者一般采用本单位名称的中文的汉语拼音全称或缩写、英文全称或缩写,或本单位商品或服务商标等享有专有权的字符。域名长度不超过

20个字符,且不能与已注册域名、行业名称、地名、二级域名、专用术语等冲突。也就是说,单位名称、商标中的专有字符,并不当然地能够注册为域名,因为有时单位名称缩写或专有权利与已有域名完全一致。另外,单位选择域名不能违反下列规定。

(1)未经国家有关部门的正式批准,不得使用含有China、Chinese、cn、National等字样的域名。

(2)不得使用公众知晓的其他国家或地区名称、外国地名、国际组织名称。未经各级地方政府批准,不得使用县级以下(含县级)行政区划名称的全称或缩写。

(3)不得使用行业名称或商品的通用名称。

(4)不得使用他人已在中国注册过的企业名称或商标名称。

(5)不得使用对国家、社会或公共利益有损害的名称。

1.1.3.3 域名的管理机构

域名管理机构可分为国际域名管理机构与国内域名管理机构。目前国际域名管理机构全称为互联网自治管理机构的互联网名称与编码分配公司(Internet Corporation for Assigned Names and Numbers,ICANN),成立于1998年,是一个国际性非营利的Internet管理组织。它与美国政府签订协议,接管了原先IANA的职责,负责管理与Internet域名和地址有关的政策和协议,而政府则采取不干预政策。并在2000年9月30日后全面接管".com"、".org"和".net"顶级域名的登记管理工作。目前国内域名管理机构全称为中国互联网络信息中心(CNNIC),成立于1997年,在法律性质上属于非营利性、非官方的民间组织。该中心主要负责中国国家域名".cn"及中文域名".中国"之下的域名注册管理工作。CNNIC从负责分配互联网IP地址的ICANN的亚太分支机构APNIC(Asia Pacific Network Information Center)取得IP地址资源,然后,在中国国内分配、管理。中国科学院计算机网络信息中心承担CNNIC具体的运行和管理工作。

1.1.3.4 域名的申请途径

域名申请取得的途径有两条:一是到美国ICANN公司或其授权的代

理机构注册国际通用域名;二是在中国注册 cn 顶级域名下的域名。

注册国际通用域名可以到有权代理注册国际通用域名的网络公司申请,如中国万网、东方通信域名注册中心等。可供选择的国际域名有以下三类:传统国际域名(中/英文):".com"、".net"、".org"、".gov";新顶级域名:".biz"、".info"、".name"、".pro"。全球性国际顶级域:".tv"、".cc"、".sh"。

域名注册主要审查内容为域名是否已经发放,即是否与已经注册的域名重复;域名是否明显含有法律禁止的内容。注册机构只要求拟申请域名不与他人域名、商标相同或混淆性相似,但并不主动审查是否侵害他人权利(包括侵害商标权等在先权利),而是要求申请人向 ICANN 保证其所申请的域名不侵害他人商标权等权益,允许商标权人和其他享有在先权利人向 ICANN 或法院提出异议或诉讼,ICANN 自己或依据法院判决确定注册人是否有权继续使用争议域名。

实践中,用户在注册域名时,只要通过域名代理注册机构选名、付款就可以了,其余的事情由域名代理机构负责处理。

在中国注册 cn 顶级域名下的域名,在程序上基本上采纳了国际上通行的"先申请先注册原则"和"由申请人选择和负责原则"。概括而言,就是遇有相同域名申请注册时,先申请者获得注册,后申请者不能获得注册。为维护国家利益和社会公众利益,域名注册管理机构可以对部分保留字进行必要保护,报信息产业部备案后施行。除此之外,域名注册管理机构和注册服务机构不得预留或变相预留域名。域名注册管理机构和注册服务机构在提供域名注册服务中不得代表任何实际或潜在的域名持有者。

申请注册的域名由申请者自己自由命名,域名注册机构只审查域名命名是否规范,在先域名是否重复,而对域名是否侵犯了他人的在先权利(商标权、商号权或其他无形权)并不作实质审查。因而,因侵犯他人在先权利的域名注册所产生的一切法律责任和经济纠纷,均与各级域名管理单位无关。

CNNIC 是 cn 域名和中文域名的注册管理机构。申请人可通过访问

http://www.cnnic.net.cn、电子邮件、传真等电子手段获得并提交申请表。CNNIC在收到申请材料5日内对申请材料进行格式审查,并通过电子邮件或电话通知申请者格式审查结果。域名注册管理机构收到第一次有效注册申请的日期为申请日,域名注册服务机构应当将申请日告知域名申请者。

域名注册申请者应当与域名注册服务机构签订用户注册协议。申请者应当在域名注册协议中保证:遵守有关互联网络的法律和规定;遵守《中国互联网络域名管理办法》以及主管部门的其他相关规定;遵守中国互联网络信息中心制定的域名注册实施细则、域名争议解决办法等相关规定;提交的域名注册信息真实、准确、完整。

目前可供选择的国内域名主要有两类。国内英文域名:". com. cn"、". net. cn"、". org. cn"。国内中文域名:".中国"、".网络"、".公司"。

国内域名注册的基本程序规定为2004年9月28日由原信息产业部第8次部务会议审议通过了《中国互联网络域名管理办法》。

1.1.4 互联网技术发展与演进

以互联网为载体的网络经济是一个高度创新的产业。随着互联网技术的不断进步,网络经济也不断呈现新的增长点与技术内容。

1.1.4.1 物联网

物联网(Internet of Things)一般是指通过射频识别(RFID)、红外感应器、全球定位系统、激光扫描器等信息传感设备,按约定的协议,把任何物品与互联网相连接,进行信息交换和通信,以实现对物品的智能化识别、定位、跟踪、监控和管理的一种网络。物联网是新一代信息技术的重要组成部分,是在互联网基础上的延伸和扩展的网络。

1999年,在美国召开的移动计算和网络国际会议首先提出物联网这个概念。2005年11月17日,在突尼斯举行的信息社会世界峰会上,国际电信联盟(ITU)发布《ITU互联网报告2005:物联网》,引用了物联网的概念。2008年后,为了促进科技发展,寻找经济新的增长点,各国政府开始重视下一代的技术规划,将目光放在了物联网上。

2009年1月28日,奥巴马就任美国总统后,与美国工商业领袖举行了一次圆桌会议。IBM首席执行官彭明盛首次提出"智慧地球"这一概念,建议新政府投资新一代的智慧型基础设施。IBM认为,IT产业下一阶段的任务是把新一代IT技术充分运用在各行各业之中,具体地说,就是把感应器嵌入和装备到电网、铁路、桥梁、隧道、公路、建筑、供水系统、大坝、油气管道等各种物体中,并且被普遍连接,形成物联网。当年,美国将新能源和物联网列为振兴经济的两大重点。而今天,"智慧地球"战略被不少美国人认为与当年的"信息高速公路"有许多相似之处,同样被他们认为是振兴经济、确立竞争优势的关键战略。该战略能否掀起如当年互联网革命一样的科技和经济浪潮,不仅为美国关注,更为世界所关注。

在中国,北京大学在2008年11月举行第二届中国"知识社会与创新2.0"移动政务研讨会,提出移动技术、物联网技术的发展代表着新一代信息技术的形成,并带动了经济社会形态、创新形态的变革,推动了面向知识社会的以用户体验为核心的下一代创新(创新2.0)形态的形成,而创新2.0形态的形成又进一步推动新一代信息技术的健康发展。2009年8月,温家宝总理在视察中科院无锡物联网产业研究所时,对于物联网应用也提出了一些看法和要求。自温总理提出"感知中国"以来,物联网被正式列为国家五大新兴战略性产业之一,写入政府工作报告,物联网在中国受到了全社会极大的关注。

2013年2月5日,国务院印发国发[2013]7号《关于推进物联网有序健康发展的指导意见》,明确推进物联网的应用和发展,有利于促进生产生活和社会管理方式向智能化、精细化、网络化方向转变,对于提高国民经济和社会生活信息化水平,提升社会管理和公共服务水平,带动相关学科发展和技术创新能力增强,推动产业结构调整和发展方式转变具有重要意义。该意见明确了推进我国物联网应用和发展的指导思想、基本原则、发展目标、主要任务和保障措施。

物联网和传统的互联网相比,有其鲜明的特征。首先,它是各种感知技术的广泛应用。物联网上部署了海量的多种类型传感器,每个传感器都是一个信息源,不同类别的传感器所捕获的信息内容和信息格式不同。传感器获得的数据具有实时性,按一定的频率周期性的采集环境信息,不断更新数据。其次,它是一种建立在互联网上的泛在网络。物联网技术的重要基础和核心仍旧是互联网,通过各种有线和无线网络与互联网融合,将物体的信息实时准确地传递出去。最后,物联网本身具有智能处理的能力。物联网将传感器和智能处理相结合,利用云计算、模式识别等各种智能技术,能够对物体实施智能控制。

能够被纳入物联网的"物"要满足以下条件:要有数据传输通路;要有一定的存储功能;要有CPU;要有操作系统;要有专门的应用程序;遵循物联网的通信协议;在世界网络中有可被识别的唯一编号。

物联网可分为私有物联网、公用物联网、社区物联网及混合物联网四类。物联网的本质概括起来主要体现在三个方面:一是互联网特征,即对需要联网的物一定要能够实现互联互通的互联网络;二是识别与通信特征,即纳入物联网的"物"一定要具备自动识别与物物通信(M2M)的功能;三是智能化特征,即网络系统应具有自动化、自我反馈与智能控制的特点。

从技术架构上来看,物联网可分为三层:感知层、网络层和应用层。感知层由各种传感器以及传感器网关构成,包括二氧化碳浓度传感器、温度传感器、湿度传感器、二维码标签、RFID标签和读写器、摄像头、GPS等感知终端。感知层的作用相当于人的眼耳鼻喉和皮肤等神经末梢,它是物联网识别物体、采集信息的来源。网络层由各种私有网络、互联网、有线和无线通信网、网络管理系统和云计算平台等组成,相当于人的神经中枢和大脑,负责传递和处理感知层获取的信息。应用层是物联网和用户(包括人、组织和其他系统)的接口,它与行业需求结合,实现物联网的智能应用。

在物联网中,射频识别技术是一个很重要的技术。在射频识别系统中,标签有可能预先被嵌入任何物品中,比如人们的日常生活物品中,但由于该物品(如衣物)的拥有者,不一定能够觉察该物品预先已嵌入有电子标签以及自身可能不受控制地被扫描、定位和追踪,这势必会使个人的隐私问题受到侵犯。因此,如何确保标签物的拥有者个人隐私不受侵犯便成为射频识别技术以至物联网推广的关键问题。而且,这不仅仅是一个技术问题,还涉及政治和法律问题。

物联网的行业特性主要体现在其应用领域内,目前绿色农业、工业监控、公共安全、城市管理、远程医疗、智能家居、智能交通和环境监测等各个行业均有物联网应用的尝试,某些行业已经积累一些成功的案例。物联网在实际应用上的开展需要各行各业的参与,并且需要国家政府的主导以及相关法规政策上的扶助,物联网的开展具有规模性、广泛参与性、管理性、技术性、物的属性等特征,其中,技术上的问题是物联网最为关键的问题。

物联网技术是一项综合性的技术,是一项系统工程。目前国内还没有哪家公司可以全面负责物联网的整个系统规划和建设,理论上的研究已经在各行各业展开,而实际应用还仅局限于行业内部。业内专家认为,物联网一方面可以提高经济效益,大大节约成本;另一方面可以为全球经济的复苏提供技术动力。目前,美国、欧盟等都在投入巨资深入研究探索物联网。我国也正在高度关注、重视物联网的研究,工业和信息化部会同有关部门,在新一代信息技术方面正在开展研究,以形成支持新一代信息技术发展的政策措施。

对于物联网,我们要认清以下三大误区。

一是把传感网或 RFID 网等同于物联网。事实上传感技术也好、RFID 技术也好,都仅仅是信息采集技术之一。除传感技术和 RFID 技术外,GPS、视频识别、红外、激光、扫描等所有能够实现自动识别与物物通信的技术都可以成为物联网的信息采集技术。传感网或者 RFID 网只是物联网的一种应用,但绝不是物联网的全部。

二是把物联网当成互联网的无限延伸。实际上物联网既可以是我们平常意义上的互联网向物的延伸,也可以根据现实需要及产业应用组成局域网、专业网。现实中没必要也不可能使全部物品联网,也没必要使专业网、局域网都必须连接到全球互联网共享平台。今后的物联网与互联网会有很大不同,类似智能物流、智能交通、智能电网等专业网和智能小区等局域网才是最大的应用空间。

三是认为物联网是目前很难实现的技术。事实上物联网是实实在在的,很多初级的物联网应用早就在为我们服务着。物联网理念就是在很多现实应用基础上推出的聚合型集成的创新,是对早就存在的具有物物互联的网络化、智能化、自动化系统的概括与提升,它从更高的角度升级了我们的认识。

1.1.4.2 云计算

按照美国国家标准与技术研究院的定义,云计算(Cloud Computing)是指一种按使用量付费的模式,这种模式提供可用的、便捷的、按需的网络访问,进入可配置的计算资源共享池(资源包括网络、服务器、存储、应用软件、服务),这些资源能够被快速提供,只需投入很少的管理工作,或与服务供应商进行很少的交互。

一般意义上来说,云计算是基于互联网的相关服务的增加、使用和交付模式,通常涉及通过互联网来提供动态易扩展且经常是虚拟化的资源。云是网络、互联网的一种比喻说法,过去在图中往往用云来表示电信网,后来也用来表示互联网和底层基础设施的抽象。狭义上的云计算指IT基础设施的交付和使用模式,即通过网络以按需、易扩展的方式获得所需资源;广义上的云计算指服务的交付和使用模式,即通过网络以按需、易扩展的方式获得所需服务。这种服务可以是IT和软件、互联网相关,也可是其他服务。它意味着计算能力也可作为一种商品通过互联网进行流通。

云计算是继20世纪80年代大型计算机到客户端——服务器的大转变之后的又一种巨变,是网格计算、分布式计算、并行计算、网络存储、虚拟化等传统计算机和网络技术发展融合的产物。通过使计算分布在大量的分布式计算机上,而非本地计算机或远程服务器中,企业数据中心的运行将与互联网更相似。这使得企业能够将资源切换到需要的应用上,根据需求访问计算机和存储系统。

云计算可以认为包括以下几个层次的服务:基础设施即服务(IaaS)。消费者通过 Internet 可以从完善的计算机基础设施获得服务。软件即服务(SaaS)。它是一种通过 Internet 提供软件的模式,用户无须购买软件,而是向提供商租用基于 Web 的软件,来管理企业经营活动。平台即服务(PaaS)。PaaS 实际上是指将软件研发的平台作为一种服务,以 SaaS 的模式提交给用户。因此,PaaS 也是 SaaS 模式的一种应用。但是,PaaS 的出现可以加快 SaaS 的发展,尤其是加快 SaaS 应用的开发速度。

云安全(Cloud Security)是一个从云计算演变而来的新名词。云安全的策略构想是:使用者越多,每个使用者就越安全,因为如此庞大的用户群,足以覆盖互联网的每个角落,只要某个网站被挂马或某个新木马病毒出现,就会立刻被截获。云安全通过网状的大量客户端对网络中软件行为的异常监测,获取互联网中木马、恶意程序的最新信息,推送到 Server 端进行自动分析和处理,再把病毒和木马的解决方案分发到每一个客户端。

云存储是在云计算(Cloud Computing)概念上延伸和发展出来的一个新的概念,是指通过集群应用、网格技术或分布式文件系统等功能,将网络中大量各种不同类型的存储设备通过应用软件集合起来协同工作,共同对外提供数据存储和业务访问功能的一个系统。当云计算系统运算和处理的核心是大量数据的存储和管理时,云计算系统中就需要配置大量的存储设备,那么云计算系统就转变成为一个云存储系统,所以云存储是一个以数据存储和管理为核心的云计算系统。

云技术要求大量用户参与,也不可避免的出现了隐私问题。用户参与即要收集某些用户数据,从而引发了用户数据安全的担心。很多用户担心自己的隐私会被云技术收集。正因如此,在加入云计划时很多厂商都承诺尽量避免收集到用户隐私,即使收集到也不会泄露或使用。但不少人还是怀疑厂商的承诺,他们的怀疑也不是没有道理的。不少知名厂商都被指责有可能泄露用户隐私,并且泄露事件也确实时有发生。

1.1.4.3 大数据

随着信息技术的发展,数据已经渗透到当今每一个行业和业务职能领域,成为重要的生产因素。2012年,大数据(Big Data)一词越来越多地被提及,人们用它来描述和定义信息爆炸时代产生的海量数据,并命名与之相关的技术发展与创新。

大数据具体内容包括网络媒体发布的新闻信息、网民在社交平台上发布的言论信息、消费者网购时留在平台上的交易信息、公众通话时电信运营商记录的通话信息以及政府相关部门在履职过程中掌握的管理对象信息等,数据具体形式有文字、声音、图像、视频等。

大数据到底有多大?一组名为"互联网上一天"的数据告诉我们,一天之中,互联网产生的全部内容可以刻满1.68亿张DVD光盘(每张光盘容量约4G);发出的邮件有2940亿封之多,相当于美国两年的纸质信件数量;发出的社区帖子达200万个,相当于《时代》杂志770年的文字量。IBM的研究称,整个人类文明所获得的全部数据中,有90%是过去两年内产生的。到2020年,全世界所产生的数据规模将达到今天的44倍。

大数据中的单个数据或小范围数据本身价值并不大,但通过技术手段对大量数据进行分析,就会得出十分有价值的信息。所谓大数据时代是指大数据在各个方面得到广泛应用,它对社会经济生活产生的影响绝不限于技术层面,而是为我们看待世界提供了一种全新的方法,即决策行为将日益基于数据分析做出,而不是像过去更多凭借经验和直觉做出。大数据主要掌握在电信运营商、大型网络平台服务商及省级以上政府管理部门手中,并受到数据拥有者的日益重视。阿里巴巴集团的核心资产就是形成了庞大的公司库和商品库,拥有500多亿元市值的百度公司实际上完全依托于互联网的大数据。用户在淘宝网平台注册时,无论是否认同,签订的协议中还有这样一段文字:对于您提供的资料及数据信息,您授与淘宝及关联公司独家的、全球通用的、永久的、免费的许可使用权利。关于大数据的具体运用事例举不胜举,这里不详细表述。

2013年3月22日,奥巴马政府将数据定义为"未来的新石油",宣布将"大数据战略"相关产业发展上升为国家意志,并表示一个国家拥有数据的规模、活性及解释运用的能力将成为综合国力的重要组成部分,未来,对数据的占有和控制甚至将成为陆权、海权、空权之外的另一种国家核心资产。2013年8月8日,国务院印发国发[2013]32号《关于促进信息消费扩大内需的若干意见》,实际上也是推进我国大数据应用的指导文件。

1.1.4.4 三网融合

根据《中华人民共和国电信条例》等有关规定,网络是指包括以电话、电视机、计算机等电子设备为接收终端的电信网、广播电视网、互联网,这就是我们经常提到的三网。三网融合,是指电信网、广播电视网、互联网在向宽带通信网、数字电视网、下一代互联网演进过程中,三大网络通过技术改造,其技术功能趋于一致,业务范围趋于相同,网络互联互通、资源共享,能为用户提供语音、数据和广播电视等多种服务。三网融合并不指三大网络的物理合一,主要是指高层业务应用的融合。三网融合以后,手机可以看电视、上网,电视可以打电话、上网,电脑也可以打电话、看电视。另外,三网融合以后,百姓就不需要电视线、电话线、上网线三种线路,只需一种线路所有服务便都可以得到。

三网融合的技术基础,一是基础数字技术。数字技术的迅速发展和全面采用,使电话、数据和图像信号都可以通过统一的编码进行传输和交换,所有业务在网络中都将成为统一的"0"或"1"的比特流,从而使得语音、数据、声频和视频各种内容都可以通过不同的网络来传输、交换、选路处理和提供,并通过数字终端存储起来或以视觉、听觉的方式呈现在人们的面前。数字技术已经在电信网、计算机网、广播电视网中得到了全面应用,为各种信息的传输、交换、选路和处理奠定了基础。二是宽带技术。网络融合的目的之一是通过一个网络提供统一的业务。若要提供统一业务就必须要有能够支持音视频等各种多媒体业务传送的网络平台。这些业务的特点是业务需求量大、数据量大、服务质量要求较高,因此在传输时一般都需要非常大的带宽。另外,从经济角度来讲,成本也不宜太高。

这样,容量巨大且可持续发展的大容量光纤通信技术就成了传输介质的最佳选择。无论是电信网,还是计算机网、广播电视网,大容量光纤通信技术都已经在其中得到了广泛的应用。三是软件技术。软件技术是信息传播网络的神经系统,软件技术的发展,使得三大网络及其终端都能通过软件变更最终支持各种用户所需的特性、功能和业务。现代通信设备已成为高度智能化和软件化的产品。今天的软件技术已经具备三网业务和应用融合的实现手段。四是IP技术。内容数字化后,还不能直接承载在通信网络介质之上,需要通过IP技术在内容与传送介质之间搭起一座桥梁。IP技术(特别是IPv6技术)的产生,满足了在多种物理介质与多样的应用需求之间建立简单而统一的映射需求,可以顺利地对多种业务数据、多种软硬件环境、多种通信协议进行集成、综合、统一,对网络资源进行综合调度和管理,使得各种以IP为基础的业务都能在不同的网络上实现互通。IP协议的普遍采用,使得各种以IP为基础的业务都能在不同的网上实现互通,具体下层基础网络是什么已无关紧要。

三网融合的好处体现在:一是可将信息服务由单一业务转向文字、语音、数据、图像、视频等多媒体综合业务。二是有利于极大地减少基础建设投入,并简化网络管理,降低维护成本。三是将使网络从各自独立的专业网络向综合性网络转变,网络性能得以提升,资源利用水平进一步提高。四是通过业务与网络的整合,不仅继承了原有的话音、数据和视频业务,而且可以衍生出更加丰富的增值业务类型,如图文电视、VOIP、视频邮件和网络游戏等,极大地拓展了业务提供的范围。五是打破了电信运营商和广电运营商在视频传输领域长期的恶性竞争状态,各大运营商将在一口锅里抢饭吃,看电视、上网、打电话资费可能打包下调。

虽然,三网融合具有强大的技术基础,也有巨大的好处。但是,三网融合的发展并非一帆风顺。2001年之前,相关部门对三网是否需要融合、三网如何融合一直存在不同认识,并在不同时期出台了完全不同的政策。2001年之后,相关政策定位逐渐明朗。

2001年3月15日通过的"十五"规划纲要,第一次明确提出三网融合,要求促进电信、电视、互联网三网融合。

2006年3月14日通过的"十一五"规划纲要,再度提出三网融合,积极要求推进三网融合。建设和完善宽带通信网,加快发展宽带用户接入网,稳步推进新一代移动通信网络建设。建设集有线、地面、卫星传输于一体的数字电视网络。构建下一代互联网,加快商业化应用。制定和完善网络标准,促进互联互通和资源共享。

2008年1月1日,国务院办公厅转发发展改革委、科技部、财政部、信息产业部、税务总局、广电总局六部委《关于鼓励数字电视产业发展若干政策的通知》(国办发[2008]1号),提出"以有线电视数字化为切入点,加快推广和普及数字电视广播,加强宽带通信网、数字电视网和下一代互联网等信息基础设施建设,推进三网融合,形成较为完整的数字电视产业链,实现数字电视技术研发、产品制造、传输与接入、用户服务相关产业协调发展"。

2008年5月23日,运营商重组方案正式公布。中国联通的CDMA网与GSM网被拆分,前者并入中国电信,组建为新电信,后者吸纳中国网通成立新联通,铁通则并入中国移动成为其全资子公司,中国卫通的基础电信业务将并入中国电信。2009年1月,中国移动、中国电信、中国联通分别获得TD-SCDMA、CDMA2000和WCDMA的3张3G牌照,三家新运营商进入电信全业务竞争时代。

2010年1月13日,国务院总理温家宝主持召开国务院常务会议,决定加快推进电信网、广播电视网和互联网三网融合。2010年6月底,三网融合首批12个试点城市名单和试点方案正式公布,三网融合终于进入实质性推进阶段。但是,随后的几年,由于涉及各自的利益,三网融合的推进工作并非完全按预期发展。

1.1.4.5 移动互联网

随着技术的进步,移动互联网(Mobile Internet)正逐渐渗透到人们的生活、工作等各个领域,微信、短信、移动音乐、手机游戏、视频应用、手机支付、位置服务、移动购物等丰富多彩的移动互联网应用迅猛发展,正在改变着信息时代的社会生活。

所谓移动互联网是指一个广域覆盖的,以宽带 IP 为技术核心,可同时提供语音、数据、图像、音频、视频等高品质信息服务的电信基础网络。简单地说,移动互联网能让用户在物理移动过程中,通过移动终端随时、随地访问互联网,享受各种应用服务,包含终端、软件和应用三个层面。终端层包括智能手机、平板电脑、电子书、MID 等;软件包括操作系统、中间件、数据库和安全软件等。应用层包括休闲娱乐类、工具媒体类、商务财经类等不同应用与服务。

世界各国都在建设自己的移动互联网,各个国家由于国情、文化的不同,在移动互联网业务的发展上也各有千秋,呈现出不同的特点。日本可以称得上是移动互联网业务发展最好的国家之一,韩国是全球移动互联网极其发达的国家之一。目前全球范围内信息化基础较好的国家和地区均已进入移动互联网时代。在有些国家,移动互联网已成为人们生活中不可或缺的一部分。以美国为代表,由移动互联网应用的服务提供商、消费电子和智能终端的设备提供商、富有创造力的移动互联网用户群体所构成的移动互联网产业已经形成。

相对而言,我国移动互联网发展在总体上处于初级阶段,产业形态、格局还不是非常清晰。随着 3G 网络和智能终端的成熟和普及,互联网企业的移动化转型,我国移动互联网产业即将出现质的飞跃,成为具有实质意义的重量级产业。一是移动互联网媒体快速发展。国内门户网站纷纷布局移动互联网业务,其中搜狐、网易、腾讯三家新闻客户端先后宣布用户数破亿。二是微信、微博、APP 应用软件引领社交圈。随着越来越多人加入 APP 生活,中国智能手机用户快速增长,腾讯的微信,还有新浪、腾讯、搜狐、网易的微博,以及阿里的来往、网易的易信、各 APP 应用软件等将是社会公众的主要社交应用工具。三是移动电子商务将全面进入争夺战。2013 年"双十一",阿里巴巴集团旗下的淘宝和天猫实现了一天 350.19 亿元的交易额,其中有 53.5 亿元来自手机淘宝;而支付宝的手机支付占比已接近 1/4,手机支付额更是高达 113 亿元。四是 4G 时代加大运营商和移动软件的竞争。2013年12月4日,国家工业和信息化部正式向中国移动、中国联通、中国电信颁发了三张TD-LTE制式的4G牌照,意味着中国正式进入4G时代。4G牌照的正式发放,必然会为手机厂商和移动APP开辟新的道路。

移动互联网之所以能够高速发展,是因为它具有以下几方面特点:一是便携性。除了睡眠时间,移动设备一般都以远高于PC的使用时间伴随在其主人身边。这个特点,决定了使用移动设备上网,可以带来PC上网无可比拟的优越性,即沟通与资讯的获取远比PC设备方便。二是隐私性。移动设备用户的隐私性远高于PC端用户的要求,它不需要考虑通信运营商与设备商在技术上如何实现它。高隐私性决定了移动互联网终端应用的特点——数据共享时即保障认证客户的有效性,也要保证信息的安全性。这就不同于互联网公开透明开放的特点。互联网下,PC端系统的用户信息是可以被搜集的。而移动通信用户上网显然是不需要自己设备上的信息被他人知道甚至共享。三是人性化。除了长篇大论、休闲沟通外,能够用语音通话的就用语音通话解决。移动设备通信的基本功能代表了移动设备方便、快捷的特点。四是即时性。在聊QQ时如果对方不在线,我们就只能发短信,因为短信是即时的。移动互联网就能够在一定程度上满足即时性,只要安装了手机QQ,若发送一个消息,手机就能收到一个提醒。五是地理性。目前市面上的手机基本都有定位模块,这样就很好地结合地理位置,把一些信息按照位置进行聚合。六是交流方式多样性。从以前的文字、图片的方式延展到了语音、视频。由于手机配摄像头,也使得移动互联网的图片交流比传统互联网来的更加频繁。当然,移动互联网的特性还有很多,比如一定程度的真实性、附近的人、附近的地点,这些都是让用户觉得更可控、更看得见摸得着。

目前移动互联网应用主要有以下几方面:一是移动电子商务。我国移动电子商务的发展经历了三个阶段,第一阶段(2009年之前),为用户提供信息服务,如天气和路况的预测、股市行情、新闻等。上述服务的特点是,用户在消费前必须和商家签订合同,属于预付费服务,支付形式为非在线,资金的流动形式比较简单,交易规模很小。第二阶段(2009—2012年上半年),为用户提供具有在线支付能力的移动商务服务,比如移动电子银行、移动贸易、移动购物、移动缴费等。在这一阶段,智能终端开始普及,以手机网购为代表的移动电子商务逐渐得到消费者认可,但由于受手机价格、安全性和支付便捷性的影响,移动电子商务消费习惯和信任度尚未建立。第三阶段(2012年下半年以后),移动电子商务发展进入爆发期,这一时期,千元以内智能手机开始普及,同时3G网络资费下调,加上各大传统电商积极推动移动终端的建设和培育用户移动终端消费习惯,消费者开始更加主动尝试移动电子商务。二是移动社交平台。主要包括手机QQ、微信和旺信。手机QQ是将QQ聊天软件搬到手机上,满足随时随地免费聊天的需求。新版手机QQ更引入了语音、视频、拍照、传文件等功能,与电脑端无缝连接,包括音乐试听、手机影院等功能。手机QQ是支持跨运营商的,也就是说中国电信、中国移动、中国联通都支持手机QQ。微信(WeChat)是腾讯公司于2011年初推出的一款快速发送文字和照片、支持多人语音对讲的手机聊天软件。用户可以通过手机或平板快速发送语音、视频、图片和文字。微信提供公众平台、朋友圈、消息推送等功能,用户可以通过"摇一摇"、"搜索号码"、"附近的人"、扫二维码方式添加好友和关注公众平台,同时微信将内容分享给好友以及将用户看到的精彩内容分享到微信朋友圈。截至2013年11月,注册用户量已经突破6亿。微信是跨运营商的,中国电信、中国移动和中国联通都支持微信。旺信作为阿里巴巴集团产品阿里旺旺在移动端的战略级衍生,主要是为网购的买家和卖家在交易过程中提供更为便捷的服务。目前旺信已经涵盖iPhone和Android两大移动主流平台,完美支持淘宝账号登录,支持旺信和PC同时在线,接收阿里旺旺消息。卖家登录旺信后在淘宝店铺、旺旺状态上都显示店铺亮灯,可以随时随地处理生意;在交易完成后用户还可以通过旺信及时了解交易后宝贝的重要动向,实时接收淘宝物流信息。旺信特有的免费通话功能,可以让买家实时与卖家或者好友发起通话,而且完全免费。加入的微淘账号功能,可以关注自己感兴趣的淘宝购物达人,了解各种网购信息。旺信也拥有强大的基础功能,语音对讲、拍照、物流查询等,方便买卖双方在进行交易时也可以通过旺信来讨价还价,处理售后纠纷。三是手机定位与导航。手机定位是指通过特定的定位技术来获取移动手机或终端用户的位置信息(经纬度坐标),在电子地图上标出被定位对象的位置的技术或服务。其主要应用有:家长定位老人、儿童,企业对车辆的管理,企业对员工的管理等。手机导航是指手机具有导航功能,就是卫星手机导航。与手机电子地图的区别就在于,它能够告诉你在地图中所在的位置,以及你要去的那个地方在地图中的位置,并且能够在你所在位置和目的地之间选择最佳路线,并在行进过程中的为你提示左转还是右转。四是个人信息服务。最主要的是移动电子邮件和个人信息管理。移动电子邮件使得传统电子邮件的功能更加强大。用户能从任何地方访问及回复电子邮件信息,而不受办公室及家庭的束缚,并提供邮件到达通知功能,如收到了新邮件用户可即时收到通知。个人信息管理包括许多工具,如日历、日程表、联系、地址簿、杂事列表,同电子邮件一样被认为是最有用的应用组之一,是商务人员在工作中提高效率所依靠的主要应用之一。

1.2 电子商务

1.2.1 电子商务概述

1.2.1.1 电子商务的定义

电子商务,目前没有一个全面、权威性的准确定义。但是,可以从广义和狭义两个层次来理解电子商务:广义上的电子商务(Electronic Business)也可称之为电子业务,是指各行各业的各类业务、商务活动的电子化和网络化。而狭义上的电子商务(Electronic Commerce)是指人们利用电子化手段进行以商品或服务交换为中心的各种商务活动,是生产厂家、商业企业与消费者个人之间利用计算机网络进行的商务活动。电子商务主要内容包括:电子商情广告,电子选购和交易、电子交易凭证的交换,电子支付与结算以及售后的网上服务等。最完整的电子商务应该是利用互联网能够进行全部的贸易活动,即你可以从寻找客户开始,一直到洽谈、订货、在线付(收)款、开据电子发票,甚至到电子报关、电子纳税等,通过互联网一气呵成。我们一般讨论的电子商务都是指狭义的电子商务。

在日常提法和一些文件中,经常将电子商务和网络经济混在一起,使人迷惑不解。实际上,它们在内涵及外延上既有许多重叠,又有一些不同。

目前国内外对于网络经济定义较为完整的表述是:网络经济是基于网络尤其是互联网所产生的经济活动的总和。它表现为各类经济主体的生产、交换、分配、消费等经济活动,以及金融机构和政府职能部门等主体的经济行为,不仅要从网络上获取大量经济信息,依靠网络进行预测和决策,而且许多交易行为直接在信息网络上进行。网络经济较为发达的美国,在其互联网产业界颇负盛名的《产业标准》中,把网络经济划分为网络零售、电子媒体、门户网站、金融服务、金融投资、电信服务、网络设备、计算机硬件与软件、互联网软件和服务、网络建设10个类别。与传统经济形式相比,网络经济具有过程虚拟化、直接性、打破时空限制、快捷性和全天候等特点,这些特点极大地提高了企业的运作效率,并改变了传统的商务活动方式。在经济发展史上,从来没有一个产业部门或经济形态能够像网络经济那样迅速崛起,并对整个经济领域产生如此广泛且深远的影响。从此表述上看,电子商务的概念要远远小于网络经济。

1.2.1.2 电子商务的发展历程

国际上电子商务发展过程可分为以下五个阶段:第一个阶段是电子邮件阶段。这个阶段可以认为从20世纪70年代开始,平均的通信量以每年几倍的速度增长。第二个阶段是信息发布阶段。从1995年起,以Web技术为代表的信息发布系统,爆炸式地成长起来,成为目前互联网的主要应用。第三个阶段是电子商务阶段。互联网的最终主要商业用途,就是电子商务。若干年后的商业信息,主要是通过互联网传递,互联网即将成为我们这个商业信息社会的神经系统。第四个阶段是全程电子商务阶段。随着SaaS(Software as a Service)软件服务模式的出现,软件纷纷登陆互联网,延长了电子商务链条,形成了当下最新的"全程电子商务"概念模式。第五个阶段是智慧电子商务阶段。2011年,互联网信息碎片化以及云计算技术越发成熟,主动互联网营销模式出现,电子商务摆脱传统销售模式生硬搬上互联网的现状,以主动、互动、用户关怀等多角度与用户进行深层次沟通。

中国电子商务发展史也可分为五个阶段:第一个阶段是基础发展阶段(1990—1996年)。1990—1993年,实现电子数据交换;1993—1996年,政府领导开展金关、金卡、金税等"三金工程"建设。这些工作,为后续电子商务发展打下坚实基础。第二个阶段是起步阶段(1997—1999年)。1997年,中国首次引入电子商务概念。1998年3月,我国第一笔互联网网上交易成功。1998年10月,国家经贸委与信息产业部联合宣布启动以电子贸易为主要内容的"金贸工程"。1999年3月,8848等B2C网站正式开通,网上购物进入实际应用阶段。这个阶段创立的网站有些已经成为当前我国电子商务的领军企业,如阿里巴巴、易趣网、当当网。第三个阶段是调整阶段(2000—2002年)。2001年,中国互联网泡沫破灭,使得网络经济发展受到严重影响,电子商务也受到重创。第四个阶段是复苏阶段(2003—2005年)。2003年"非典"爆发使消费者认识到了足不出户的网络购物带来的便利,中国电子商务的发展慢慢开始了一个复苏的阶段。该阶段应用电子商务的企业数量开始明显增加,2003年也成为不少电子商务网站尤其是B2B网站的"营收平衡年"。第五个阶段是高速发展阶段(2006至今)。中国网民的规模越来越大,使用网络购物的网民比率也越来越高,即使2008年全球金融危机爆发导致实体经济萎靡,网络经济仍一枝独秀,呈现高速增长趋势,网络购物已越来越成为网民生活的重要组成部分。

1.2.1.3 国内电子商务发展现状

统计数据表明,自2006年以来,我国电子商务保持了持续快速发展的良好态势,电子商务在我国工业、农业、商贸流通、交通运输、金融、旅游和城乡消费等各个领域的应用不断得到拓展,应用水平不断提高,正在形成与实体经济深入融合的发展态势。电子商务在中小企业中的应用普及率迅速提高,据著名互联网市场调研机构艾瑞咨询《2013年中国互联网市场年度总结报告》显示,2013年中国电子商务市场整体交易规模达9.9万亿元,同比增长21.3%。网络购物是电子商务的一部分,它是指商品或服务销售给个人用户(消费者),不包含企业之间B2B交易。从艾瑞咨询的统计数据中可以看到,2013年中国网络购物市场年交易规模达到1.85万亿元,同比增长42%。网络购物占中国社会消费品零售总额的比重达7.8%,同比增长1.6个百分点。据2014年1月中国互联网络信息中心发布的《第33次中国互联网络发展状况统计报告》显示:截至2013年12月底,中国网络购物用户规模已达到3.02亿个,同比增长5987万个,占全国6.18亿网民的48.9%。网络购物已越来越成为居民生活的重要组成部分。与此同时,电子商务支撑水平快速提高,发展不断完善。"十一五"期间,电子商务平台服务、信用服务、电子支付、现代物流和电子认证等支撑体系加快完善。围绕电子商务信息、交易和技术等的服务企业不断涌现,电子商务信息和交易平台正在向专业化和集成化的方向发展。社会信用环境不断改善,为电子商务的诚信交易创造了有利的条件。网上支付、移动支付、电话支付等新兴支付服务发展迅猛,现代物流业快速发展,电子证书正在电子商务中得到广泛应用,对电子商务的支撑能力不断增强。通信运营商、软硬件及服务提供商等纷纷涉足电子商务,为用户提供相关服务。网络基础设施不断改善,用户规模快速增长。网络服务能力不断提升,资费水平不断降低。全社会电子商务应用意识不断增强,应用技能得到有效提高。电子商务国际交流与合作日益广泛。相关部门协同推进电子商务发展的工作机制初步建立,围绕促进发展、电子认证、网络购物、网上交易和支付服务等主题,出台了一系列政策、规章和标准规范,为构建适合国情和发展规律的电子商务制度环境进行了积极探索。

可以肯定的是,随着我国工业化、信息化、城镇化、市场化和国际化的深化发展,电子商务将迎来加速发展的战略机遇期。具体原因体现在以下四个方面:一是经济转型升级给电子商务发展提出新需求。"十二五"

时期,我国经济发展面临资源环境约束增强、产业结构不合理、投资和消费关系失衡等重大问题,亟待通过信息化与工业化深度融合转变经济发展方式。迫切需要进一步发挥电子商务在创新企业生产经营模式、提高产业组织效率、激发市场活力、优化资源配置、促进节能减排、带动新兴服务业发展中的积极作用,推动产业结构调整,拉动国内市场需求,创造新的经济增长点。二是社会结构和消费观念的变革给电子商务发展带来新空间。"十二五"时期,我国社会主义新农村建设和城镇化发展步伐将进一步加快,城乡居民的生产生活方式将发生巨大变化,人均收入不断增长,消费结构升级加快,年轻一代逐步成为新的消费群体,同时,就业总量压力和结构性矛盾进一步凸显。亟须通过加快发展电子商务,促进城乡一体化的便民服务体系发展,更好地满足居民多样化、个性化的消费需求和对美好生活的新期待,带动工作方式的转变和相关服务业的发展,优化就业结构、缓解就业压力、促进社会和谐。三是信息技术持续发展给电子商务发展带来新条件。宽带、融合、安全和泛在的下一代国家信息基础设施加快建设,新一代移动通信网、下一代互联网和数字广播电视网加快布局,三网融合全面推进。以云计算和物联网为代表的新一轮信息技术变革正在兴起,重点领域酝酿着新的突破。智能搜索和社区网络等应用形式不断涌现。新技术的发展为电子商务创新发展提供更好的技术条件。四是全球竞争与合作深化给电子商务发展提出新挑战。电子商务已成为全球一体化生产和组织方式的重要工具,各国在通过电子商务争夺资源配置主动权、提高经济竞争力的同时,也在密切关注电子商务发展中的不确定性,加强市场风险防范。为赢得国际经济竞争与合作的新优势,我国亟需加快和务实发展电子商务,结合"引进来"和"走出去"战略,利用好"两个市场、两种资源",提高我国产业和资源的组织能力,优化在全球产业分工中的定位布局,提高国际竞争力。

电子商务在中国得到巨大发展来源于它自身的优点:一是电子商务将传统商务流程网络化、数字化,突破交易的时间和空间限制,大量减少了交易人力、物力,降低了交易成本,提高了交易效率。二是电子商务所具有的开放性和全球性特点,为企业创造了更多的贸易机会。三是电子商务使企业可以以相近的成本进入全球电子化市场,使得中小企业有可能拥有和大企业一样的信息资源,提高了中小企业的竞争能力。四是电子商务重新定义了传统的流通模式,减少了中间环节,使得生产者和消费者的直接交易成为可能,从而在一定程度上改变了整个社会经济运行的方式。五是通过互联网,商家之间可以直接交流、谈判、签合同,消费者也可以把自己的建议反馈到企业或商家的网站,而企业或者商家则可以根据消费者的反馈及时调整产品种类及服务品质,做到良性互动。

当然,电子商务也存在一些自身难以克服的缺点和比较突出的问题,如只能依靠网站和网页向消费者展示商品,交易的安全性有待进一步提高,税金征收难以控制,跨国交易标准不统一,知识产权问题较为突出,电子证据认定较为困难等,相关法律法规建设滞后,公共服务和市场监管有待增强,信用体系发展亟待加强,网上侵犯知识产权和制售假冒伪劣商品、恶意欺诈、违法犯罪等问题不断发生,网络交易纠纷处理难度较大。这些因素都在一定程度上影响了人们对电子商务发展的信心,阻碍了电子商务的健康发展。

1.2.2 电子商务类型

1.2.2.1 电子商务基本模式

电子商务按其交易双方的身份不同,可以分为以下4种基本模式。

(1) B2B(Business to Business)

指进行电子商务交易的供需双方都是商家(泛指企业)。他们使用互联网技术和各种商务网络平台,完成商务交易的过程。这些过程包括:发布供求信息,订货及确认订货,支付过程及票据的签发、传送和接收,确定配送方案并监控配送过程等。B2B是电子商务应用最多和最受企业重视的形式,交易规模占到整个网络交易额的近90%。中国有代表性的B2B平台有阿里巴巴(http://china.alibaba.com/)、慧聪网(http://www.hc360.com/)、中国制造网(http://cn.made-in-china.com/)、中国供应商(http://cn.china.cn/)等。这些B2B平台为国内企业特别是中小型企业的发展壮大、拓宽采购和销售渠道、走出国门起到了很大的推动作用。B2B 平台的交易数据也能很好地反映经济形势、经济动态。

(2) B2C(Business to Customer)

指进行电子商务交易的供需双方是商家和个人(消费者)。B2C 模式是我国最早产生的电子商务模式,相当于电子化的零售商务,以 8848 网上商城正式运营为标志。B2C 模式为消费者提供一个新型的购物环境——网上商店,消费者通过网络购物,彻底改变了传统面对面一手交钱一手交货购物方式。B2C 模式的表现形式有多种,可分为二大类:一是 B2C 第三方平台,代表性的有天猫(http://www.tmall.com/),就如我们平时进入现实生活中的大商城一样,城中有许多经营者,有庞大的购物群体,有稳定的网站平台,有完备的支付体系和诚信安全体系;二是 B2C 自营网站,经营者只有一个,代表性的有京东商城(http://www.360buy.com/)、当当网(http://www.dangdang.com/)、卓越亚马逊(http://www.amazon.cn/)、凡客诚品(http://www.vancl.com/)、唯品会(http://www.vipshop.com/)、苏宁易购(http://www.suning.com/)、1 号店(http://www.yihaodian.com/)等。目前,国内很多知名企业都已开设 B2C 网站或者网店。从长远来看,企业对消费者的电子商务将最终在电子商务领域占据重要地位。

(3) C2C(Consumer to Consumer)

指进行电子商务交易的供需双方都是个人(消费者)。C2C 商务平台就是通过为买卖双方提供一个在线交易平台。C2C 的典型是淘宝网(目前占市场份额 80% 以上)、拍拍网、易趣网等。1999 年,邵亦波创立易趣网,创中国 C2C 先河。2003 年 7 月,eBay 斥资 1.5 亿美元全资收购易趣网。2004 年 6 月,易趣网进入美国与 eBay 平台对接整合。2003 年 5 月,阿里巴巴 4.5 亿元成立 C2C 网站淘宝网,对网店经营者实施免费政策。随着网络交易的不断发展,C2C 平台和 B2C 平台有不断融合趋势,即 C2C 平台上的卖家有许多是已经办理了工商注册登记的各类企业或个体工商户。

(4) B2G(Business to Government)

主要包括政府采购和物品拍卖。例如,政府的采购清单可以通过互联网发布,公司以电子的方式回应。人民法院通过淘宝网拍卖罚没物资也在各地实施。随着电子商务的发展,这类应用将会迅速增长。

1.2.2.2 电子商务新型模式

随着信息技术的发展,电子商务领域不断出现一些新动向、新模式,竞价促销、社交化、跨境交易、体验促销特征明显,从而出现了网络团购、网络海外代购、微博店、线上线下等新型交易方式,并表现出巨大的生命力。同时,随着移动互联网和智能手机的普及,手机用户参与移动电子商务的比例在不断提高,移动通信对电子商务产生重大的影响。下面简要予以介绍。

(1) C2B (Consumer to Business)

网络团购在国际上通称为 B2T(Business To Team)。始创者是美国的 Groupon,其营运模式是每日推出一件商品(Deal of the Day),如果通过网上认购这件商品的用户达到指定数量,全部人就可以用特定的折扣价格购买这件商品,否则交易就告吹。若交易成功,Groupon 就向出售商品的商户收取佣金。

目前,我们所说的网络团购,一般是指一定数量的互不认识的消费者通过互联网渠道组织成团,以折扣购买同一种商品。这种电子商务模式可以称为 C2B(Consumer to Business),看作个人(消费者)与商家之间的电子商务。网络团购从 2010 年初引入国内,目前已经成为消费者网络购物的一种重要形式。主要网络团购平台有淘宝聚划算、拉手网、美团网、窝窝网、高朋网等。网络团购的商品小到图书、软件、玩具等小商品,大到家居、建材、房产等价格不很透明的商品,还扩展到健康体检、保险、旅游、各类美容、健身、休闲等服务类领域。

(2) O2O(Online to Offline)

O2O 模式线上与线下相结合的电子商务,关键在于在线支付和线下体验。O2O 通过网购导购机,把互联网与地面店完美对接,实现互联网落地。让消费者在享受线上优惠价格的同时,又可享受线下贴心的服务。中国较早转型 O2O 并成熟运营的企业代表为家具网购市场领先的美乐乐,其O2O模式具体表现为线上家具网与线下体验馆的双平台运营。目前,O2O模式发展势头良好,许多企业积极探索通过O2O模式参与电子商务领域。

(3) 网络海外代购

"代购"从字面上理解应当是"代理购买"或"代为购买"的意思,其最初并不是一种经营行为,而仅是熟人之间的一种民事代理行为。但随着网络交易不断发展,在陌生人之间带有商业性质的"代购"逐渐兴起。网络海外代购,是指以互联网作为主要联络方式,带有明显的商业目的或是营利目的,从海外市场为大陆消费者"代购"商品的行为,是一种跨境网络交易。据有关机构研究,2012年我国海外代购市场交易规模达483亿元。

网络海外代购根据代购者主体的类型可划分为以下两种:一是个人形式。部分网民通过个人网站、论坛、博客、QQ群等形式,在网上征集有代购需求的网友,利用个人的便利条件,如出差、旅游、出国留学的机会从事"海外代购"。二是专业网店形式。这些网店在其网站上罗列大量国外商品的图片,一般来说有较为稳定的海外采购渠道。目前国内比较典型的代购网站有摩西摩西购物网、萌购网、美货通等,淘宝"全球购"栏目下部分商家也属于此种类型。

海外代购之所以有较大的市场,最主要的是同样商品在国内外的价差较大,这种价差主要有税收、分销政策、汇率波动方面的原因。但是,网络海外代购中存在部分代购主体身份不明、商品质量难有保障、售后服务难以到位、配送风险相对较高的消费风险。

(4) 微博店

2012年以来,以微博为载体派生的微博店铺开始发展,它是社交网站与电子商务的结合。因为对大众敞开,没有任何收费,又可以影响到全国,微博店铺通过增加粉丝关注、私信下单、线下交易等流程,已成为又一个新型的网络销售业态。

从经营主体来看,目前微博店已成为不少大学生创业的热衷模式,近八成微博店主均为在校或刚毕业大学生,部分微博店主则还是淘宝店主、知名人士等。

从经营种类来看,微博店主要的经营项目有食品、饮品、鲜花、服装、化妆品、奢侈品代购、送货送餐等,且较多采取自制、定制方式,经营门槛不高,规模较小。

从经营方式来看,客户一般首先通过微博私信、留言的方式订购,根据价格支付定金;定金到账后,店主发微博告知快递单号,然后将货物寄出;客户收到货后,如果有问题及时发回,由店主进行退换,如果满意,则发微博确认收货,并将余款付清。

微博店具有精准的客户定位、紧密的情感联系、快速的互动评价、广泛的口碑效应、低廉的成本优势等营销特点,受到许多消费者的追捧。但是微博店也存在销售三无产品、难以售后维权、支付方式存在风险等问题,相关部门也基本上还未介入微博店的监管。

1.2.3 国家促进电子商务发展若干政策

近年来,国家为促进电子商务的发展出台了大量的政策,对于推动我国网络经济的快速发展起到了积极的作用。了解把握国家层面对网络经济及电子商务发展的若干政策,明确总体指导思想、基本原则和具体措施等方面内容,对广大工商干部做好网络交易管理工作具有重要意义。

1.2.3.1 《国务院办公厅关于加快电子商务发展的若干意见》

2005年1月8日,我国第一个专门指导电子商务发展的政策性文件——《国务院办公厅关于加快电子商务发展的若干意见》(以下简称《若干意见》)颁布。《若干意见》详细阐释了国家对我国发展电子商务的若干重要意见,明确了我国发展电子商务的指导思想和基本原则,确立了我国促进电子商务发展的六大举措。作为我国电子商务领域第一个全面的政策性文件,《若干意见》的颁布结束了我国长期以来缺乏对电子商务发展明确指引的状况,在我国电子商务发展的历史上具有重要的意义。

《若干意见》首先明确:电子商务是国民经济和社会信息化的重要组成部分。发展电子商务是以信息化带动工业化,转变经济增长方式,提高国民经济运行质量和效率,走新型工业化道路的重大举措,对实现全面建设小康社会的宏伟目标具有十分重要的意义。这样,就使得我国发展电子商务与党中央在十六大和十六届三中全会提出的国家大政方针相衔接,为我国电子商务的发展找到了最有力的依靠和最明确的目标。

《若干意见》确立了我国加快电子商务发展的指导思想:按照科学发展观的要求,紧紧围绕转变经济增长方式、提高综合竞争力的中心任务,实行体制创新,着力营造电子商务发展的良好环境,积极推进企业信息化建设,推广电子商务应用,加速国民经济和社会信息化进程,实施跨越式发展战略,走中国特色的电子商务发展道路。

《若干意见》结合电子商务发展碰到的实际情况,明确了我国发展电子商务的五条指导原则:一是政府推动与企业主导相结合。完善管理体制,优化政策环境,加强基础设施建设,提高服务质量,充分发挥企业在开展电子商务应用中的主体作用,建立政府与企业的良性互动机制,促进电子商务与电子政务协调发展。二是营造环境与推广应用相结合。加强政策法规、信用服务、安全认证、标准规范、在线支付、现代物流等支撑体系建设,营造电子商务发展的良好环境,推广电子商务在国民经济各个领域的应用,以环境建设促进应用发展,以应用带动环境建设。三是网络经济与实体经济相结合。把电子商务作为网络经济与实体经济相结合的实现形式,以技术创新推动管理创新和体制创新,改造传统业务流程,促进生产经营方式由粗放型向集约型转变。四是重点推进与协调发展相结合。围绕电子商务发展的关键问题和关键环节,积极开展电子商务试点,推进国民经济重点领域的电子商务应用,探索多层次、多模式的中国特色电子商务发展道路,促进各类电子商务应用的协调发展。五是加快发展与加强管理相结合。抓住电子商务发展的战略机遇,在大力推进电子商务应用的同时,建立有利于电子商务健康发展的管理体制,加强网络环境下的市场监管,规范在线交易行为,保障信息安全,维护电子商务活动的正常秩序。

《若干意见》规定的五条基本原则非常准确地概括了当时我国发展

电子商务存在的核心问题,抓住了它们之间既相辅相成又在某种程度上争夺资源的关系,指出了解决这些矛盾的方案。

  第一,在我国电子商务发展的过程中,如何摆正政府与企业的关系,充分发挥各自的作用,减少"内耗"十分关键,而美国等发达国家在发展电子商务上对于政府的介入一直讳莫如深。那么,具体到我国电子商务的实际情况和问题,应如何处理二者之间的关系直接影响着政策措施的深浅和执行范围的大小。对于这一问题,《若干意见》明确了政府在发展电子商务中的作用应是"推动",企业的作用应是"主导",而决非政府"主导"企业"推动",并且需要二者之间的"结合"。第二,发展环境的不足和推广应用的欠缺历来是我国电子商务发展的两大痼疾,在政策取向上我们应以谁为先,二者又是什么关系也是我国发展电子商务需要首先解决的问题,在《若干意见》中,通过"营造环境与推广应用相结合,以环境建设促进应用发展,以应用带动环境建设"的表述,辨证地阐明了二者之间的关系,为政策措施的具体操作指明了方向。第三,2000年前后,在我国电子商务的发展中,曾存在过从轻实体经济重网络经济到轻网络经济重实体经济的转变,二者似乎总是此起彼伏,也在一定程度上使人们产生了二者不可兼顾的印象。这种现象和认识的存在,十分不利于我国电子商务的发展和深化,为此,《若干意见》明确提出:"把电子商务作为网络经济与实体经济相结合的实现形式,以技术创新推动管理创新和体制创新,改造传统业务流程,促进生产经营方式由粗放型向集约型转变。"第四,在我国改革开放和市场经济体系建立发展的过程中,在很多情况下都存在设立试点的必要性和如何有效推广的争论,没有试点就缺乏可操作性和可检测性,容易流于形式,而试点选择不当或经验推广不利又会带来很大的负面影响。针对电子商务领域,各不同行业、不同区域及不同企业之间,对电子商务应用的方式和程度、对电子商务本身的理解和认识都存在相当大的差别,试点的设立和推广还是优先考虑的政策措施之一。为此,《若干意见》明确:围绕电子商务发展的关键问题和关键环节,积极开展电子商务试点,推进国民经济重点领域的电子商务应用,探索多层次、多模式的中国特色电子商务发展道路,促进各类电子商务应用的协调发展。最后,在设定一项政策措施时,政府的态度是"管"还是"放",是"疏"还是"堵",往往会成为人们首先关注的焦点,在电子商务这个更加自由的经济形态领域,这一政策取向会得到人们更多的关注。《若干意见》在发展电子商务的指导原则第一项中首先明确了政府在发展电子商务中的"推动"作用、企业的"主导"作用之后,又在最后一项指导原则中明确了"加快发展与加强管理相结合"的原则。这里的"加强管理"主要针对一些电子商务发展中比较薄弱或问题较多的环节,如网络环境下的市场监管、在线交易行为的规范、信息安全的保障等,因为只有这样,才能"建立有利于电子商务健康发展的管理体制,维护电子商务活动的正常秩序"。

在阐明了我国发展电子商务的指导思想和原则,解决了政策取向和落脚点等主要问题之后,《若干意见》又用较大的文字篇幅,提出了六个方面的举措:第一,完善政策法律环境,包括组织建设、法律法规、财税、投融资环境的完善;第二,加快电子商务支撑体系建设,包括与电子商务相配套的信用、认证、标准、支付、物流等体系;第三,推进企业信息化,分别从推进面向骨干企业、行业、中小企业和消费者的电子商务应用入手;第四,提升电子商务技术与服务体系;第五,加强宣传教育培训;第六,加强国际交流与合作。可以看出,这六个方面的措施完全是针对目前我国电子商务存在的主要问题,通过宏观环境体系、支撑体系、应用体系、技术与服务体系、宣传教育体系、国际合作体系的建设,形成一个全面推进电子商务应用发展的有机整体。

1.2.3.2 《关于开展国家电子商务示范城市创建工作的指导意见》

2011年3月7日,国家发展改革委、商务部、人民银行、税务总局、工商总局五个部门联合发布发改高技[2011]463号《关于开展国家电子商务示范城市创建工作的指导意见》(以下简称《指导意见》)。

《指导意见》首先指出:国务院办公厅《关于加快电子商务发展的若干意见》(国办发[2005]2号)发布后,我国电子商务快速发展,在增强经济发展活力、提高资源配置效率、促进中小企业发展和带动就业等方面发挥了重要作用。为进一步促进电子商务健康快速发展,充分发挥电子商务在经济和社会发展中的战略性作用,国家发展改革委、商务部、人民银行、国家税务总局、国家工商总局决定联合开展"国家电子商务示范城市"创建活动。

《指导意见》要求大家认识到:创建国家电子商务示范城市是增强城市竞争优势的新选择,是促进战略性新兴产业发展的新举措,是推进现代市场体系建设的新抓手,是促进电子商务健康快速发展的新途径。

《指导意见》提出国家电子商务示范城市创建总体目标:创建一批具有典型带动作用的国家电子商务示范城市,推动电子商务的规制与政策在局部地区取得突破性进展;网上信用、电子认证、在线支付和物流配送等支撑体系及相关基础设施基本满足电子商务的发展需求;电子商务在拓展国际国内两个市场、促进经济发展方式转变、方便百姓生活、改善民生、提高政府管理与服务能力等方面取得明显成效。主要任务:完善电子商务政策环境、健全电子商务支撑体系、加强电子商务基础设施和交易保障设施建设、积极培育电子商务服务、深化电子商务应用。

为了落实《指导意见》,随后,相关单位又联合向北京市、天津市、上海市、重庆市、宁波市、厦门市、南京市、杭州市等20多个城市下发两个文件,分别是:发改办高技[2012]226号《关于促进电子商务健康快速发展有关工作的通知》和发改办高技[2012]1137号《关于组织开展国家电子商务示范城市电子商务试点专项的通知》,进一步明确了创建要求。

1.2.3.3 《电子商务"十二五"发展规划》

2012年3月27日,由工业和信息化部发布了《电子商务"十二五"发展规划》(以下简称《规划》),首先明确了以下内容:加快发展电子商务,是企业降低成本、提高效率、拓展市场和创新经营模式的有效手段,是提升产业和资源的组织化程度、转变经济发展方式、提高经济运行质量和增强国际竞争力的重要途径,对于优化产业结构、支撑战略性新兴产业发展和形成新的经济增长点具有非常重要的作用,对于满足和提升消费需求、改善民生和带动就业具有十分重要的意义,对于经济和社会可持续发展具有愈加深远的影响。本《规划》是落实《2006—2020年国家信息化发展战略》、《国民经济和社会发展第十二个五年规划纲要》和《国务院办公厅关于加快电子商务发展的若干意见》的重要举措,是"十二五"时期进一步推动电子商务发展的指导性文件。

随后,《规划》分成四个部分展开表述:一是发展现状与面临的形势;二是指导思想、基本原则与发展目标;三是重点任务;四是政策措施。其中基本原则有四条:一是企业主体,政府推动。充分发挥企业在电子商务发展中的主体作用,坚持市场导向,运用市场机制优化资源配置。处理好政府与市场的关系,创建更加有利于电子商务发展的制度环境,综合运用政策、服务、资金等多种手段推进电子商务发展。二是统筹兼顾,虚实结合。坚持网络经济与实体经济紧密结合发展的主流方向,全面拓展电子商务在各领域的应用,提高电子商务及相关服务水平,努力营造全方位的电子商务发展环境,推动区域间电子商务协调发展。三是着力创新,注重实效。推动电子商务应用、服务、技术和集成创新,着重提高电子商务创新发展能力。立足需求导向,坚持务实创新,选准切入点,注重应用性和实效性,避免盲目跟风和炒作。四是规范发展,保障安全。正确处理电子商务发展与规范的关系,在发展中求规范,以规范促发展。以网络运行环境安全可靠为基础,促进网络交易主体与客体的真实有效、交易过程的可鉴证,加强对失信行为的惩戒力度,形成电子商务可信环境。

在重点任务中,提出九个方面的内容,分别是:提高大型企业电子商务水平,推动中小企业普及电子商务,促进重点行业电子商务发展,推动网络零售规模化发展,提高政府采购电子商务水平,促进跨境电子商务协同发展,持续推进移动电子商务发展,促进电子商务支撑体系协调发展,提高电子商务的安全保障和技术支撑能力。

为了保障《规划》顺利实施,《规划》提出了十个方面的政策措施,分别是:加强组织保障,建立健全电子商务诚信发展环境,提高电子商务的公共服务和市场监管水平,加大对电子商务违法行为的打击力度,完善权益保护机制,加强电子商务法律法规和标准规范建设,完善多元化的电子商务投融资机制,加强电子商务统计监测工作,加快电子商务人才培养,加强国际合作。作为工商网络监管干部,应着重了解以下六个方面与工商职能密切相关的政策措施。

(1)建立健全电子商务诚信发展环境。积极营造诚信为本、守信激励和失信惩戒的社会信用环境。推动开展部门指导、行业组织、企业和消费者参与的电子商务自律规范制定工作,大力推进企业和行业自律。鼓励符合条件的第三方信用服务机构、电子商务平台企业,按照独立、公正、客观的原则,开发利用合同履约等信用信息资源,对电子商务经营主体开展商务信用评估,为交易当事人提供信用服务。充分发挥人口、法人和地理空间等国家基础数据库以及银行征信等数据库的基础与协同作用,促进电子商务信用信息与社会其他领域相关信息的有序交换和共享,支撑社会信用体系建设。积极推进电子商务企业信用分类监管,引导企业诚信守法经营。

(2)提高电子商务的公共服务和市场监管水平。推动电子政务与电子商务的衔接,为企业提供更加有效的服务。依法有序推动政府信息资源的开放服务,提高社会化、市场化开发利用水平,改善电子商务发展环境。提高电子口岸发展水平,促进相关机构间的信息交换、业务协同,优化税费电子支付系统,提高电子商务的通关效率。建立部门间电子商务监管协调配合机制。督促网络经营主体特别是网络交易平台切实履行责任,守法经营,加强自律,维护电子商务市场秩序。依法对网上涉及行政许可的商品和服务加强监管,加强对网络信息服务、网络交易行为、产品及服务质量等的监管。加强监管方式方法的创新,加快电子商务监管信息系统与平台建设,实现监管技术手段的现代化,实施对网络商务主体、客体和过程的经常性监管,实现网上巡查的常态化。

(3)加大对电子商务违法行为的打击力度。依法组织开展网络违法交易专项整治,探索建立长效治理机制,杜绝违禁品网上销售。创新社会管理,建立投诉举报与主动发现相结合的机制,加大对利用网络进行的商业欺诈、传销、侵犯知识产权、侵犯个人隐私、侵犯商业机密、销售假冒伪劣商品、发布虚假违法广告和不正当竞争等活动的打击力度。充分利用管理和技术手段,增强电子商务网站的真实可信度。

(4)完善权益保护机制。积极研究和探索网络环境下有效维护消费者权益的制度和措施,推进12315等相关消费维权体系向电子商务领域延伸。畅通网络消费权益保护渠道,及时受理消费投诉举报并查处侵害消费者合法权益的行为。及时发布网络交易风险警示信息,提高网络消费者和经营者的风险防范意识。指导监督网站经营者建立健全消费者权益保护制度、在网站设置消费投诉举报及电子标识链接等多种形式。加强电子商务纠纷调处机制建设。坚持预防与调解相结合,建立分类处理的调处办法。鼓励当事人结合实际情况自行协商解决网上交易纠纷。督促交易平台建立数据保全机制,履行在电子商务纠纷处理中应尽的责任,协助交易双方解决纠纷。积极探索通过仲裁制度,解决电子商务交易纠纷,维护当事人的合法权益。充分发挥司法保护的作用,通过法律诉讼等途径,妥善处置各种复杂疑难电子商务纠纷。依据《侵权责任法》的相关规定,处理网络侵权行为。

(5)加强电子商务法律法规和标准规范建设。在贯彻执行现行法律法规的基础上,继续推动电子商务相关法律法规建设,研究确定电子商务立法的整体思路、调整范围和规范方式。根据需求开展相关法律法规的制修订工作。加强法律解释工作,增强现行法律法规在电子商务领域的适用性和操作性。针对网络促销、电子合同和代收货款等问题,加快研究相应的行政规章和法律法规。面向电子商务不同业务形态发展的实际需求,加快电子商务服务规范和技术标准的制修订和推广应用。着力提高电子商务服务的规范性,促进电子商务服务企业切实履行法定义务和责任,完善交易主体身份认定机制,提高电子商务信息发布、信用服务、网上交易、电子支付、物流配送、售后服务、纠纷处理等服务的规范水平。

(6)加强电子商务统计监测工作。加强相关部委、地方及有关机构的联合,研究和改进电子商务发展统计指标体系与统计分析方法,逐步建立全国性电子商务调查统计制度,加强对电子商务热点问题及其与实体经济相互关系的研究。充分利用有关部门现有的电子商务企业联系机制,鼓励行业协会和社会性服务机构积极参与电子商务动态发展监测等工作,鼓励各地加强对区域电子商务发展的动态监测,拓展信息获取渠道。做好电子商务统计信息发布工作,加强政策引导。

1.2.3.4 《国务院关于促进信息消费扩大内需的若干意见》

2013年8月8日,国发[2013]32号印发了《国务院关于促进信息消费扩大内需的若干意见》(以下简称《意见》),明确加快促进信息消费,能够有效拉动需求,催生新的经济增长点,促进消费升级、产业转型和民生改善,是一项既利当前又利长远、既稳增长又调结构的重要举措。指出当前我国信息消费既具有良好发展基础和巨大发展潜力,又存在许多亟须采取措施予以解决的问题。

《意见》从总体要求、加快信息基础设施演进升级、增强信息产品供给能力、培育信息消费需求、提升公共服务信息化水平、加强信息消费环境建设、完善支持政策七个方面进行表述,总字数6300多字。

在总体要求方面,《意见》明确促进信息消费的指导思想,是以深化改革为动力,以科技创新为支撑,围绕挖掘消费潜力、增强供给能力、激发市场活力、改善消费环境,加强信息基础设施建设,加快信息产业优化升级,大力丰富信息消费内容,提高信息网络安全保障能力,建立促进信息消费持续稳定增长的长效机制,推动面向生产、生活和管理的信息消费快速健康增长,为经济平稳较快发展和民生改善发挥更大作用。

明确促进信息消费的基本原则是:一是市场导向、改革发展。二是需求牵引、创新发展。三是完善环境、有序发展。明确促进信息消费的主要目标是:信息消费规模快速增长,信息基础设施显著改善,信息消费市场健康活跃。到2015年,信息消费规模超过3.2万亿元,年均增长20%以上,带动相关行业新增产出超过1.2万亿元,其中基于互联网的新型信息消费规模达到2.4万亿元,年均增长30%以上。基于电子商务、云计算等信息平台的消费快速增长,电子商务交易额超过18万亿元,网络零售交易额突破3万亿元。

在加快信息基础设施演进升级方面,要求完善宽带网络基础设施,统筹推进移动通信发展,全面推进三网融合。

在增强信息产品供给能力方面,要求鼓励智能终端产品创新发展,增强电子基础产业创新能力,提升软件业支撑服务水平。在培育信息消费需求方面,要求拓展新兴信息服务业态,丰富信息消费内容,拓宽电子商务发展空间。其中在拓宽电子商务发展空间时,要求完善智能物流基础设施,支持农村、社区、学校的物流快递配送点建设。各级人民政府要出台仓储建设用地、配送车辆管理等方面的鼓励政策。大力发展移动支付等跨行业业务,完善互联网支付体系。加快推进电子商务示范城市建设,实施可信交易、网络电子发票等电子商务政策试点。支持网络零售平台做大做强,鼓励引导金融机构为中小网商提供小额贷款服务,推动中小企业普及应用电子商务。拓展移动电子商务应用,积极培育城市社区、农产品电子商务。建设跨境电子商务通关服务平台和外贸交易平台,实施与跨境电子商务相适应的监管措施,鼓励电子商务"走出去"。

在提升公共服务信息化水平方面,要求促进公共信息资源共享和开发利用,提升民生领域信息服务水平,加快智慧城市建设。

在加强信息消费环境建设方面,要求构建安全可信的信息消费环境基础、提升信息安全保障能力、加强个人信息保护、规范信息消费市场秩序。其中构建安全可信的信息消费环境基础时,要大力推进身份认证、网站认证和电子签名等网络信任服务,推行电子营业执照。推动互联网金融创新,规范互联网金融服务,开展非金融机构支付业务设施认证,建设移动金融安全可信公共服务平台,推动多层次支付体系的发展。推进国家基础数据库、金融信用信息基础数据库等数据库的协同,支持社会信用体系建设。规范信息消费市场秩序时,要依法加强对信息服务、网络交易行为、产品及服务质量等的监管,查处侵犯知识产权、网络欺诈等违法犯罪行为。加强从业规范宣传,引导企业诚信经营,切实履行社会责任,抵制排挤或诋毁竞争对手、侵害消费者合法权益等违法行为。强化行业自律机制,积极发挥行业协会作用,鼓励符合条件的第三方信用服务机构开展商务信用评估。完善企业争议调解机制,防止企业滥用市场支配地位等不正当竞争行为。进一步拓宽和健全消费维权渠道,强化社会监督。

在完善支持政策方面,要求深化行政审批制度改革、加大财税政策支持力度、切实改善企业融资环境、改进和完善电信服务、加强法律法规和标准体系建设、开展信息消费统计监测和试点示范。

《意见》要求各地区、各部门按照意见内容,进一步认识促进信息消费对扩大内需的积极作用,切实加强组织领导和协调配合,明确任务,落实责任,尽快制定具体实施方案,完善和细化相关政策措施,扎实做好相关工作,确保取得实效。

第 2 章　网络交易管理综述

2.1 网络交易管理概况

2.1.1 网络交易与管理

广义上讲,网络交易是指利用计算机技术、网络技术和远程通信技术,实现整个商务(买卖)过程中的电子化、数字化和网络化。人们不再是面对面的、看着实实在在的货物、靠纸介质单据(包括现金)进行买卖交易。而是通过网络,通过网上琳琅满目的商品信息、完善的物流配送系统和方便安全的资金结算系统进行交易。

国家工商总局 2014 年颁布实施的《网络交易管理办法》对网络交易、有关服务等分别做出解释。其中规定网络交易,是指通过互联网(含移动互联网)销售商品或者提供服务的经营活动。有关服务,是指为网络交易提供第三方交易平台、宣传推广、信用评价、支付结算、物流、快递、网络接入、服务器托管、虚拟空间租用、网站网页设计制作等营利性服务。

网络交易管理是指针对网络交易的管理工作,包括网络交易管理和有关服务管理两个层面。

2.1.2 工商部门网络交易管理历程简介

互联网是 20 世纪最重大的科技发明,网络交易是互联网最重要的应用之一。1994 年 4 月 20 日,北京中关村地区教育与科研示范网接入国际互联网的 64K 专线,开通了与国际互联网的全功能连接,标志着中国正式接入国际互联网。1998 年 3 月,我国第一笔互联网网上交易成功。20 年来,互联网和网络交易在中国得到突飞猛进的发展,深刻地影响着企业的生产经营方式和人们的日常生活,改变着社会的经济、政治和文化。但是,互联网和网络交易的虚拟性、跨区域性和隐蔽性等特点,导致网络中存在大量违法行为,影响了网络交易的健康发展。

为促进网络交易及有关服务健康有序发展,切实维护网络消费者和经营者的合法权益,2008年7月11日,国务院"三定"方案将"监督管理网络商品交易及有关服务的行为"职能正式赋予国家工商总局。

全国各地工商部门早在本世纪初就介入网络交易管理的探索与实践工作,其中北京市工商局是最早开展网络交易管理探索实践的单位。早在2000年,该局就在全国率先连续发布《网上经营行为登记备案的通告》、《关于对网络广告经营资格进行规范的通告》、《在网络经济活动中保护消费者合法权益的通告》等七个规范性文件,并成立专门从事网络交易管理的特殊交易监督管理处。2005年,国家工商总局在全国范围内部署开展网络不正当竞争行为专项执法活动。随后的几年,各级工商行政管理部门根据《反不正当竞争法》、《广告法》、《消费者权益保护法》等法律在网络中自然延伸的原则,积极开展网络交易管理的探索实践和理论研究,取得了诸多成绩。2010年7月1日,国家工商总局49号令颁布实施《网络商品交易及有关服务行为管理暂行办法》。国家工商总局"新三定"方案和49号令颁布实施使工商机关网络交易管理工作翻开了崭新的一页。

近6年来,各级工商行政管理部门在总局指导下,立足职能,依托法律,在网络交易管理组织机构、工作机制、管理方法、管理技术及管理理论研究方面都取得了长足进步。从队伍建设来看,截至2013年4月,全国31个省级(自治区直辖市)工商局中,有7家设立了专门的网络交易管理机构。15个副省级及计划单列市局中,单独设立网络监管机构的有7个。从网络监管技术设备来看,国家工商总局自2010年3月启动的网络交易监管信息化平台目前已基本建成并投入使用。各地在电子取证、网络检查搜索、网络经营者信用环境建设等方面也有所建树,福建建立了"互联网商务监督管理系统"、"网络市场舆情分析系统"、"电子数据取证云技术系统",及以电子数据取证分析专用设备为核心技术手段的"三加一"网络交易管理信息化技术系统;北京局开发了"红盾信息公示"与垂直搜索引擎相结合的监管技术;浙江构建"一网三平台"进行网上日常检查,建立"信用宝"模型探索网络信用体系。

2014年3月15日,新修改的《中华人民共和国消费者权益保护法》、《网络交易管理办法》、《工商行政管理部门处理消费者投诉办法》实施生效。它们对网络交易管理工作作出了更为严谨、系统的规定,也对网络消费者作出更为严格的保护,并进一步明确了网络行政执法、网络消费投诉的管辖权。工商行政管理部门网络交易管理工作步入新的阶段。

由于网络本身所具有的特殊性,如何有效开展网络交易管理,是一个非常复杂的问题,涉及网络交易管理体制、网络交易特点及管理需求、网络交易管理的指导思想等方面的诸多内容。

2.1.3 网络交易管理职责分工

网络交易管理涉及许多管理部门和机构。不同的部门和机构根据自己的职能、性质的不同,介入的程度、发挥的作用也不同。了解自身及相关部门、机构对网络交易管理的具体职责,有利于我们更好地找准自身位置,从而可以更有效地开展网络交易管理。

工商行政管理部门:2000年国务院颁布的《互联网信息服务管理办法》第十八条中规定:国务院信息产业主管部门和省、自治区、直辖市电信管理机构,依法对互联网信息服务实施监督管理。新闻、出版、教育、卫生、药品监督管理、工商行政管理和公安、国家安全等有关主管部门,在各自职责范围内依法对互联网信息内容实施监督管理。在互联网提供信息服务的媒体功能方面,不可避免地涉及网络宣传、网络广告、网络商标使用等与工商行政管理部门职责密切相关的监管职能。为此,工商行政管理部门依据《广告法》、《反不正当竞争法》等规定,十多年来一直开展打击网络虚假宣传和违法广告、保护网络商标专用权方面的探索实践。

随着互联网应用的进一步发展,通过互联网实现商品交易的功能日趋成熟,网络交易日趋兴旺。2008年7月,国务院印发国家工商行政管理总局"新三定"方案,正式明确网络交易及有关服务行为监管职责。作为一名基层工商干部,如何正确理解这个监管职责呢?

网络交易及有关服务行为监管即网络交易管理,必然涉及网络经营主体的合法性,涉及网络交易商品或服务内容的合法性,涉及是否侵犯网络消费者合法权益,涉及是否存在网络商标侵权等不正当竞争行为,涉及是否存在网络虚假宣传,涉及网络电子合同的合法性,涉及网络市场培育和规范等。因此,理解网络交易管理应该是立足工商行政管理部门所有职责,应该是全方位的,而不能只是狭义地理解。

具体地说,工商行政管理部门网络交易管理职责主要包括以下四个方面。

(1)促进发展

服务发展是工商行政管理工作的根本目的,是落实执政兴国第一要务的基本要求。只有全力服务科学发展,工商行政管理才有充分发挥职能作用的地位。促进网络交易健康发展,是扩大消费需求、拉动经济增长的重要举措,是创造和扩大就业的重要渠道,是转变经济发展方式的重要途径。因此,促进发展是工商行政管理部门网络交易管理的第一要务。

(2)规范行为

规范网络交易行为是工商行政管理部门网络交易管理的基本职责。规范的行为主体是网络商品经营者和网络服务经营者,规范的内容包括交易信息、交易合同、交易方式、交易程序、交易权益、交易凭证、交易竞争等多个方面。通过规范行为,达到构建规范有序的网络市场环境、促进网络商品和服务交易健康发展的目的。

(3)保护权益

消费者的信任是网络交易发展的基础,经营者的信任是网络交易发展的根基。能否有效保护网络消费的合法权益、保护网络交易主体的合法权益,关系到网络市场能否协调可持续发展。只有切实维护网络消费者、经营者合法权益,营造放心安全的网络消费环境,网络交易发展才会有基础。

(4)查处违法行为,维护市场秩序

及时、有力地查处网络交易中的违法行为是网络交易健康发展的重要保障,是构建公平、公正、规范、有序的网络市场发展环境的重要措施。因此,查处网络交易违法行为是工商行政管理部门的一项重要职责。

根据工商行政管理部门网络交易管理职责,工商网络交易管理机构的主要工作是:研究拟订规范网络交易秩序的措施、办法;规范指导网络交易活动,开展对网络经营者经营行为的监管工作;运行网络监管平台,开展网络交易监测与检查,开展网络交易监管技术的研究应用;组织开展网络交易信用体系建设工作;开展网络交易监管有关数据的统计分析工作;组织实施对网站或网店违法行为的处理,负责网络交易相关案件的查处;开展与公安、工信等部门的网络监管配合工作等。

工业和信息化部:工业和信息化部于1998年组建,承担了原信息产业部和原国务院信息化工作办公室的职责。在该部门的三定方案中,其中与网络交易管理有关的职责有以下两项内容:一是统筹规划公用通信网、互联网、专用通信网,依法监督管理电信与信息服务市场,会同有关部门制定电信业务资费政策和标准并监督实施,负责通信资源的分配管理及国际协调,推进电信普遍服务,保障重要通信。二是承担通信网络安全及相关信息安全管理的责任,负责协调维护国家信息安全和国家信息安全保障体系建设,指导监督政府部门、重点行业的重要信息系统与基础信息网络的安全保障工作,协调处理网络与信息安全的重大事件。

为了履行上述职责,工业和信息化部在内设机构中设立了电信管理局、通信保障局、信息化推进司等部门。其中,电信管理局的职责是:依法对电信与信息服务实行监管,提出市场监管和开放政策;负责市场准入管理,监管服务质量;保障普遍服务,维护国家和用户利益;拟订电信网间互联互通与结算办法并监督执行;负责通信网码号、互联网域名、地址等资源的管理及国际协调;承担管理国家通信出入口局的工作;指挥协调救灾应急通信及其他重要通信,承担战备通信相关工作。通信保障局的职责是:组织研究国家通信网络及相关信息安全问题并提出政策措施;协调管理电信网、互联网网络信息安全平台;组织开展网络环境和信息治理,配合处理网上有害信息;拟订电信网络安全防护政策并组织实施;负责网络安全应急管理和处置;负责特殊通信管理,拟订通信管制和网络管制政策措施。信息化推进司的职责是:指导推进信息化工作,协调信息化建设中的重大问题,协助推进重大信息化工程;指导协调电子政务和电子商务发展,协调推动跨行业、跨部门的互联互通;推动重要信息资源的开发利用、共享;促进电信、广播电视和计算机网络融合;承办国家信息化领导小组的具体工作。

近年来,工商部门与工信部的通信管理部门在网络交易管理方面协作密切。工商部门在监管网络交易中,对违法网站做出处罚决定后,有时需要提请通信管理部门暂时屏蔽、停止网站接入服务直至关闭网站。2009年7月,工信部、国家工商总局等12部委联合下发了《关于建立境内违法互联网站黑名单管理制度的通知》(以下简称《通知》),明确了对严重违法经营网站实施关闭的程序。按照该《通知》规定,对于严重违法、工商部门依法做出责令关闭行政处罚的境内互联网站,由工商部门提请网站所在地通信管理部门实施网站关闭,并列入违法互联网站黑名单管理。

公安部门:依照职责负责互联网安全监督,维护互联网公共秩序和公共安全,防范和惩治网络违法犯罪活动。为履行好网络监管职责,目前,中华人民共和国公安部在内设机构中设有公共信息网络安全监察局,该局建有一个网络违法案件举报网站,网址为:www.cyberpolice.cn,该网站受理涉嫌违反《全国人民代表大会常务委员会关于维护互联网安全的决定》、《中华人民共和国刑法》、《中华人民共和国治安管理处罚法》、《互联网信息服务管理办法》等法律法规有关条款规定,利用互联网或针对网络信息系统从事违法犯罪行为的线索,具体行为包括:侵入国家事务、国防建设、尖端科学技术领域的计算机信息系统的;故意制作、传播计算机病毒等破坏性程序,攻击计算机系统及通信网络,致使计算机系统及通信网络遭受损害的;利用互联网进行邪教组织活动的;利用互联网捏造或者歪曲事实、散布谣言,扰乱社会秩序的;利用互联网建立淫秽色情网站、网页,提供淫秽站点链接,传播淫秽色情信息,组织网上淫秽色情的;利用互联网引诱、介绍他人卖淫的;利用互联网进行赌博的;利用互联网贩卖枪支、弹药、毒品等违禁物品以及管制刀具的;利用互联网贩卖居民身份证、假币、假发票、假证,组织他人出卖人体器官的;利用互联网进行其他违法犯罪活动的。

从上面公安部公共信息网络安全监察局向社会公布举报受理范围来看,其在网络经济中的职责是着重查处各种破坏网络安全和扰乱社会秩序的违法犯罪行为,基本上是有形世界的职责在网络经济的延伸。为了有效履行职责,目前,公安部门已建成一支比较精干的网络监管队伍。

商务部:负责推动包括电子商务在内的各种现代流通方式的发展。2011年上半年,商务部成立了电子商务和信息化司,主要职责是从宏观上推动电子商务的发展和应用,其职责中有三条与电子商务有关:一是制订我国电子商务发展规划,拟订推动企业信息化、运用电子商务开拓国内外市场的相关政策措施并组织实施。支持中小企业电子商务应用,促进网络购物等面向消费者的电子商务的健康发展。二是推动电子商务服务体系建设,建立电子商务统计和评价体系。三是拟订电子商务相关标准、规则;组织和参与电子商务规则和标准的对外谈判、磋商和交流;推动电子商务的国际合作。

近几年,商务部出台了多个电子商务相关的指导性文件,如2007年发布《关于促进电子商务规范发展的意见》,2010年发布《关于促进网络购物健康发展的指导意见》,起草《电子商务模式规范》、《网络购物服务规范》等推荐性的技术规范。

国家版权局:该单位进行过多次机构改革,目前隶属于国家新闻出版广电总局。在其工作职责中,其中有一项是:审核互联网从事出版信息服务的申请,对互联网出版信息内容实施监督管理。为了履行该职责,国家版权局下设有音像电子和网络出版管理司网络出版管理处。其主要职责是:参与起草互联网出版管理的法规、规章,制定有关政策和重要管理措施,并组织实施和监督检查;拟订互联网出版机构总量、结构、布局的规划并组织实施;承办互联网出版机构设立、变更的审批工作;承办并对网络出版活动实施监督管理的工作;拟订国家重点互联网出版规划并组织实施;承办互联网出版重大选题的备案事宜;组织对互联网出版内容的审听审看工作;查处或组织查处互联网出版机构的违规行为和违禁互联网出版内容;承办指导互联网出版行业社会团体工作。

为了加强互联网信息服务活动中信息网络传播权的行政保护,国家版权局在2005年4月30日与信息产业部联合颁布《互联网著作权行政保护办法》,2006年6月6日,又以国务院令颁布《信息网络传播权保护条例》。

文化部:负责文艺类产品网上传播的前置审批工作,负责对网吧等上网服务营业场所实行经营许可证管理,对网络游戏服务进行监管(不含网络游戏的网上出版前置审批)。2010年,文化部出台了《网络游戏管理暂行办法》。

财政部:对利用互联网销售彩票进行管理。2010年10月,财政部公布了《互联网销售彩票管理暂行办法》,对利用互联网方式销售彩票做出具体规定。

中国人民银行:负责监管网络支付和互联网金融。2010年6月21日,中国人民银行公布了《非金融机构支付服务管理办法》,规定未经批准任何非金融机构不得从事支付业务。截至目前,我国已有196家非金融机构获得第三方支付牌照,其中包括了支付宝、财付通、资和信、快钱等网络支付机构,合法经营电子支付业务。

海关总署:主要涉及跨国网购、海外代购。2010年7月海关总署公布了《关于调整进出境个人邮递物品管理措施有关事宜》,对进出口邮寄物品的严密监管,打击邮递渠道走私违法活动。

国家食品药品监督管理局:负责对互联网药品交易服务活动的监督管理。国家食品药品监督管理局于2005年10月公布《互联网药品交易服务审批暂行规定》,对药品、医疗器械等特殊许可经营商品的互联网交易服务做出了规定,以规范互联网药品购销行为,加强对互联网药品交易服务活动的监督管理。

证监会：负责对证券公司利用互联网络开展证券委托业务的管理,于2000年3月公布了《网上证券委托暂行管理办法》。

中国互联网络信息中心：互联网作为一个以信息技术和网络技术构成的应用平台,为了保障其正常运行,需要设立专门的机构,对互联网地址数据提供服务和管理。中国互联网络信息中心(China Internet Network Information Center, CNNIC)是经国家主管部门批准,于1997年6月3日组建的管理和服务机构。作为中国信息社会基础设施的建设者和运行者,CNNIC负责管理维护中国互联网地址系统,引领中国互联网地址行业发展,权威发布中国互联网统计信息,代表中国参与国际互联网社群。

2.1.4 网络交易特点及管理需求

虚拟性：网络交易是在虚拟空间中进行交易的,虚拟性构成网络交易的第一个特征,体现在网络经营主体、网络交易的商品是以网页形式存在于互联网上,能够被我们感知的交易主体和交易商品就通过计算机的显示所感知。网络交易的虚拟性给管理工作带来的直接问题是这些网络交易的主体和交易的商品是不是真实存在,我们如何去判定,如果判定不了,我们的监管就失去了前提和基础。我们通过网页能够看到交易的主体和商品,其到底存不存在,在网页上只有一个网络地址,这个地址是计算机的一个门牌号码,证明有实体通过网络进行交易。但是,谁在操作这个计算机,谁在进行交易,从网络地址我们是无法得知的,这就给网络交易管理提出了一个需求,即首先需要建立一套规则和制度,将虚拟主体还原为真实主体。因为,法律是不能给虚拟主体规定权利义务,更不能规定法律责任。如果不能建设规则制度,将虚拟主体还原真实主体,那么维护网络交易秩序、保护消费者权益就会成为一句空话。

跨时空：网络交易不受地域和时间限制,任何一个人只要想上网交易,通过计算机可以和全世界任何一个人在任何时间进行,不像传统市场那样受到时间、地域的限制,这就给市场秩序带来一个严重问题。由于网络交易是跨时空的,在全世界任何地方可以交易,同样给网络管辖带来一个艰巨的挑战。由于传统市场是属地管辖的,网络的跨时空性将会产生多重管辖问题。比如说,要查处网络广告、网络交易违法行为,有可能网络交易违法行为发生在 A 地,违法行为人注册地在 B 地,销售的商品是从 C 地发出,购买受害人可能在 D 地,按照《行政处罚法》和国家工商总局 28 号令有关规定,网络交易违法行为管辖就可以由多地进行管辖。如果不能科学合理划分管辖权,管辖问题解决不好,违法行为就可能逃脱法律监管和制裁,这是网络的跨时空特点给监管工作带来的挑战。

数量巨大:网络市场的进入与传统市场完全不一样,传统市场的准许入要办理注册登记,需要有注册资金、注册场所限制。而网络交易市场,只要有一个计算机,支付上网费,鼠标轻轻一点,就可以开展交易经营。因此,网络市场的进入成本较低,导致网络交易的主体数量非常巨大。根据中国北京大学社会管理研究中心和阿里巴巴研究中心合作得出的一个统计数据,截至 2012 年 6 月,网络市场主体达到 8300 万,这个数量非常巨大,在传统市场上是不可想象的。由于网络市场主体数据大,从而带来的交易的信息量也非常大。海量市场主体、海量交易信息给工商部门网络交易管理带来了巨大的挑战,即如果不具备监管海量主体海量信息的技术能力,如果仅凭现有人力去监管,将面临巨大的重担和监管真空。

电子交易数据易修改删除:传统市场交易的数据都是纸质的,而网络交易的信息都是电子数据,电子数据易修改删除。网络违法行为案件查办要以事实为依据,以证据为依据,只有证据才能证明事实是否违法。如果执法人员不能及时取得电子证据数据,并保证其法律效力,违法行为的查处就失去了基本保障。因此,电子交易数据易修改易删除的特点给工商部门网络交易管理带来了另一个挑战。

新情况不断出现:网络经济是一种创新型经济,网络交易的新领域、新业态、新的交易方式层出不穷。新领域最突出的表现是移动电子商务,其近年的发展势头十分迅猛;第二是社区电子商务,当前的发展速度也很快,许多网民通过"微信"推销产品;第三是跨境电子商务(即通常所说的海外网购)、视频网站领域电子商务交易、微博平台电子商务交易、网络购物搜索、基于云计算的电子商务交易等领域也不断发展。新业态出现也非常迅速,最典型的是团购,另外,如 O2O(线上线下交易)、大宗商品电子商务交易、反向电子商务交易等。新的交易方式不断出现,如竞买、竞拍、秒杀、闪购、抢购等。这些新情况的不断出现意味着网络市场秩序容易出现法律真空,因为法律不可能是超前制定出来的。这就要求工商部门要及时研究制定适宜网络市场的新法律、新政策,要有较强的创新能力,创立新的监管制度,创立新的监管方式,利用新的监管手段,要立新规、建新制、创新式、利新手。

交易集聚度高:国内网络市场经过十多年发展,目前呈现出明显"二高"现象,即网络交易渠道高度集中,网络交易平台市场结构高度集中。据 2011 年度电子商务服务报告显示,中国 90% 的网络零售交易是通过 C2C 和 B2C 交易平台完成的。网络交易平台无论是 B2B、B2C、C2C 平台,市场交易额占据前三位的平台占整个交易额的 60%~90%。如 B2B 市场份额,阿里巴巴占 41.5%,环球资源网占 10.3%,钢铁网占 4.4%,慧聪网占 4.5%,这四家占了市场的 60% 以上;再看 B2C 市场,天猫占 47.6%,京东商城占 20.5%,这两家市场就占了 60% 以上;最后看一下 C2C 市场,目前淘宝网、拍拍网、易趣网形成三足鼎立,但是淘宝网占绝对优势地位,占 94.5% 以上,形成一家独大。最近出现的团购平台也呈现高度集中状态,其中聚划算占 33.8%,美团网占 11.4%,拉手网占 7.4%。

"二高"现象给网络市场秩序带来的影响:一是"牵一发而动全身"。网络市场秩序关键在网络交易平台,如果平台交易没有良好的秩序,那么整个市场秩序就失去前提和基础。二是占据市场优势地位的平台容易引发限制竞争、加大平台内经营者责任、减轻自身义务、限制消费者权利的行为。三是容易导致监管力量的配置不合理而出现监管失职和渎职,监管机构配合不到位而形成管理空档。

2.1.5 网络交易管理指导思想和工作原则

网络交易管理是国务院赋予工商行政管理部门的一项全新职能,面对网络交易特点及管理需求,国家工商总局站在战略全局的高度,提出工商行政管理部门开展网络交易管理的指导思想和工作原则,简而言之是

"两促进、两维护""两监管、两自律"。两促进,是指促进网络交易发展,促进网络交易健康发展;两维护,是指维护消费者和经营者合法权益。两监管,是指政府监管和社会监管;两自律,是指企业自律和行业自律。

工商行政管理部门必须充分发挥职能作用,积极履行法定职责,认真监管网络交易,依法查处违法网络交易行为,营造安全、放心的网络消费环境和公平竞争的网络市场环境。监管网络交易,必须得到社会各界的理解、帮助和支持,要积极向社会宣传工商行政管理法律法规,宣传工作开展情况,认真倾听社会各界对工商部门网络交易监管工作的建议和批评,不断改进工作,努力提高工作效能,动员和鼓励社会各界积极监督、揭发违法网络交易行为。要持续开展对网络经营者守法合规开展经营活动的引导、宣传活动,督促网络经营者学习掌握遵守网络交易管理的有关法律法规,积极支持行业组织加强行业自律管理,共同维护网络市场秩序。

目前我国网络市场虽然发展迅猛,但总的来看,尚处在发展的初期,特别是由于网络技术的发展创新速度非常快,新的事物层出不穷,每一项技术变革都会带来网络市场较大程度的变动,许多问题难以准确进行量化定性分析。网络市场的出现极大地改变了人们的生产生活方式,代表着未来市场交易发展的方向。网络经济及其电子商务是国家大力培育的战略性新兴产业之一,是实现经济发展方式转变、调整优化经济结构的重要战略举措之一。服务经济社会科学发展是各项工商工作的出发点,网络交易管理工作更是要紧密围绕服务经济社会发展开展。因此,必须抓住机遇,采取有效措施大力培育扶持、促进网络市场的发展,努力为网络市场主体的发展创造、提供良好宽松的外部发展环境。发展是硬道理,工商行政管理只有全力服务科学发展,才能有充分发挥职能作用的地位。健康发展是网络市场实现可持续发展的内在要求和保障。坚持促进健康发展,就是要通过依法规范市场主体行为,维护市场秩序,依法查处网络欺诈行为、销售假冒伪劣商品行为、不正当竞争行为等,为各类市场主体创造一个公平的发展环境,在健康中求发展,在发展中求健康,努力实现全面、协调、可持续发展。

消费者信任网络市场是网络市场发展的基础。维护消费者的合法权益,是网络市场发展的基础,是坚持以人为本、关注民生,实现好、维护好、发展好最广大人民根本利益的基本要求。

经营者是网络市场发展的主体,经营者信任网络市场是网络市场发展的根基。维护经营者合法权益,努力为各类市场主体创造公平的发展环境,着力营造公平竞争的市场环境,是网络市场发展的动力和保障,是实现促进经济社会平稳较快发展的基本要求。

维护消费者的合法权益,就是要处理好消费者和经营者之间的买卖关系,努力为消费者营造便利、安全、放心的网络消费环境;维护经营者的合法权益,就是要处理好经营者之间的关系,维护好市场主体公正公平的经营关系。只有切实维护消费者合法权益,工商行政管理才有群众支持的根基;只有切实维护经营者的合法权益,工商行政管理才会得到市场主体的拥护。

中国已成为应用互联网人口最多的国家,互联网已成为推动中国经济进一步快速发展的引擎,进一步推动互联网的发展和普及已是国家重要经济社会发展战略。面对这种形势,广大工商干部必须深刻认识自己肩上的责任,就是要使我们的工作紧密符合国家经济发展战略需求,有效维护网络市场秩序,为网络经济的健康发展保驾护航。营造公平竞争的网络市场环境是工商部门为企业走网络经济发展之路必须履行的职责。没有建立和维护公正公平的网络市场竞争秩序,将严重制约企业参与网络经济活动,也就将严重影响国家经济发展方式的战略调整。工商部门面对监管网络市场的重任,只有奋力前行,披荆斩棘,努力为网络经济发展铺就平坦的发展之路。

2.2 网络交易管理内容和策略

2.2.1 网络交易管理内容

网络交易管理工作实质是工商行政管理部门市场监管和行政执法职能在网络的延伸。因此,网络上的主体虚假、不正当竞争行为,商标侵权、违法广告、传销、假冒伪劣商品销售、合同、侵害消费者合法权益等仍然是工商行政管理部门监管的主要内容。当然，网络交易管理也给工商部门增加了新的工作内容，如督促第三方网络交易平台经营者履行有关规定，培育网络市场发展等。

综合来看，工商部门网络交易管理主要内容包括以下八个方面。

(1)管理网络经营主体

网络经营主体通过网络开展交易活动，工商行政管理部门是法律规定的市场经营主体的准入登记机关，这对网络经营主体同样适用。针对网络特殊性，网络经营主体管理包括市场准入和身份识别两个部分。《网络交易管理办法》第七条规定，从事网络交易及有关服务的经营者，应当依法办理工商登记。从事网络交易的自然人，应当通过第三方交易平台开展经营活动，并向第三方交易平台提交其姓名、地址、有效身份证明、有效联系方式等真实身份信息。具备登记注册条件的，依法办理工商登记。从事网络交易及有关服务的经营者销售的商品或者提供的服务属于法律行政法规或者国务院决定规定应当取得行政许可的，应当依法取得有关许可。第八条规定，已经工商行政管理部门登记注册并领取营业执照的法人、其他经济组织或者个体工商户，从事网络交易及有关服务的，应当在其网站首页或者从事经营活动的主页面醒目位置公开营业执照登载的信息或者其营业执照的电子链接标识。第二十三条规定，第三方交易平台经营者应当对申请进入平台销售商品或者提供服务的法人、其他经济组织或者个体工商户的经营主体身份进行审查和登记，建立登记档案并定期核实更新，在其从事经营活动的主页面醒目位置公开营业执照登载的信息或者其营业执照的电子链接标识。第三方交易平台经营者应当对尚不具备工商登记注册条件、申请进入平台销售商品或者提供服务的自然人的真实身份信息进行审查和登记，建立登记档案并定期核实更新，核发证明个人身份信息真实合法的标记，加载在其从事经营活动的主页面醒目位置。上述条款，对网络经营主体的市场准入和身份识别做出十分明确的规定，各级工商行政管理部门应当按此规定，积极督促平台经营者落实责任。

(2)管理网络经营客体

工商行政管理部门承担流通领域商品质量监督管理职能,网络交易毫无疑问属于流通领域。网络交易的自由性和交易双方信息的隐蔽性,导致了国家规定限制或禁止生产、购买、运输、持有的违禁商品和走私物品大量流通于网络之中。各级工商行政管理部门有责任对网络交易的商品及服务质量进行监督管理,以维护消费者的合法权益。《网络交易管理办法》第九条规定,网上交易的商品或者服务应当符合法律、法规、规章的规定。法律、法规禁止交易的商品或者服务,经营者不得在网上进行交易。第十条规定,网络商品经营者向消费者销售商品或者提供服务,应当遵守《消费者权益保护法》和《产品质量法》等法律、法规、规章的规定,不得损害消费者合法权益。网络经营客体管理的重点是:伪劣商品、违禁商品、侵权商品。对需要取得行政许可的事项,按照《行政许可法》原则开展工作。

(3)管理网络经营行为

良好的市场环境是网络交易健康发展的基础性保障,是实现健康发展的必要条件,为网络交易提供公平、公正、规范、有序的市场环境是工商行政管理部门促进发展的基本职责。网络经营主体容易利用网络的虚拟性和信息的不易追查性等"便利"条件,从事各种网络违法行为。当前,网络交易中存在着各种形式的不正当竞争、虚假宣传和违法广告、销售假冒国际知名商标的侵权商品、违法拍卖和促销、利用网络开展传销等行为。对于种种扰乱网络经营秩序的违法行为,工商行政管理部门应当依照《反不正当竞争法》、《广告法》、《传销管理条例》等法律法规,有责任予以打击和制止。《网络交易管理办法》第四条规定,从事网络交易及有关服务应当遵循自愿、公平、诚实信用的原则,遵守商业道德和公序良俗。第十九条规定,网络商品经营者、有关服务经营者销售商品或者服务,应当遵守《反不正当竞争法》等法律的规定,不得以不正当竞争方式损害其他经营者的合法权益、扰乱社会经济秩序。同时,不得利用网络技术手段或者载体等方式从事不正当竞争行为。第二十条规定,网络商品经营者、有关服务经营者不得对竞争对手的网站或者网页进行非法技术攻击,造成竞争对手无法正常经营。

(4) 管理网络电子合同

市场经济是契约经济、合同经济。网络交易是通过合同联结起来的,合同行为是否规范,直接影响到网络交易秩序能否得到规范,直接关系到交易各方合法权益能否得到实现与保护。我国《合同法》在制定时已注意到了电子合同这种新的合同形式。工商行政管理部门应根据《合同法》和《电子签名法》,研究电子合同的形态和形成过程,以电子合同监管为切入口,切实有效地实施对网络交易的监管。一般网络交易平台在购物前均需要消费者注册并填写个人信息,消费者在注册或购物过程中往往容易忽略网站的用户注册协议,可能会导致日后发生纠纷。另外,用户注册协议中的一些条款可能涉嫌加重消费者的义务,使经营者规避自己的责任。或者某些条款规定模糊,不利于消费者的理解,也会导致消费者权益受到损害。《网络交易管理办法》针对网络合同的特点,从合同条款和格式合同两个方面做出规定。第十一条规定,网络商品经营者向消费者销售商品或者提供服务,应当向消费者提供经营地址、联系方式、商品或者服务的数量和质量、价款或者费用、履行期限和方式、支付形式、退换货方式、安全注意事项和风险警示、售后服务、民事责任等信息,采取安全保障措施确保交易安全可靠,并按照承诺提供商品或者服务。第十七条规定,网络商品经营者、有关服务经营者在经营活动中使用合同格式条款的,应当符合法律、法规、规章的规定,按照公平原则确定交易双方的权利与义务,采用显著的方式提请消费者注意与消费者有重大利害关系的条款,并按照消费者的要求予以说明。网络商品经营者、有关服务经营者不得以合同格式条款等方式做出排除或者限制消费者权利、减轻或者免除经营者责任、加重消费者责任等对消费者不公平、不合理的规定,不得利用合同格式条款并借助技术手段强制交易。

(5) 保护网络消费者合法权益

网络购物在给消费者提供方便、快捷的交易途径的同时,也为利用网络购物虚拟性、隐蔽性和跨地域的特点实施欺诈行为提供了可乘之机。网络消费维权比传统经营环境中维权更加复杂和艰难。保护消费者合法权益是工商行政管理部门的重要职责。当前,全国工商行政管理系统已经建立了较为完善的12315消费者投诉举报网络,在维护消费者权益方面开展了大量卓有成效的工作。面对网络交易中的消费侵权行为,工商部门有责任建立完善的网络维权工作机制,畅通消费者网络投诉举报渠道,积极受理网络消费者的投诉。

(6) 保护注册商标法专用权和企业名称权

当前,一些知名企业的商标和字号被抢注为网站域名或在相关网站网页中被不正当引用的现象不同程度存在,工商行政管理部门有责任保护企业名称专有权和商标专用权在网络中的延伸。《网络交易管理办法》第十五条规定,网络商品经营者、有关服务经营者销售商品或者提供服务,应当遵守《商标法》《企业名称登记管理规定》等法律、法规、规章的规定,不得侵犯他人的注册商标专用权、企业名称权等权利。第二十七条规定,第三方交易平台经营者应当采取必要手段保护注册商标专用权、企业名称权等权利,对权利人有证据证明平台内的经营者实施侵犯其注册商标专用权、企业名称权等权利的行为或者实施损害其合法权益的其他不正当竞争行为的,应当依照《侵权责任法》采取必要措施。

(7) 管理第三方网络交易平台经营者

第三方网络交易平台是网络交易集中交易的场所和空间,其运行是否规范、有序,直接关系到网络交易能否健康发展。在维护规范第三方网络交易平台秩序方面,平台经营者是第一责任人,抓住平台经营者,就直接抓住了维护网络交易秩序的关键环节。《网络交易管理办法》单列一节,即第二章第二节,对第三方交易平台经营者做出特别规定。

(8) 扶持培育网络市场

作为市场监管和行政执法部门,工商行政管理部门有责任采取各种措施,培育扶持网络市场发展。扶持培育网络市场的主要任务是积极贯彻落实国家促进电子商务发展的若干政策,制定并支持实施促进网络市场发展的办法和措施,加强网络市场信用体系建设,利用行政指导等方式指导各类网络经营者诚信守法经营,积极帮助指导经营者充分利用合同维护自己合法权益,推进网络市场行业协会建设,促进平台自律体系建设等。

2.2.2 网络交易管理策略

网络交易管理策略体现为五个方面的内容:

(1)以加强网络交易管理法制建设为基础,实行"依法管网"。《网络交易管理办法》和传统的《反不正当竞争法》、《消费者权益保护法》、《广告法》等法律法规是工商行政管理部门开展网络交易管理工作的基本依据。特别是《网络交易管理办法》,根据当前网络交易中存在的问题,在网络经营主体准入、网络不正当竞争行为、网络消费维权、网络交易平台管理等方面都做出了详细规定,广大网络交易管理干部应当严格依据这些法律法规的具体规定,积极开展网络交易管理工作。

但是,我们网络交易管理的法制建设尚处于起步阶段,它也不可能解决快速发展的网络市场出现的各类新情况和新问题。我们必须进一步加强网络交易管理法制建设工作,力争升级《网络交易管理办法》法律层次。要像《消费者权益保护法》一样,能在《反不正当竞争法》、《广告法》修改中体现网络交易管理的特殊性条款。根据监管工作的实际,细化网络交易管理电子数据证据取证的程度规定和技术规定,细化跨区域网络执法协作规定,尽快建立网络消费解决处理机制,加强网络海外代购、微博微信营销、线下体验线上交易等新型交易业态研究。

(2)以推进网络交易管理信息化平台应用为手段,实现"以网管网"。"以网管网"是国家工商总局在深入调查研究、广泛听取各方意见、认真总结地方网络监管实践经验的基础上提出的实现网络交易管理的重要手段。"以网管网"包含三层含义:一是建立运行,以总局网络交易监管平台为中心,以各省级局网络交易监管平台为支撑的全国工商机关网络交易信息化监管网,实现对网络交易的动态监管;二是在监管工作中,要充分运用网络技术手段开展监管工作;三是指导督促网络交易平台经营者履行法定义务,对平台内经营者开展管理。

网络交易是运用网络信息技术产生的新型交易活动和方式。网络交易的特点,决定了我们的管理方式必须采取"以网管网"的方法,"以网管网"方法要求我们尽快建成全国一体、统分结合、上下联动、左右互动的工商网络监管信息化监管平台,实现对网络交易违法情况的动态监管、追踪、查处;通过开发符合工商监管工作需要的搜索引擎,设立网站经营者数据库,实现对网站经营者主体的核查,同时实现消费者经营者对网络商品经营者主体身份的查询与核对;通过建立违法行为数据库,实现对违法行为的自动搜索;通过开通网上申诉举报渠道,方便消费者的投诉举报。目前,国家工商总局已制订出《全国网络交易监管信息化平台建设技术方案》,编制完成《网络交易监督管理数据规范》,全国各省级工商局已基本建立了网络信息化监管平台,为促进网络交易发展、维护经营者和消费者的合法权益、规范网络市场秩序打下牢固坚实的基础。

(3)以加强网络信用体系建设为载体,实施"信用管网"。信用监管属于现代管理方式的一种,是市场经济管理中最有效的管理方式。当前网络市场可以自由出入、自由交易,至今还没有一套统一的核心技术标准和行业规范,用来有效监督、衡量网络市场的诚信问题和失信惩戒问题,制约网络交易发展的主要瓶颈是信用体系的缺失。因此,抓住了信用监管,就抓住了规范和促进网络市场发展的关键,抓住了维护网络市场秩序的关键。

《网络交易管理办法》将信用监管作为主要监管措施和手段,制定了许多法律条款。第十九条规定,网络商品经营者、有关服务经营者销售商品或者服务,不得从事的不正当竞争行为中有:以虚构交易、删除不利评价等形式,为自己或他人提升商业信誉;以交易达成后违背事实的恶意评价损害竞争对手的商业信誉。第三十二条规定,鼓励第三方交易平台经营者为交易当事人提供公平、公正的信用评价服务,对经营者的信用情况客观、公正地进行采集与记录,建立信用评价体系、信用披露制度以警示交易风险。第三十六条规定,为网络交易提供信用评价服务的有关服务经营者,应当通过合法途径采集信用信息,坚持中立、公正、客观原则,不得任意调整用户的信用级别或者相关信息,不得将收集的信用信息用于任何非法用途。第四十条规定,县级以上工商行政管理部门应当建立网络交易及有关服务信用档案,记录日常监督检查结果、违法行为查处等情况。根据信用档案的记录,对网络商品经营者、有关服务经营者实施信用分类监管。

下一步,工商行政管理部门要把加快网络信用监管体系建设作为重要工作来抓,深入研究网络交易主体信用特点,研究建立网络经营主体信用指标体系。以网络交易平台经营者为重点和突破口,积极研究和探索网络交易信用监管体系。支持具备条件的第三方机构对电子商务企业进行信用评价,向消费者提供信用评价信息;要推进企业之间信用评价的互通、互联、互评、互认;要加强各有关部门的企业信用信息资源整合,建立健全网络商品经营者、网络平台经营者、第三方支付平台、快递经营者等网络交易主体信用信息资源的共享机制,满足政府监管、企业交易、消费者选择的需求。

(4)以推进平台和行业自律为抓手,建立健全自我管理体系。以推动平台和行业自律来规范网络交易秩序是网络经济发展的内在必然要求。对秩序的要求产生了自律和他律两种不同形式的维护秩序的方式,其中平台、行业自律是基础。只有平台、行业自觉维护秩序,网络交易的健康发展才能有坚实基础。《网络交易管理办法》将平台和行业自律作为维护网络交易秩序、促进网络交易健康发展的重要措施,积极鼓励和倡导行业和平台自律。下一步要切实抓好鼓励支持自律的贯彻落实工作。首先要重点抓好网络交易平台经营者自律的指导监督工作,指导网络交易平台经营者通过建立身份认证、交易者信用等级管理、商品质量安全管理、消费者权益保证金等制度和使用网络交易第三方支付平台等方式,保障网络交易安全,维护网络交易秩序,使网络交易平台经营者确实承担起维护网络市场秩序第一责任人的责任。与此同时,鼓励支持网络商品经营者、有关服务经营者成立行业组织,建立行业公约,推动行业信用建设,加强行业自律,促进行业规范发展。

(5)理顺职能,加强沟通,建立健全网络交易管理综合机制。网络交易管理是一项复杂的系统工程,链条长,环节多,涉及面广。从工商行政管理职能内部分工看,网络交易管理覆盖了工商行政管理市场监管执法全部职能。从政府市场监管职能看,涉及公安、工信等多个职能管理部门。做好网络交易管理,必须建立起上下畅通、内外互动的工作协调机制。各地应在内部细化网络交易管理职能的基础上,将各项职能有机衔接起来;在深入研究政府其他监管部门职能的基础上,建立日常协作配合机制,努力实现互联、互通、互动的网络交易管理立体系统。

2.3 网络交易管理信息化平台应用

2.3.1 网络交易管理信息化平台概述

网络交易市场有别于传统交易市场,网络交易行为具有经营主体虚拟性、交易无地域性、违法行为高技术性等特点。这些特点决定了工商机关不能用传统办法监督管理网络交易市场,必须采取"以网管网"的方法。"以网管网"是国家工商总局在深入调查研究、广泛听取各方意见、认真总结地方实践经验的基础上提出的,是工商机关实现网络交易监管的重要方式方法。"以网管网"是指以现代信息技术为基础,以工商机关网络交易信息化监管网为依托,运用网络技术手段实现对网络交易的动态监管。即"以工商机关网络交易信息化监管网来管理互联网上的经营活动,用监管网来管理网站和网店的经营活动"。由于网络交易无地域限制,过去实行的以地域管辖、级别管辖为主要特征的监管措施和方式已不能完全适应网络交易监管的要求。因此,"以网管网"的另一层重要含义是实行全国联网一体化监管,通过全国一体化监管的措施和手段实现监管目标。

2010年,国家工商总局启动全国网络交易监管信息化平台系统建设工作。总体建设目标是建立起以国家工商总局网监平台为核心、以各省级工商局网监平台为支撑的"全国一体、统分结合、功能齐全、上下联动、左右互动"的网络交易监管信息化系统。

各地工商机关都在积极推进网络交易管理信息化平台建设工作。在基础建设方面，大部分省市已经基本建立起了全省统一的网络监管信息化系统并实现与内部管理系统的整合，有的省市建设了电子商务搜索监测中心和电子证据采集分析实验室，有的省市借用公共搜索引擎或其他部门的搜索工具开展网上巡查。在主体监管方面，有的省市是通过与通信管理部门的沟通协作，定期接收 ICP 备案数据充实经营性网站主体库；有的省市采用网上备案和搜索技术建立涉网主体数据库；有的省市采用省市局集中搜索监测、区县认领排查建库的方法开展电子商务经营主体建库工作。在行为监管方面，开展网上检查、监测，主动发现违法商品和行为；在平台子系统中，建立网上"12315"平台，处理网上申诉举报，及时处理热点、难点问题。

2.3.2 网络交易信息化管理平台建设

2.3.2.1 基本工作思路

按照统分结合、明确分工，上下联动、左右互动，统筹考虑、分步推进的思路开展网络监管信息化建设。

统分结合、明确分工是指由国家工商总局和省区市局（以下简称"省局"）各司其职，总局负责建设总局网络监管平台（简称"总局平台"），各省区市负责有效利用总局平台的搜索结果数据并完成总局下发交办的执法任务，分工协作完成网络监管信息化的任务。

上下联动、左右互动是指通过网络交易监管搜索与服务系统、网络监管协同系统的建设，实现搜索结果数据、跨地域案件线索数据及日常工作文件（通知、报表等）在总局和省局各级工作人员之间的流转。

统筹考虑、分步推进是指总局统一建设开发网络交易监管搜索与服务系统，各地根据自身情况酌情使用，以省局为单位组织推进应用，总局统一建设网络监管协同业务系统，各地以省局为单位组织落实推进，实行全国联网一体化监管。

2.3.2.2 具体工作目标

（1）全面掌握从事网络交易及有关服务行为的市场主体的情况。

(2)实现对网上违法商品和行为的有效监管。国家工商总局建设的垂直搜索引擎系统,面向各地提供开展网络交易监管工作所需要的包括各类交易主体、交易客体和交易行为在内的监管数据信息,并提供与之相关的各类服务;地方局建设本省平台,并通过其完成网络经济户口建库及日常监管、案件线索处理等工作。

(3)提高工商部门内部的业务协同能力。国家工商总局在综合业务系统上建设业务协同系统,各级工商机关可通过该系统完成有关案件信息交换、协助查询等工作,完成通知、政策法规、政务信息等文件的上传下达工作。

2.3.2.3 基本工作任务

网络交易管理信息化监管平台建设共有六项工作任务。

(1)建立全国网络经营主体数据库和搜索特征语义库

国家工商总局通过搜索技术和中文分词技术,建立包含主体、客体和行为搜索需使用的各类关键词和搜索规则的全国统一搜索特征语义库,供各地参考使用。

建立网络经营主体数据库是网络交易监管的基础工作之一,是有效发挥网络交易监管信息化平台功能、"以网管网"的重要条件,是开展网络交易主体检查和有关统计工作的依据。2012年5月7日,国家工商总局印发了工商市字[2012]87号《关于加快建立网络经营主体数据库的通知》,要求各地应在2012年12月底前完成网络经营主体数据库建设工作,并开始向国家工商总局汇总数据。

网络经营主体数据库建立的对象是:利用网络载体从事网络交易及有关服务行为且已办理营业执照的网络经营者,包括企业、个体工商户和其他经济组织。

网络载体分为三类:网络交易平台网站(简称"平台网站")、非网络交易平台网站(简称"非平台网站")、网店。网络交易平台网站是指为网络交易及有关服务行为提供交易平台服务的网站,类似传统市场中的集贸市场,有一定数量的网店在其中从事经营活动;网店是指通过网络交易平台网站从事网络交易及有关服务行为的网络店铺;非网络交易平台网站是指除网络交易平台网站和网店以外的从事网络交易及有关服务行为的网站。

网络经营主体数据库由工商登记注册信息和涉网信息两部分组成。以登记注册信息为核心,关联相关涉网信息。国家工商总局下发了《网络交易及有关服务行为经营主体数据规范》试行稿,并设置了相关建库信息指标项。

网络交易主体建库方式要按照立足当前、着眼长远、抓住重点、先易后难的原则,以本地实体经济户口为依据,通过网上搜索、共享工信部门的网站备案数据、经营者自报、工商所排查等方式,查清本地企业、个体工商户、其他经济组织网站(网店)设立情况,在市场主体登记数据的基础上,采集叠加涉网指标项,形成网络经营主体数据库。

(2)建设网络监管搜索与服务系统

国家工商总局统一建设网络监管搜索与服务系统,面向省局用户提供垂直搜索功能;面向基层分局或工商所用户提供在线搜索功能。各省根据自身情况酌情使用,以省局为单位组织推进应用。

网络监管搜索与服务系统由国家工商总局建设,面向各省市局用户提供使用,包括垂直搜索系统、在线搜索系统和引入搜索服务三部分建设内容。

垂直搜索系统是国家工商总局或省局发起的搜索任务,经一段时间周期完成数据处理后,形成相对精确、便于处理的搜索结果,自动生成结果概要和下载数据包,省局可下载至本省建设的网监系统中进行处理。在线搜索系统是国家工商总局向地方局提供的即时交互式搜索服务。用户输入关键词或关键字组合后可以立即得到反馈结果。系统面向各级工商网监工作人员提供使用,但主要的目标服务对象是基层工商分局或工商所网监工作人员。针对基层工商人员的工作需求,系统提供更多实用功能。主要是:基层用户可根据需要自行注册登录,导入自己监管范围内的企业主体数据、网址数据等,实现对特定网址(一个或多个)范围内的精确搜索后,导出结果数据,自动记录关键字组合等功能。引入搜索服务是指在开发上述垂直和在线搜索系统的基础上,利用专业搜索服务商和数据服务商提供的服务,帮助完成对各类涉网信息的定位、抓取、分析、过滤、排序等工作。

(3)建设网络监管协同业务系统

通过工商行政管理网,提供各省局网络案件线索数据相互移交、协办信息化和政务信息化的信息流转。

(4)建设本地网络监管系统

各省分别建设本地网络监管系统,实现接收或下载总局提供的搜索结果数据、处理结果反馈、网络经营主体建库、日常监管等功能。

(5)建设网络监管网站

根据政务公开的原则和要求,各地根据监管实际需求,建设网络监管网站,对社会公众提供信息公开类的服务。

(6)建立电子数据取证实验室

国家工商总局和各地根据工作的需要建设电子取证实验室,完成网络监管案件电子数据的勘查取证、鉴定分析、证据固定、数据恢复等工作。

前三项任务由总局负责建设,第四项任务由省级局负责建设,第五、第六项任务由总局和省级局共同负责建设。总局的平台重点在于政务应用和业务应用,侧重于解决总局与省局、省局与省局之间的业务工作衔接,通过搜索与服务系统为省局提供专项搜索服务,为基层工商所提供在线搜索服务,大量的具体监管工作需省级局组织开展。

2.4 网络经营主体和第三方网络交易平台管理

2.4.1 网络经营主体管理

网络经营主体,又称网络经营者。工商行政管理部门所指的网络经营者,仅指互联网经营主体,是指以互联网(含无线移动网络)为载体,从事商品经营或营利性服务的法人、其他经济组织和个人。

网络经营主体与传统经营主体在本质上有相同之处,即两者行为都具有营利性,都要恪守法律法规,都要设定各方当事人之间的债权债务关系。分析两者的区别,主要有:前者进入网络市场的难度要小于后者进入传统有形市场的难度;前者运用电子网络手段达成营利目的,而后者运用面对面或者非电子网络手段达成营利目的;前者开展商事活动可以跨越路途、国界等多方面因素,而后者则要受这些因素的制约;前者触及到的消费者和交易伙伴要多于后者;前者比起后者更容易运用信息网络技术规避法律和监管。因此,网络经营主体比起传统经营主体面临更多的市场机遇、违约诱惑与欺诈陷阱。

2.4.1.1 网络经营主体分类及工商部门监管对象

互联网最初只是一个技术平台,即用通信设备和线路,将处在不同地方、操作相对独立的多个计算机连接起来,再配置一定的系统和应用软件,在计算机之间实现软硬件资源共享和信息传递。在2000年《互联网信息服务管理办法》出台时,中国互联网有了一定的发展,网站开始提供信息服务和娱乐消费。随着网络的不断发展,互联网开始向电子商务领域全面延伸。

当前,网络经营主体表现形式十分多样。从经营者的组织形式看,有企业法人、各类经济组织、个体工商户和个人;从经营者的经营场所看,分为有实体经营场所和无实体经营场所两类;从经营者有无网站(网页)看,绝大多数依托网站(网页),也有少数无网站(网页);从经营者的经营客体看,有数字化商品、普通商品、大宗商品、网络技术服务、网络媒体服务、网络交易服务等;从经营者的经营方式看,涉及有形商品网上出售、网络广告、网络拍卖、网上订票、网上招聘等。一般的电子商务教课书将互联网经营者分为互联网内容提供商(简称"ICP")和互联网服务提供商(简称"ISP")。

对网络经营主体进行科学分类既是我们了解网络经济发展现状的重要方法,也是开展网络经营主体管理的基础工作。但是对网络经营主体进行分类又存在许多难点,因为有些经营主体是网络中独有的,在现实中无法找到参照物。基于对网络经营主体业务内容的分析,从互联网的功能属性出发,可以将当前网络经营主体划分为以下三大类型。

技术型网络经营主体:主要是指以信息网络技术及相关设施为基础,为普通网民上网、消费者网购和经营者网络经营提供基础条件和技术服务的经营者。技术型网络经营主体的业务内容包括电信运营商、网站设计服务商、域名注册代理机构、网络虚拟空间出租者以及"网吧"经营者等。

工商行政管理部门对技术型经营主体的重点监管对象是网站设计服务商。因为从法律属性来说,它是普通企业、广告制作发布单位和经营性互联网信息服务单位的综合体,需要遵守《公司法》、《广告法》、《互联网信息服务管理办法》等规定。另外,根据《互联网上网服务营业场所管理办法》,"网吧"也是工商部门的管理对象,主要职责是核发营业执照和对无照经营、超范围经营等违法行为的查处。

媒体型网络经营主体:主要指将互联网作为一个媒体的网络经营者,面向普通网民,一般通过打造一个有一定访问量的网络平台后,再向有一定宣传推广需求的经营者有偿提供网络推广服务。媒体内容可以是社会新闻、电影、电视剧、音乐、游戏、各类专业数据库等,媒体型网络经营主体还包括可由普通网民发布信息的网络论坛经营者及提供信息搜索服务的经营者。

商务型网络经营主体:主要指将互联网作为一个商务平台的网络经营者,面向其他经营者及广大消费者。

2.4.1.2 网络经营主体管理业务内容

网络经营主体提供的业务内容至少包括以下几种。

互联网建设服务:指提供互联网硬件、软件、安全等基础建设方面的服务,如华为公司提供网络设备服务,奇虎360科技有限公司提供网络安全服务等。

互联网接入服务:指利用信息网络技术、相关硬件设备、网络构建信息网络系统,为相关用户提供一定带宽的互联网接口服务。如中国电信、中国移动、中国联通等运营商提供的宽带服务。

互联网上网服务:指通过租用电信运营商的互联网宽带网、购置电脑和租用场地,为公众有偿提供一定时间的互联网上网服务设施。

网站上线服务:指能提供网站域名注册代理、网络空间租用、服务器托管等与网站上线运行有关的服务。

网站设计服务:指能按照客户具体需求,利用软件编程和互联网技术,为他人设计开发网站及网站日常技术维护等相关服务。

网络新闻服务:指能通过搭建社会新闻资讯网络发布平台,为广大网民获取相关信息提供服务。可分两种情况:一是有传统媒体依托的,如央视国际和人民网分别根据电视媒体和报纸媒体信息内容提供网络服务;二是没有传统媒体依托的,如新浪网、搜狐和网易提供的新闻资讯。

网络搜索服务:指能通过建立专业垂直搜索引擎、搭建互联网信息搜索平台,为广大网民快速高效获取特定目标信息提供服务。

网络数据库服务:指能通过建立专业数据库、搭建互联网数据库服务平台,为广大网民获取特定目标信息提供服务。

网络游戏服务:指能通过开发专业游戏应用软件、搭建互联网游戏服务平台,为广大网民参加各种网络游戏提供服务。

网络视听服务:指能通过收集建立视听数据库、搭建互联网视听服务平台,为广大网民观看网络电影、电视剧和收听音乐提供服务。

网络社区服务:指能通过建设管理专门网络交流平台,为广大网民发表交流相关问题提供服务。

网络推广服务:指以互联网为载体,通过各种方式为企业或个人提供宣传推广服务。网络推广方式包括发布媒体文章、通过SNS网站传播、邮件推广、事件推广、问答推广、百度相关推广、博客(微博)推广、QQ群发推广、会员制推广、电子书推广等。

网络商品销售:指买卖双方在非面对面的情况下,通过互联网中的网站或网页,部分或全部实现商品交易行为的信息流、资金流和物质流三个环节。网络商品销售也包括仅发布企业基本情况及商品经营信息的网站或网页,因为他们通过互联网发布企业及商品信息的目的是寻找潜在客户,并可通过网络即时通信工具、电话等达成交易协议。虽然只是通过网络完成商品交易的信息流,但是不能否定它们不属于网络商品销售行为。

网络服务销售:指传统服务行业通过自建独立网站或专业的网络服务平台发布服务信息或直接为客户提供网络便捷服务,例如电信运营企业设立网上营业厅提供话费充值业务、宾馆酒店提供网上订房订餐服务、铁路民航提供网上订票服务等。

网络交易平台服务:指以会员费、租金或交易佣金等为主要盈利模式,依托由服务器、终端设备、互联网和一系列应用程序组成的一个虚拟场所,为他人网络交易活动提供平台服务。

网络团购平台服务:属于网络交易平台服务范畴,指能提供他人使用的第三方专业团购网站,使供应商、消费者分别实现批发销售和优惠价格购买商品。

网络交易衍生性服务:指在网络商品或服务交易中,为买方有偿提供的网络代购、购物比较、购物工具、导购以及为卖方提供网店管理、数据分析、网络营销等网络交易过程中的各类服务。

网络交易支撑性服务:指在网络商品或服务交易中,提供网络安全认证、信用认证、在线支付、交易保险等服务,如CA机构、支付服务平台提供的服务等。

2.4.1.3 网络经营主体市场准入管理

电子商务的发展为自然人创业就业提供了便捷、低进入成本的新途径。近年来,通过网络销售商品、提供服务的自然人数量和规模迅速扩大,成为公民个人创业就业的一个重要途径。随着自然人网络交易规模的逐渐扩大,自然人从事网络商品和服务销售活动是否需要进行市场准入登记以及由此带来的自然人真实身份识别确认问题成为困扰网络交易健康发展的重要难题。按照关注民生、促进就业、为个体实现网上创业就业提供市场准入制度上的法律支持和保障的原则,按照有效确认个人主体真实身份和资格是实现网络交易、扩大网络交易必不可少要件的要求,《网络交易管理办法》第七、第八、第二十三条对此做出具体规定。在理解这些条款时,我们要把握以下几点。

一是建立独立网站从事商品销售或提供有关服务应当办理工商登记。

二是自然人只能在第三方网络交易平台开展经营活动。

三是自然人进入交易平台从事经营活动时,应当向网络交易平台经营者提交其姓名、地址、有效身份证明、有效联系方式等真实身份信息。

四是商品或服务需要前置许可的,经营者需要取得前置许可。

五是是否具备登记注册条件的把握包括两个方面:取得前置许可的,一定具备登记注册条件;不是以自然人身份和形态从事网络交易行为,而是以法律法规规定应当办理登记的公司、工厂等组织形态,从事网络经营活动,应当依法办理工商登记注册手续。

六是在现实中,许多网络经营主体与传统经营主体是合为一体的,即在实体中已经开展生产经营且办理了工商营业执照,同时通过网络销售商品或提供服务,其网络经营活动不需要再办理营业执照。

上述规定既充分考虑到个人网络交易发展的现状,又充分考虑到未来发展的要求,在鼓励支持个人通过第三方网络交易平台创业就业的同时,又能有效维护交易安全,实现在发展中求健康,在健康中求发展的目标。

《网络交易办法》第二十二条规定,第三方交易平台经营者应当是经工商部门登记注册并领取营业执照的企业法人。这主要是考虑到第三方交易平台承载着数量庞大的经营者、消费者和商业数据,在网络交易活动中的地位举足轻重。平台运行情况直接关系网络市场秩序和社会公共利益,经营者需具备一定的规模和技术实力才能保证平台运行安全。

2.4.2 第三方网络交易平台管理

第三方网络交易平台,是指在网络交易活动中为交易双方或者多方提供网页空间、虚拟经营场所、交易规则、交易撮合、信息发布等服务,供交易双方或者多方独立开展交易活动的信息网络系统。当前的网络交易大多数通过第三方网络交易平台实现,其平台经营者在获取合法利益的同时,法律也规定了其在平台管理方面要承担诸多义务和责任。

第三方网络交易平台管理是工商部门从监管平台合法经营的目的出发,依法对平台经营者及其经营行为的监督,以及工商部门引导下的相关社会管理和平台经营者的自律。平台管理的目的是监督平台经营者依法履行义务,承担责任,防止平台对市场、对消费者、对社会的不良影响,促进平台健康发展。平台管理的核心是信用管理,关键是信息公开,手段是依法惩戒。

2.4.2.1 国外对第三方网络交易平台的治理思路

欧美主要发达国家对于第三方网络交易平台基本上是不赋予过重的责任义务,只划定平台应尽责任,对其经营不予以干涉。

一是"安全港"制度。网络服务提供者遵循了预先确定的程序与规则,就可以籍此条款作为抗辩的理由对抗权利人的侵权指控,证明自己对侵权行为没有过错,从而躲进法律为其构建的"安全港",不必承担侵权责任。二是通知和删除制度。权利人只要向网络服务提供者发出了通知,告知在这个网络服务提供者所提供的个人主页或者BBS上有侵权信息,网络服务提供者得到通知后,如果没有证据表明这个言论没有侵权,那么他必须删除;否则,权利人可以控告网络服务提供者。但是,如果被指控一方也发出反通知给网络服务提供者,担保他的信息没有侵权,而网络服务提供者不能对这些信息是否侵权做出判断的,那么网络服务提供者不必删除这些言论,而其法律后果由信息发布者本人承担。三是红旗标准。如果有关他人实施侵权行为的事实和情况已经像一面鲜亮的"红旗"在网络服务提供者面前公然地飘扬,以至于处于相同情况下的"理性人"或"善良诚信之人"明显能够发现时,如果网络服务提供者采取"鸵鸟政策",像鸵鸟那样将头深深埋入沙子之中,装作看不见侵权事实,则同样能够认定网络服务提供者至少应知侵权材料的存在。

2.4.2.2 国内对第三方网络交易平台管理的实践

针对第三方网络交易平台治理,我国主要依据新修订的《消费者权益保护法》和《侵权责任法》。前者明确规定,平台在发生消费纠纷时,需要承担有限责任。后者明确规定,网络用户、网络服务提供者利用网络侵害他人民事权益的,应当承担侵权责任。

从部门管理层面,国家工商总局通过《网络交易管理办法》(60号令)和商务部《第三方电子商务交易平台服务规范》对平台进行规制。《网络交易管理办法》规定了平台的十项义务,具体包括:交易主体经营资格审查、登记、公示;合同约责;制定实施管理制度;平台运行维护;交易商品或服务信息检查监控;注册商标专用权、企业名称权等权利的保护;消费者权益保护;交易记录存管;建立信用评价体系;报告、协助、配合查处违法行为。《第三方电子商务交易平台服务规范》从第三方交易平台的设立与基本行为规范、平台经营者对站内经营者的管理与引导、平台经营者对消费者的合理保护、平台经营者与相关服务提供者的协调、监督管理五个方面提出了规范准则。

2.4.2.3 第三方网络交易平台管理的内容

(1) 工商部门直接进行的管理。包括规制、管制和指导。规制,就是依法制定规则,设定标准规范,"画红线",确定禁止界限。管制,包括对平台经营者的主体资格管理,平台经营行为的管理,平台违反法定责任义务的惩治,以及对平台中交易主体经营资格的管理和违法行为的惩治。指导,指对平台经营者提示、告诫。

(2) 指导平台自律。重点是指导平台经营者在制定"网规"时要兼顾平台经营者、商户和消费者的利益,特别是不能忽视对消费者利益的保护。

(3) 借鉴传统商品市场管理的有效措施,指导平台经营者组织平台内商户开展平台内同业组织管理,实行平台内的同业自律。

(4) 指导组建网商行业协会,发挥其社会组织的管理作用,通过组织章程确定其行业内的管理权,如入会资格授予权、会员资格公示权、告诫权、除名权、行业纠纷调解权等,使行业协会充分发挥行业管理作用。

(5) 指导平台引进第三方中介机构,协助平台经营者管理平台秩序和信用,如建议平台与信用评价机构、产品质量与安全认证机构合作,提高平台的安全性和可信度。

(6) 加强与消费者协会等社会组织合作,共同监督交易平台。

2.4.2.4 工商部门管理第三方网络交易平台的具体路径

(1)通过立法完善平台的法定责任。主要是针对当前现有法律法规中缺乏对平台开放责任、社会责任、中立责任的必要规定,在立法中补充相关内容,如强制要求平台必须建立ODR机制、必须与12315直通、鼓励平台间的互联互通、禁止平台开展有碍中立性的竞价排名等营业活动、严格界定平台的经营范围。

(2)依法监督平台经营者制定落实平台管理规则。监督平台经营者建立平台内经营主体身份审查、登记和建立登记档案并定期核实更新制度,督促在其从事经营活动的主页面醒目位置明示营业执照的电子链接标识或核发证明个人身份信息真实合法的标记。监督平台经营者与申请进入平台销售商品或者服务的经营者订立协议,明确双方在平台进入和退出、商品和服务质量安全保障、消费者权益保护等方面的权利、义务和责任。监督平台经营者建立平台内交易规则、交易安全保障、消费者权益保护、不良信息处理等管理制度。监督平台经营者对通过平台销售商品或者服务的经营者及其发布的商品和服务信息建立检查监控制度,监督平台经营者应当建立消费纠纷和解和消费维权自律制度。监督平台上发布的商品和服务信息内容及其发布时间。

(3)依法监督平台经营者制定落实信息公开规则。监督平台经营者公开其制定的管理规则。鼓励第三方交易平台经营者为交易当事人提供公平、公正的信用评价服务,对经营者的信用情况客观、公正地进行采集与记录,建立信用评价体系、信用披露制度以警示交易风险。平台经营者应当积极协助工商部门查处网上违法行为,提供在其平台内进行违法经营的经营者的登记信息、交易数据等资料,不得隐瞒真实情况。

(4)开展电子化集中监测,完善"分层分类"的日常检查机制。由省、市级工商部门建立完善日常监测系统,将平台网站的不正当竞争、商标侵权等常见网络违法行为纳入集中监测范畴,再将涉嫌违法线索分派至相关分局,从而节约执法资源、提升监管效能。各地分局则加强对重点网站的日常指导和规范,具体处理申诉、举报,查处违法案件。

（5）拓展行政指导深度，构建"源头防范"的诚信自律机制。工商部门可从建立健全四项制度入手，拓展对平台网站行政指导的深度和广度，督促平台经营者履行管理义务，促进对违法行为源头防范：首先是建立"平台网站格式条款备案制度"，预防消费争议。建议对平台网站的注册协议、交易合同等格式条款实行备案制度或制定、推行示范文本。其次是指导平台网站建立"信用评价制度"，促进经营者诚信自律。通过消费者对经营户的点评累积，由网站建立一套成熟的信用评价体系，比如"淘宝网"的信用评价体系。再次是完善重点网站"商标指导制度"。工商部门应有针对性地加强对平台网站的商标培育，支持网站提高"美誉度、诚信度"，进一步提高企业的自律性。最后是深化工商、网站"双向联系"制度。指导每家"平台网站"明确工商联系单位、"指导员"，在网站内部设立信息审查员、维权联络点，以专项业务培训、"在线辅导"、"圆桌会议"等多种形式，帮助网站建立并执行信息监控、消费维权等内部管理制度，提高网站"自我过滤"的能力。

（6）发挥示范引领效应，建立"规范高效"的违法查处机制。首先是充分运用法律武器，促进网站履职尽责。《网络交易管理办法》已对网络平台经营者规定了明确义务和相应罚则，工商部门在日常监管中应充分利用新规章、新罚则，对不履行管理义务的平台网站进行立案查处。其次是明确具体操作口径，为基层办案答疑解惑。对如网上售假经营额认定、虚假宣传认定等疑难、争议性问题，尽快研究制定指导意见，明确操作口径。再次是建立典型案件处理模式，加大执法威慑力。建立同类案件办理的示范模板，明确规范化、标准化的处理流程、技巧和幅度，用以指导各单位办案。最后是将典型案例以"案例通报"等形式，向同类型网站警示、向社会公示，进一步增强经营者对法律的敬畏之心，力求"查处一个企业、规范一个行业"。

2.5 垂直搜索引擎在网络交易管理中的应用

面对网络市场相关信息的超海量级、非均衡性、高变化率等特殊属性，如何进行有效地进行包括网络交易主体、客体、行为三个方面的信息搜索与整理,以使得网络交易主体能够明确、客体能够可控、行为能够清晰,是目前摆在网络交易管理者面前的一个重要课题,也是工作能否取得成效的基础和保障。通用搜索引擎的应用虽然可以发挥一定的作用,但在效能性、准确性方面存在问题。因此可以大幅度提高网络交易管理效率与准确率,专业性、针对性更强的垂直搜索引擎的应用成为工商网络交易管理工作搜索技术应用的必然选择。

2.5.1 垂直搜索引擎概念与分类

2.5.1.1 垂直搜索引擎定义

垂直搜索引擎是针对某一个行业的专业搜索引擎,是搜索引擎的细分和延伸,是根据特定用户的特定搜索请求,对网站(页)库中的某类专门信息进行深度挖掘与整合后,再以某种形式将结果返回给用户。垂直搜索是相对通用搜索引擎的信息量大、查询不准确、深度不够等提出来的新的搜索引擎服务模式,通过针对某一特定领域、某一特定人群或某一特定需求提供的、有特定用途的信息和相关服务。其特点就是"专、精、深",且具有行业色彩,相比较通用搜索引擎的海量信息无序化,垂直搜索引擎则显得更加专注、具体和深入。

2.5.1.2 工商网络交易管理垂直搜索引擎类型

从特定目标信息的搜索广度分析,可将工商网络交易管理垂直搜索引擎分为单一目标和组合目标两类。

(1)单一目标垂直搜索引擎:是指支持特定用户大量、持续地获取互联网某一类特定目标信息的专用搜索引擎。此类又包括三个小类。

网上经营主体垂直搜索引擎:支持特定用户大量、持续地发现和确认经营主体开展网上经营活动的组织形式(独立网站、信息平台、交易平台、网店、其他)的专用搜索引擎。

网上经营客体垂直搜索引擎:支持特定用户大量、持续地获知与确认经营主体开展网上经营活动的具体内容(商品和服务)的专用搜索引擎。其中重点关注的是法律、法规禁止或限制生产、销售、提供的商品和服务。

网上经营行为垂直搜索引擎:支持特定用户大量、持续地掌握和确认经营主体网上经营行为方式的专用搜索引擎。其中重点关注的是违反禁止性和限制性规定的行为方式。

(2)组合目标垂直搜索引擎：是指支持特定用户大量、持续地获取互联网某些类特定目标信息组合的专用搜索引擎。从特定目标信息的搜索维度分析，可将适用于工商网络交易管理工作的组合目标垂直搜索引擎分为"主体+客体"、"主体+行为"、"主体+客体+行为"三种组合。

从特定目标信息的搜索类型分析，还可将工商网络交易管理垂直搜索引擎分为文字、图片、音频和视频等不同类别。从特定目标信息的推送路径分析，也可将工商网络交易管理垂直搜索引擎分为 PC 端、移动端。鉴于图片、音频和视频的搜索技术以及移动端搜索引擎仍处于发展阶段，而且运行成本高，短期内恐难大范围地应用于网络交易管理工作，因此，工商网络交易管理垂直搜索引擎的应用，目前多限于 PC 端的文字部分。

2.5.2 垂直搜索引擎的架构分析

从垂直搜索引擎技术基础与网络交易管理工作发展阶段之间的关联角度分析，可将工商网络交易管理垂直搜索引擎的基础架构分为实验级、雏形级、成型级和定型级。

实验级垂直搜索引擎的基础架构：从中文网页搜索数量角度分析，国内大规模搜索引擎一般达到百亿级，其中著名的搜索引擎(如百度、搜狗)已达到千亿级；国内中等规模搜索引擎(如人民搜索)一般达到十亿级；国内小规模搜索引擎(如部分企业和政府自建的搜索引擎)一般在亿级或以下。元搜索引擎是通过统一的用户界面、帮助用户在多个搜索引擎中选择和利用合适的(或多个)搜索引擎以实现检索操作，属于对多种检索工具的全局控制机制。元搜索引擎虽无网页搜寻机制，亦无独立的索引数据库，但在检索请求提交、检索接口代理和检索结果排序方面都有独特的技术支持。

实验级垂直搜索引擎的基础架构是基于中、小规模搜索引擎或元搜索引擎的定向数据挖掘。主要优势是技术门槛低、研发周期短、资金投入少。主要代价是承载能力弱、应用限制强、扩展空间小。如不设定较高工作标准,且忽略通用搜索引擎对元搜索引擎使用者的限制因素,在工商网监工作的初始阶段,这一级别的架构应能体现出较高的性价比。

雏形级垂直搜索引擎的基础架构是基于大规模通用搜索引擎的、面向对象的数据挖掘。主要优势一是借助大规模通用搜索引擎的搜索能力和数据资源,可显著提高搜索结果的召回率和时新性,如果忽略部分交易平台对搜索引擎的限制因素,它可使网监工作视野接近全网级水平;二是融合了领域专家的专业知识和面向对象的数据挖掘技术,可较好地满足特征相对稳定、规律相对清晰、样本相对充分的垂直搜索需求,能够显著提高合法主体商务网站的查准率,以及初步解决非法主体商务网站和经营客体的垂直搜索;三是承载能力较强,应用限制较小,扩展空间较大。主要代价一是对领域专家需求研究水平的依赖度较高;二是技术门槛较高,资金投入较多,研发周期较长;三是受通用搜索引擎网络爬虫抓取策略的限制,搜索召回率的提升空间有限;四是难以有效解决违法经营行为的垂直搜索。在工商网监工作的初步成型阶段,这一级别的架构应能体现出较高的性价比。

成型级垂直搜索引擎的基础架构是基于大规模通用搜索引擎的、"定向抓取+面向对象"的数据挖掘。在一定意义上可将其视为雏形级的升级版。主要优势是增加了针对专业需求的网页定向抓取功能,可突破通用搜索引擎网络爬虫抓取策略的局限,进一步提高搜索结果的召回率,以及非法主体搜索和客体搜索的查准率。如果忽略部分交易平台对搜索引擎的限制因素,它可使网监工作视野初步达到全网级水平。主要代价一是搜索引擎的运营成本明显增大,从而导致系统建设资金的增加;二是仍难以有效解决特征相对不稳定、规律相对不清晰、样本相对不充分(如网上违法经营行为)的垂直搜索难题。在工商网监工作的成型阶段,这一级别的架构应能体现出较高的性价比。

定型级垂直搜索引擎的基础架构是基于大规模通用搜索引擎的、"定向抓取+面向用户"的数据挖掘。主要优势是引入了"面向用户"这一正在迅速发展的数据挖掘技术,可逐步解决网上违法经营行为的垂直搜索难题。如果忽略部分交易平台对搜索引擎的限制因素,它可使网监工作视野达到全网级水平。主要代价一是因面向用户的数据挖掘技术尚未成熟,容易影响系统的稳定性;二是对领域专家团队的需求研究水平依赖度很高;三是技术门槛、研发周期、资金投入和运行成本均高于其他级别。在地方局网监工作的定型阶段,这一级别的架构应能体现出较高的性价比,只是目前在国内政府网监工作领域尚未出现。

2.5.3 垂直搜索引擎技术应用于网络交易管理的目标

通过实施法律效果与社会效果相统一的行政执法和公共服务,促进网络市场快速、持续、健康发展,应当是网络交易管理工作所追求的核心目标。为了更加有效地服务这一目标,垂直搜索引擎不仅在技术领域应从主体搜索向客体、行为搜索发展,而且在应用领域也应从微观层面向中观、宏观层面迈进。

第一,支持网络交易日常监管工作。实现在全网级水平掌握网上经营主体、客体和违法行为的类型、量级、性质、结构、分布和变化,从而在网络市场的虚拟性、广域性和一体性与行政管理的现实性、地域性和分立性之间,最终证实、调整和运用所存在的冲突与融合,为工商行政网监工作奠定深厚的理论与应用基础。

第二,支持网络交易管理整体决策。借助垂直搜索引擎的数据基础和监管工作的历史纪录,对投诉率、案发率、立案率、办结率和变化趋势等网监工作指标进行定量、定性分析,对网络市场经济秩序进行综合判断,并与现实市场乃至整体市场的经济秩序进行比较和评价。在此基础上,将有限的管理资源适时投放到管理风险最高、成功概率最大、综合收益最多的领域。

第三,支持工商行政网监工作发展。在广义互联网领域依法开展有效的公共管理。在相对狭义的网络市场领域,面对法律建设相对滞后、部门职责界定未清、监管力量明显不足等不利因素,创造工商行政网络交易管理工作的主动态势,进而全面掌握网络市场的总体情况,拥有虚拟世界的话语权,最终获得网络市场监管的战略主动权。

2.5.4 垂直搜索引擎技术对网络交易管理的具体功用

网络市场的虚拟性和多变性极易造成"互联网迷雾",对管理部门因时、因地进行工作定位造成了较大困难,从而可能直接影响网监工作的效能。垂直搜索引擎可以协助我们识得庐山真面目、摆脱工作迷航。

2.5.4.1 网络交易管理行政执法方面

（1）确定监管目标

及时、准确、全面地掌握经营主体从事网上经营活动的组织形式,是实施工商行政网监工作的第一前提。目前来讲,可以有五种途径协助管理者解决这个问题。

第一种途径是通过经营者自主公示以掌握网上经营主体。这已是一条有规可依的途径,但是此方式方法的缺陷在于:一是如不建立统一的公示系统,信息归集将遇到较大困难;二是如建立统一的公示系统,可能受到《行政许可法》的约束;三是如不能校验公示主体的覆盖率,整体市场掌控能力将受到限制。

第二种途径是通过建立监管部门协作机制以掌握网上经营主体。这的确是一条捷径,但也存在两个潜在的限制因素:一是在现行管理体制和政治文化范畴内,协作机制能否具备全局性和稳定性;二是在相关部门缺乏法定审查职能的情况下,能否保障获取信息的准确性和整体性。

第三种途径是通过建立"政—企合作机制"以掌握网上经营主体(如C2C交易平台)。这也是一条捷径,但也存在两个潜在的限制因素:一是由于客观存在的角色冲突,获取信息的真实性、全面性和时效性能否得到保障;二是由于网络市场的多样化特征,此类合作机制的适用范围存在较大的局限性。

第四种途径是通过建立垂直搜索引擎掌握网上经营主体。这肯定不是一条捷径,然而是一条工商行政管理机关自主、自控之路。

第五种途径是通过以上任意两种或全部途径的综合,以有效提高网上经营主体的掌握程度。

从上述五种确定网络交易主体途径分析来看,网络交易管理者通过建立垂直搜索引擎自主进行全网性的搜索建立主体数据库,再通过有效地建立相关多部门的协作机制实现资源共享来加以辅助,应是具有主动性、可控性的正确选择。

(2)确定管辖区域

明确网上经营主体的管辖原则,或许是实施工商行政网监工作的第二前提。在实际工作中,可根据《中华人民共和国行政处罚法》及国家工商总局《网络商品交易管理办法》的相关规定,利用垂直搜索引擎对网站的商务属性和地域属性进行自动搜索和识别,通过统一的电子商务监控平台,将获取的合法主体商务网站及更新数据,按照网站所有者地域属性自动分配给基层单位,同时,将获取的非法主体商务网站及更新数据,按照一定的管辖原则自动分配给基层单位。

(3)确定管理方法

发现行之有效的监管工作方式方法,或许是实施工商行政网监工作的第三前提。研究和实践初步表明,垂直搜索引擎的应用可为探索网监工作提供三个方面的支持。

第一个方面是协助探索网监日常工作方法。包括:一是协助制定检查制度。基层管理单位在获取辖区商务网站搜索数据后,根据本辖区网站的总体数量、经营内容、更新速率和风险程度等因素,针对性地制定了本单位的网上检查制度,包括职责分工、校验周期、检查频次和检查重点等相关内容,从而避免了管理制度"大而全"和"一刀切"问题。二是协助确定监管重点。基层管理单位可对辖区风险度较高的网站进行重点监控,以发现、查处在现实世界难以发现或依传统方法难以突破的涉网大要案线索。三是协助开展消费维权。借助垂直搜索引擎获取的数据基础,工商机关接到涉网投诉、举报后,能够判明被投诉主体所在地,便于投诉的及时解决。四是协助实施专项治理。基层管理单位依靠垂直搜索引擎获取的数据基础和日常网上检查标注的相关信息,不仅能有效提高专项整治工作计划的针对性,而且还能为现实市场执法提供必要的线索,从而达到提高工作效能、降低行政成本的效果。

第二个方面是协助摸索网监工作管理制度。包括：一是协助摸索网监工作内部管理机制。二是协助摸索网监工作绩效管理方法。

第三个方面是协助研究、解决监管难题。

2.5.4.2 网络交易管理公共服务方面

与工商行政管理其他监管工作一样，公共管理和公共服务都是网监工作不可偏废的基本职能。在查办涉网案件、实施消保维权工作的同时，如何为上级领导、相关部门和经营主体提供高水平的公共服务，以显现工商行政管理机关在促进网络经济又好又快发展方面的积极作用，已是全系统各级领导共同关注的问题。垂直搜索引擎或能为此提供一些有益的帮助。具体包括三点。

(1) 协助增强履职刚性

法定职责和管理体系既是开展行政执法的本源，也是提供公共服务的基础。相对于现实市场而言，国内网络市场的发展还属于初级阶段。与之相应，工商行政网监工作也尚未形成涵盖宏观、中观和微观三个层面，并且贯穿决策、执行和调整三个环节的完整架构。在建立、健全网监工作体制和机制的过程中，垂直搜索引擎应能发挥一定的辅助作用。包括在支持上级宏观决策方面的辅助作用。借助垂直搜索引擎提供的数据，通过挖掘网监工作数据与网络经济数据之间的内在联系，我们能在定量分析的基础上，对经济秩序与经济发展之间的相互作用进行分析和预测，从而支持工商网络交易管理工作决策，进而支持党委、政府的经济社会发展宏观决策。

(2) 协助增大履职弹性

鉴于网络市场互联、互通的核心要素，开展部门监管协作既是工商网络交易管理工作的发展方向，也是拓展公共服务渠道的必由之路。垂直搜索引擎可为此提供一些有益的启示。

第一，健全监管部门协作机制方面的辅助作用。《互联网站管理协调工作方案》是现行网监部门协作机制的制度基础，监管职责的互补性和监管能力的局限性则是网监部门协作机制的认知基础。需要注意的是,缺乏共同基础的协作机制难以具备长期性和稳定性。通过地方局垂直搜索引擎获取的资料表明,相关管理部门掌握商务网站的覆盖率明显偏低,网站所有者信息的真实性、合法性也存在较大误差。这在一定程度上反映出,基于不同监管职责、监管技术和监管方法所导致的明显差异,也从一个侧面说明,建立长效协作机制需要共同的基础。借助垂直搜索引擎获取的独立数据资源,有助于为网监部门协作机制奠定互信、互谅、互助的稳定基础。

第二,在明晰监管部门职责分工方面的辅助作用。尽管职责法定是厘清部门职责分工的刚性前提,然而在法律法规建设明显滞后的情况下,在网络市场的一体性与部门职责的分立性之间也同样存在着广泛的冲突。在建立行政法规和明确部门职责的过程中,不可避免地存在着争议和妥协,而涉及行政许可的管理职责有可能成为冲突的焦点。工商行政管理机关借助垂直搜索引擎提供的数据基础,可对涉及行政许可事项的商务网站进行定性、定量分析,从而在促使政府明确、调整部门监管职责以及自身选择进退要点时,能够争取主动地位且留有必要余地。

第三,在建立跨地区监管协作机制方面的辅助作用。通过地方局垂直搜索引擎获取的主体数据表明,大量辖区内经营主体所设商务网站的服务器物理地址位于辖区以外,从而证明了网络市场广域性与行政管理地域性之间所存在的冲突。实践证明,只有通过建立和实施跨地区网监协作机制,才能有效促进网络市场广域性与行政管理地域性之间的融合。在此方面,垂直搜索引擎的应用可以起到一定的推动作用。

(3) 协助增加履职柔性

从监管角度分析,合法经营主体既是网络市场的第一要素,也是管理部门的重要服务对象。作为新兴经济领域之一,网络市场发展的方向、速度还存在着较大的不确定性,公众对其认知与接受程度也存在着很大的差异。为了促进执法与服务的有机结合以及社会的和谐、稳定,工商行政管理机关应当努力提高网监工作的执法柔性。垂直搜索引擎则可能起到相应的辅助作用。包括在实施行政指导方面的辅助作用。依靠垂直搜索引擎获取的数据基础和监管工作历史记录,可对网络经营主体轻微违法、违规行为的产生原因和分布规律进行分析,从而有针对性地实施个别、局部或整体性的行政指导。另外是在开展信用管理方面的辅助作用。实践表明,实施网络市场信用管理,充分发挥社会监督作用,是增加执法柔性、提高执法效能的最有效的措施之一。

2.5.5 垂直搜索引擎技术应对网络交易管理需求的研发重点和方向

(1)建立垂直搜索引擎领域专家团队。在一定意义上,垂直搜索引擎是人工智能领域的典型作品之一。缺乏网监专业知识和监管实践经验的垂直搜索引擎,肯定不是工商网络交易管理垂直搜索引擎。无论从哪个角度分析,领域专家团队都是工商网络交易管理垂直搜索引擎的缔造者之一。在垂直搜索引擎的研发过程中,领域专家团队承担着六项基本任务:一是提出垂直搜索引擎的建设需求;二是汇总网监工作依据的法律法规;三是提供有效的网监工作实践经验;四是给出数学建模所需的样本集合;五是校验技术研究的实验数据;六是发掘技术迭代所需的新鲜样本。网络交易管理工作的现在还是将来,都有许多与前沿技术相关的监管课题等待破解。建立领域专家团队既是奠定垂直搜索引擎技术基础的必由之路,也是推动网监技术持续发展的根本和泉源。

(2)建立虚拟与现实世界之间的桥梁。领域专家团队既不能替代网监工作队伍,也不能替代技术专家团队,而是在业务与技术、虚拟与现实之间架设桥梁。领域专家团队要想更好地发挥桥梁与枢纽作用,需要专注于三个环节:一是跨界学习。包括内部跨界学习与外部跨界学习。二是大胆设想。网络市场是一种新型市场形态,垂直搜索引擎也是一类前沿综合技术。由于两类新元素的融合过程中会产生众多的未知与不确定性,因而垂直搜索引擎的缔造者们很难在历史中找到答案。在具备相应业务、理论基础的前提下,领域专家团队应针对网络市场的现状和趋势,大胆提出垂直搜索引擎的具体发展设想。三是小心求证。和其他前沿技术的发展一样,工商网络交易管理垂直搜索引擎的研发也存在相应的风险。领域专家团队求证的重点并非垂直搜索引擎本身,而是其研发基础和预期效果。一方面,领域专家团队要对网络市场进行广泛、持续的观察,以发现、识别和收集那些典型、足量且特征与规律能被数学描绘的样本,从而形成垂直搜索引擎建设需求的客观基础。另一方面,在垂直搜索引擎研发过程中,领域专家团队应对试验数据进行严谨校验,对研发项目进行审慎判断。对于能够实现最低设计标准的研发项目,继续给予相应的支持;对于不能实现最低设计标准的研发项目,或建议降低设计标准,或建议暂停甚至终止项目。

(3)建立两类专家团队间的合作机制。在工商网络交易管理垂直搜索引擎研发工作中,领域专家团队负责描绘虚拟世界,技术专家团队负责还原虚拟世界。从一个侧面说明,领域专家团队与技术专家团队之间的关系并非是简单的"甲方与乙方",因而需要形成相互尊重、相互交融、相对稳定的合作机制。

2.6 国外网络交易管理简要介绍

2.6.1 美国

2.6.1.1 互联网基础立法概况

美国是互联网的发源地。20世纪90年代随着商用浏览器软件的诞生,美国的互联网产业逐步发展起来。由于产业的发展走在世界各国的前列,其互联网法制建设也起步较早。经过20多年的发展,美国与互联网管理相关的成文法、判例法都较为完备,企业自律及利益团体的监督等也较其他国家成熟和规范。

从立法层面上看,对于互联网的管理,美国政府结合自己国情,从联邦和州两个层次入手,进行机构设置和立法管理,其管理体系已经较为成熟。虽然美国政府对于互联网的管理一向倡导的是"少干预,重自律"的最低干预原则,但是自由的氛围也要依托在一定的管理控制的基础上。美国政府对于互联网所传播内容的管理,既不大包大揽,也非不闻不问,既有控制,又有调节,在立法层面上的控制,既是美国政府进行互联网管理的重要基础,也是美国的互联网管理体系得以正常运作的一个重要保障。互联网管理体系的正常运作在一定程度上支撑着美国互联网产业的发展壮大,目前美国在互联网领域保持着旺盛的创新势头。但是随着形势的发展,美国在互联网管理领域所坚持的最低干预原则也有改变的趋势:在制定相关互联网管理规则的过程中,美国政府有意在互联网隐私、未成年人保护、互联网安全、著作权保护及互联网治理等方面加强管理,以保障互联网各相关参与者的合法权益。

2.6.1.2 互联网信息监管

互联网作为信息技术发展的重要产物,对于信息传输起着不可替代的作用。随着互联网相关产业的发展,网络服务提供商作为网络信息传输的中介走上历史舞台。作为信息传输的中介,其是否必须和传统的媒体一样对他人发表的毁谤性言论承担责任,美国在1996年《通信内容端正法案》(Communications Decency Act,CDA)通过之前,主要依据传统的侵权法理论追究网络服务提供者的法律责任。由于美国宪法对于言论自由的加强保护,立法者担心对于网络服务提供者苛以严格的侵权责任将导致互联网领域的寒蝉效应,从而使得网络服务提供者成为网络言论的审查者,损害公民享有的言论自由。基于保护公民言论自由及促进互联网产业发展的考量,美国在1996年通过了CDA,其中规定,如他人通过互联网散布毁谤他人的言论,互联网服务提供商不须对受侵害人承担责任。这一规定从根本上保障了美国公民通过互联网这一新型传媒发表言论的自由。但是,绝对的言论自由也导致互联网上各类不良信息的泛滥。

随着互联网弊端的日益凸显,尤其是淫秽信息对于儿童的侵蚀日益严重,美国国会自1996年开始针对这一弊端制定了一系列法律。美国在1996年的CDA中有保护未成年人免受互联网上低俗和明显冒犯信息的规定,违反相关规定的人将受到刑事制裁。由于相关条款的界定过于宽泛及模糊,CDA中关于未成年人保护的条款在1997年被美国最高法院在Renov. ACLU案中认定为不具有合宪性,构成对言论自由的不合理限制。美国国会在通过《通信内容端正法案》之外,还通过了一部针对儿童色情的法律——《儿童色情预防法》(Child Pornography Prevention Act of 1996,CPPA)。该法禁止包括照片、电影、视频、图片以及电脑生成图像在内的表现未成年人或看起来像未成年人在进行性行为的内容。2002年，美国最高法院在 Ashcroftv. The Free Speech Coalition 案中认定 CPPA 因其过宽的限制而侵犯了言论自由。最高法院在 1997 年认定 CDA 中有关未成年人保护的条款因对言论自由的不合理限制而构成违宪的情况，美国国会迅速作出应对，通过了《儿童在线保护法案》(Child Online Protection Act, COPA)。COPA 保护未成年人免受明显有害信息的侵害。COPA 针对 CDA 进行了更新，针对的仅是为商业目的通过互联网传播有害信息的行为。但是 COPA 仍然因为对于言论自由的过宽限制而被美国最高法院在 Ashcroftv. American Civil Liberties Union 一案中判定为违宪。在 CDA、COPA 相继被美国最高法院宣布为违宪后，2000 年美国国会通过了《儿童互联网保护法》(Children Internet Protection Act, CIPA)。该法采取了间接管制的办法，规定公共图书馆必须安装过滤淫秽图片的软件方可获得政府的资助。该法案自颁布之初就受到来自民权团体的攻击，但是在 2003 年 United Statesv. American Library Ass'n 一案中美国最高法院认为法案中所涉及的相关软件的主要目的是为了过滤对未成年人明显有害的淫秽信息以防止未成年人通过互联网接触相关信息，因此 CIPA 的相关条款并未违反宪法关于言论自由保护的条款。

2.6.1.3 电子商务法

全球范围看，美国的电子商务开展的时间最早，发展也最快。1997 年 7 月 1 日，《全球电子商务框架》(以下简称《框架》)被批准并公布，其中陈述了美国政府面对电子商务世纪来临时所持的态度及看法。此《框架》的宗旨是改善商业活动及培养消费者信心，使商业交易能够使用电子互联网。在广泛咨询产业、消费群及互联网社区后，该框架提出五大原则：第一，由私人部门来领导；第二，政府应避免对电子商务做不当限制；第三，政府的参与是必要的，其目标应该是支持及实施一种可预测最低程度的、一致而简单的电子商务法律环境；第四，政府必须承认国际互联网的特殊本质；第五，必须以全球为基础来促进国际互联网电子商务。为了使电子商务在法律的保护和规范下健康发展，美国法律协会(American

Law Institute,ALI)及州法统一委员会(National Conferenceof Commissionerson Uniform State Law,NCCUSL)早在20世纪90年代中期就开始了有关电子商务的立法准备工作,着手修订《统一商法典》(UCC),在其中增加有关调整电子商务的法律规则的内容。

除了在《统一商法典》层面进行电子商务立法外,美国联邦政府还积极推动有助于电子商务发展的各辅助性法律的制定。

1999年7月,NCCUSL公布了《统一电子交易法案》(Uniform Electronic Transactions Act,UETA)。UETA的目的在于消除电子商务发展的障碍,认可合理的商务时间及协调电子合同的程序规则。该法案在2009年1月时已经在全美46个州生效,其主要对电子签名、电子记录以及电子记录错误的风险承担进行了规定。

2000年6月30日,美国总统签署了《电子签名法案》(The Electronic Signaturesin Globaland National Commerce Act,"E-Sign"),为在商贸活动中使用电子签名和电子记录扫清了法律障碍。E-Sign规定:(1)法院不得仅仅因为合同采用电子形式而否认其法律效力、有效性及可执行性;(2)法院不得仅仅因为合同当事人通过电子签名或电子记录的方式缔结合同而否认合同的法律效力或可执行性;(3)与互联网相关的合同可以采取销售、租赁或知识产权授权的方式;(4)该法令认可以电子签名的方式验证信息发送者或文件签署者的真实性,同时以相同方式确认相关信息或文件是未经变动的。E-Sign规定消费者对于以电子通信取代书面方式须采取明示的同意。

美国是发达国家中第一个针对软件许可制定专门法的。1999年,NCCUSL制定了《统一计算机信息交易法》(Uniform Computer Information Transactions Act,UCITA)。该法与《统一商法典》一样属于"示范法"的性质,并没有直接的法律效力,其能否转化为生效法律取决于各州是否通过立法途径对其予以采纳。截至2006年,仅有弗吉尼亚州和马里兰州采纳。但它对各州电子商务的立法和商事习惯具有重大的参考意义。《统一计算机信息交易法》适用于"计算机信息的交易",即有关创作或开发计算机信息,以及提供访问、获取、转让、使用、许可、修订或发行计算机信息的合同,不包括印刷出版的信息。因此,该法主要适用于创作或发行计算机软件、多媒体及交互性产品、计算机数据以及在线信息发行等交易,不适用于有关印刷出版的书籍、报纸、杂志等的交易,主要调整的是无形财产贸易,更确切地说是包括著作权、专利权、集成电路权、商标权、商业秘密权、公开形象权等在内的知识产权贸易。其主要内容有电子代理人、格式许可合同、计算机信息提供者的担保义务等方面。

2.6.1.4 反垃圾邮件

为规制互联网上垃圾邮件的肆虐,美国国会在2003年通过了《控制未经请求的淫秽信息和营销信息法案》(The Controlling the Assault of Non-Solicited Pornography and Marketing Act of 2003,CAN-SPAM)。CAN-SPAM 禁止任何邮件中包含错误或误导性信息、欺诈性的邮件标题,同时要求电子邮件必须提供退出机制(Opt-out Method)。该法案同时要求商业邮件必须标示为广告同时在邮件中标明发送者的物理地址。CAN-SPAM 不规制因商业关系存在而发送的邮件,如银行向顾客发送的邮件;但发送者必须保证邮件信息不含有错误或欺诈性的内容。商业邮件如使用错误或误导性的邮件标题或者违反 CAN-SPAM 的其他规定,邮件的发送者将被处以罚款。

2.6.1.5 公民隐私保护

美国法院主要依据宪法的第四修正案防止执法部门对于公民隐私的非法侵犯,该修正案规定:"任何人的人身、住宅、文件和财产不受无理搜查和查封,没有合理事实依据,不得签发搜查令和逮捕令;搜查令必须具体描述清楚要搜查的地点、需要搜查和查封的具体文件和物品,逮捕令必须具体描述清楚要逮捕的人。"根据这一修正案,美国法院在 Katzv. United States 中提出了隐私的合理期待标准,即执法机关搜查行为的合理性需要根据公民在相关情境下是否对隐私有合理的期待(Reasonable Expectation of Privacy)。

2.6.1.6 互联网犯罪及数据安全

美国在互联网犯罪及保护数据安全方面的立法主要包括：

《计算机欺诈和滥用法案》(The Computer Fraud and Abuse Act, CFAA)：是美国用以规制与互联网相关的计算机犯罪的主要刑法规范。CFAA 将未经授权或超越授权侵入受保护的电脑并获取相关信息的行为认定为犯罪。CFAA 同时规定任何人不得在明知的情况下向受保护的电脑传输程序、信息、代码或指令并通过以上行为对受保护的电脑故意造成损害。

《电子通信隐私法令》(Electronic Communications Privacy Act, ECPA)：于 1986 年由美国国会通过，该法案主要包括以下内容：第一章主要规制对于有线、口头或电子通信的窃听行为，执法机关只有在符合法律规定要件的情况下方可取得相关通信的内容；第二章主要规定有线或电子通信内容的存储主体，该章禁止相关主体不当披露相关通信的存储内容，同时对执法机关获取相关存储内容的要件也作出了规定。

《经济间谍法案》(Economic Espionage Act, EEA)：主要用于规制滥用或窃取商业秘密和保密信息的行为。根据该法，商业秘密是指权利人对于相关信息采取必要措施保证其秘密性，相关信息有独立的经济价值。

2.6.1.7 互联网知识产权保护

著作权法律保护：美国主要通过对间接侵权责任法理的发展应对互联网发展对著作权保护提出的挑战，要求网络服务提供者对他人利用其提供的网络服务实施的著作权侵权行为承担责任。根据美国法院的相关判例，间接侵权责任主要包括帮助侵权、代为侵权与引诱侵权三种类型。美国亦以成文法的形式加强互联网时代的著作权保护。1998 年，美国国会通过《千禧年数字著作权法》(The Digital Millennium Copyright Act, DMCA)，以实施其在 1996 年加入的由世界知识产权组织主持制定的"互联网条约"——《世界知识产权组织版权条约》(WCT) 和《世界知识产权组织表演和录音制品公约》(WPPT)。DMCA 中最重要的规定是网络服务提供者的避风港制度。避风港制度的主要目的在于使网络服务提供者能够在符合相关条件的情况下免于为他人实施的著作权侵权行为承担责任,从而在一定程度上保障了美国互联网产业的发展,实现著作权产业和互联网产业的协调发展。

商标权法律保护:互联网领域商标权的法律保护主要集中在域名与商标的冲突上。为保障商标权人在网络空间的合法权益,美国1999年通过《反域名抢注法案》(Anticybersquatting Act of 1999,ACPA)。该法案阻止他人将与注册商标相同或类似的标志注册成为域名,从而阻止商标权人使用其注册商标在网络空间从事商业活动。在域名抢注行为的判定中,法院根据 ACPA 着重于认定域名注册人是否存在恶意。

2.6.1.8 互联网管辖

美国在面对因互联网发展而产生的法院管辖权问题时,通过法院判例的方式确定了若干判定的法律规则。在互联网发生发展的初期,美国法院通过 Zippo Manufacturingv. Zippo Dot Com 一案确立了 ZIPPO 标准,此案例主要针对互联网行为人的经营模式确定法院是否可对外法域的行为人行使管辖权,具体包括:如行为人通过互联网积极主动地为特定法域的受众提供信息,那么该法域中的法院对行为人行使管辖权是适当的;如行为人仅是被动地通过互联网张贴信息,位于外法域的受众自行获取信息,那么外法域的法院不可对行为人行使管辖权;除以上两种情形外,如行为人通过交互式的方式为外法域的受众提供服务,法院的管辖权则须根据交互的程度以及相关信息交换的商业性质进行确定。随着互联网技术的发展,现阶段的互联网服务绝大部分以交互式为主,法院因此逐步改变对 ZIPPO 标准的遵循,转而根据美国最高法院在 Calderv. Jones 一案中确立的法律效果分析标准,即法院转而分析相关行为对特定法域所产生的影响。

2.6.2 欧盟

2.6.2.1 电子商务

欧盟制定了一系列规制电子商务的指令,主要包括电子商务指令(E‐Commerce Directive)、电子签名指令(E‐Signatures Directive)、远程销售指令(Distance Selling Directive)、数据保护指令(Data Protection Directive)、数据库保护指令(Database Protection Directive)、版权指令(Copyright Directive)。主要集中在以下几个方面。

消费者权益保护：欧盟的在线消费者权益保护涵盖以下领域：在线广告、在合同缔结之前提供的信息、合同的订立及合同义务的履行、在线支付和保证条款。欧盟对于在线消费者权益保护的核心条款体现在不公平合同条款的不可执行上。基于此，在线经营者在订立合同之前必须向欧盟消费者披露准确的信息。

不公平的在线广告：欧盟在2005年5月11日制定了不公平商业实践指令(The Unfair Commercial Practices Directive, UCP)，该指令主要规制误导性的行为、误导性的遗漏以及代表广告商进行的积极商业实践等行为。

远程合同：欧盟制定了远程销售指令以保证消费者在远程购买商品时享有与实地购买商品相同的权利。

2.6.2.2 互联网犯罪

欧洲理事会的《网络犯罪公约》(Conventionon Cybercrime)对推动建立防范和打击互联网犯罪的国际司法合作机制具有重要影响力。这一公约于2001年11月23日向欧洲理事会成员国和观察国开放签署，并于2004年7月1日生效，成为全世界首部针对互联网犯罪行为所制定的国际公约。目前共有43个欧洲理事会成员国予以签署，其中在30个成员国获得批准，美国、加拿大、日本和南非作为观察国签署了该公约，其中美国批准了该公约。另外，《网络犯罪公约附加议定书——关于将通过计算机系统实施的种族主义和排外性质的行为犯罪化》于2003年1月28日开放签字，并于2006年3月1日生效。网络犯罪公约委员会(Convention Committeeon Cybercrime)为公约咨询机构。

《网络犯罪公约》除序言外，正文分为四章，共48条。第一章为术语的使用，对计算机系统(Computer System)、计算机数据(Computer Data)、服务供应商(Service Provider)与通信数据(Traffic Data)等概念进行了界定；第二章为国内层面的措施，包括刑事实体法、程序法和管辖权三个部分；第三章为国际合作，包括一般原则和特殊规定两个部分；第四章为最后条款，主要规定公约的签署、生效、加入、区域应用、公约的效力等事项。

值得注意的是,公约第二章第一节将互联网犯罪分为侵犯计算机数据和系统的机密性、完整性及可用性的犯罪,与计算机有关的犯罪,与内容有关的犯罪和与侵害著作权和邻接权有关的犯罪这四种类型,并分别列举了具体的九种犯罪形式(非法进入、非法拦截、数据干扰、系统干扰、设备滥用、计算机相关伪造、计算机相关诈骗、涉及儿童色情的犯罪、涉及著作权和相关权利侵犯的犯罪)。

2.6.3 英国

2.6.3.1 互联网监管

英国在互联网管理方面的主要做法是立法保障和行业自律,辅之以政府指导。互联网监管主要通过行业自律组织进行,其中最著名的是"互联网监督基金会"(Internet Watch Foundation,IWF)。这个半官方组织由英国互联网服务提供商于1996年9月自发成立,在英国贸易和工业部、内政部和英国城市警察署的支持下开展日常工作。

1996年以前,英国政府的互联网监管坚持"监督而非控制"的原则,没有专门针对互联网内容的立法。英国政府将互联网视为出版物,沿用已有的法律如《诽谤法》、《公共秩序法》、《广播法》、《黄色出版物》、《青少年保护法》、《录像制品法》、《禁止泛用电脑法》和《刑事司法与公共秩序修正法》进行规制,惩处利用电脑和互联网进行犯罪的行为。1996年9月,英国政府颁布了第一个互联网监管行业性法规《3R安全规则》(R3 Safety-Net)。"3R"分别代表分级认定(Rate)、举报告发(Report)、承担责任(Responsibility)。法规旨在从互联网上消除儿童色情内容和其他有害信息,对提供互联网服务的机构、终端用户和编发信息的互联网新闻组,尤其对互联网提供者进行了明确的职责分工。2000年,英国制定了《通信监控权法》,规定政府可以在为了实现国家利益和公共利益的前提下,按照一定程序,拦截或强制公开某些互联网信息。

2.6.3.2 其他互联网基础立法

英国在电子政务、电子签名、电子商务等方面的相关立法包括:

《2000年信息自由法》:该法自2005年1月1日开始全面实施。该法授予所有公众申请获得公共领域机关所拥有的信息的权利,并设计了一个很强的执行机制。该法的主要特点是:除了某些条件和豁免外,公众有权获得公共权力机关行使其职能所拥有的信息;如果信息豁免公开,大部分情况下,公共权力机关有义务说明什么情况下公开的公共利益会大于不公开的社会利益。为执行该法,英国设立了一个信息专员办公室和一个信息裁判所,它们都有广泛的执法权力,给公共权力机关施加了一项制定公布信息计划的义务。该法适用的公共权力机关的范围很广,包括议会、政府部门和地方政府、健康信托组织、医生联合会、公共财政资助的博物馆以及在英格兰、北爱尔兰和威尔士数以千计的其他组织。至于苏格兰,则单独适用《2002年(苏格兰)信息自由法》。

《1998年数据保护法》:自2000年3月1日开始实施,是英国实施欧盟1995年数据保护指令的一个措施。该法对各组织如何对待个人数据和信息提供了规范,适用于纸面和电子文档。不论是公共机构还是私营组织或者自愿组织,只要拥有或者处理个人数据,均要遵守该法的规定。该法规定了8项数据保护原则,所有的数据必须满足以下条件:被公平、合法地处理;仅为特定和合法的目的而被采集和使用;充分、相关、不过多;准确,需要的话也要及时;保存不超出必须的时间;根据个人权利进行处理;安全保管;只向提供了充分保护的国家转移。

《2000年电子通信法》与《2002年电子商务规章》:《2000年电子通信法》的立法目的是为公共领域与私营领域的电子商务和使用电子签名提供一个法律框架,以建立对电子通信的信心。《2002年电子商务规章》是对该法的一个补充和完善,该规章将欧盟电子商务指令(2000/31/EC)的大部分规定都移植到了英国法中。

《2003年隐私和电子通讯规章》:将欧盟新的电子通信管制框架中电子隐私的内容实质性地移植到了英国。至于该框架中的其他方面,如框架指令、接入指令、授权指令和普遍服务指令等,则通过《2003年通信法》加以移植和实施。

《2005年公共领域信息再利用规章》:该规章于2005年7月1日开始

实施,是对欧盟公共领域信息再利用指令的贯彻措施。2005年5月,英国政府在内阁办公室内设立了一个公共领域信息办公室,负责对公共领域的信息再利用政策予以协调。该机构责任广泛,可以对公共领域的信息再利用提出建议,进行规制,并会通过颁布标准和提供实践框架来增加再利用的透明度,减少障碍。根据英国政府的打算,该办公室将会领导英国的公共部门,为公共领域信息的潜在再利用者提供持续和透明的流程。

2.6.4 法国

法国在互联网的使用上起步较晚。在意识到互联网的重要性及其存在的问题之后,法国政府开始积极关注互联网的发展并制定了有关法律。1996年6月,法国邮电、电信及空间部长级代表对一部有关通信自由的法律进行补充并提出《菲勒修正案》。该案根据互联网的特点,为互联网从业人员和用户之间自律解决互联网带来的有关问题提出以下三方面措施:一是迫使上网服务的互联网信道提供者向客户提供封锁某些信道的软件设备,从而使成年人通过技术控制对未成年人负责;二是建立一个委员会负责制定上网服务的职业规范,对被告发的服务提出处理意见,特别是重新负责原由互联网信息委员会管辖的终端视讯服务;三是若互联网信道提供者违反技术规定,为进入已存异议的内容提供信道,或在知底的情况下为被控告的服务进入互联网提供信道,则追究其刑事责任。另外,2006年6月30日,法国国民议会和参议院两院共同审议通过了《在信息社会中的著作权及邻接权》法案,目的在于实现将2001年5月22日批准的欧盟《信息社会版权指令》(2001/29/CE))向国内立法转化。上述法案对权利例外原则的行使进行限定的同时,对权利人技术措施和管理信息的设立与保护也作了充分的说明,特别是对信息互联网犯罪的行为方式、认定和处罚更是凸显了法国在该领域理论研究的成熟以及打击互联网犯罪的力度。

2.6.5 德国

德国是欧洲信息技术最发达的国家,其电子信息和通信服务已涉及该国所有经济和生活领域。德联邦议院于1997年6月13日通过了世界上第一部规范 Internet 的法律——《多媒体法》,1997 年 8 月 1 日开始实施。这部法律的全称为"规定信息和通信服务的一般条件的联邦法令——信息和通信服务法"。《多媒体法》涉及了有关互联网的方方面面,从 ISP 的责任保护个人隐私、数字签名、互联网犯罪到保护未成人等,是一部全面的综合性法律。该法确立了自由进入的原则、对传播内容分类负责的原则、网上交往中数字签名的合法性原则、保护公民个人数据的原则和保护未成年人的原则。《多媒体法》规定:服务提供者根据一般法律对自己提供的内容负责;若提供的是他人的内容,服务提供者只有在了解这些内容、在技术上有可能阻止其传播的情况下对内容负责;他人提供的内容,在服务提供者的途径中传播,服务提供者不对其内容负责;根据用户要求自动和短时间地提供他人的内容被认为是传播途径的中介;若服务提供者在不违背电信法有关保守电信秘密规定的情况下了解这些内容、在技术上有可能阻止且进行阻止不超过其承受能力,则有义务按一般法律阻止利用违法的内容。此外,德国政府还通过了《电信服务数据保护法》,并根据发展信息和通信服务的需要对《刑法》、《传播危害青少年文字法》、《著作权法》和《报价法》作了必要的修改和补充。

2.6.6 日本

2.6.6.1 互联网监管

日本公布实施了《未成年人色情禁止法》和《交友类网站限制法》,规定利用交友网站进行以金钱为目的,与未成年人发生性行为的援助交际都是犯罪行为。1996 年,日本政府出台《关于电子互联网事业中有关伦理的有关方针》,指出通产省一直对网上犯罪问题极为关注,但又顾虑规定过多会妨碍网上信息的自由流通,因此强调行业自主制定行为规范的重要性。2000 年 12 月,《信息互联网法案》通过,以促进日本信息社会的发展。根据该法案,日本成立一个由首相直接领导的内阁级组织,负责新技术的立法和促进《信息互联网法案》中所列原则的实现。

2.6.6.2 电子商务法

面对国际互联网的飞速发展,日本政府看到了推动本国经济发展的新机会,并做出了"信息产业革命"和"信息产业立国"的战略性决策。日本决意利用信息产业革命的机会,根本性地改造其经济结构,建立数字化日本经济,使日本从世界第二大经济强国向世界第一的数字化国家迈进。2000年3月出台了《数字化日本之发端:行动纲领》(E-Japan Initiative: Action Plans),为规范电子商务的运作管理提供了政策法律依据,从日本国家战略的高度提出了方向性意见。其中,对电子商务的发展和建立高度可信赖的互联网商业平台、构筑电子认证系统、明确互联网服务提供者的责任、推进跨国电子商务以及互联网域名等问题进行了详尽的分析和论述,并对比美国和欧盟,提出了适合日本国情的发展方针和建议。

2001年4月,日本的《数字签名及认证法》正式生效,这对于日本的电子商务的发展,已经起到积极、重要的促进作用。虽然日本的电子商务已经有了比较大的发展,但是在身份的确认、信用体系等方面一直制约着电子商务的进一步发展,《数字签名及认证法》的出台,恰恰从法律的角度提供了切实的保障。

2.6.7 新加坡

2.6.7.1 互联网监管

新加坡政府于1996年7月公布的《国际互联网管理办法》,要求国际互联网服务业者、线上资料服务业者及其他各类网站提供资料或进行讨论时,必须遵守新加坡广播局颁发的《国际互联网言论内容指导方针》的规定,否则将受惩罚。此规定主要内容为:第一,为维护公共道德,使儿童及青少年免于受到色情信息的污染,对于列入管制黑名单的色情网站,新加坡广播局将要求国际互联网连线业者主动设限,使他人无法进入该网站;第二,为维护种族或宗教的和谐,对于挑起种族仇恨、宗教歧视的互联网言论将依法予以取缔;第三,为保护国家安全,对于攻击政府、影响百姓的负面言论将予以禁止。

新加坡广播管理局(Singapore Broadcasting Authority,SBA)1996年7月15日宣布实施分类许可证制度,对互联网内容进行管制。分类许可证制度规定,凡遵循分类许可证规定的服务都被视为自动取得了执照,但是那些被政府认为有可能从事非法内容服务的国际互联网服务商和内容提供商都需申领许可证,并保证做出最大努力删除法律禁止的内容。SBA 定期对互联网服务的提供者所提供的内容进行抽查。国际互联网拉入服务的提供者有义务将 SBA 认为含有非法内容的站点和界面予以删除,只能加入经 SBA 认可的新闻组,并帮助政府识别那些已经列入黑名单站点的用户。

新加坡向来对媒体的管制较为严格,其对互联网的监管也不例外,并且新加坡《广播法》将互联网纳入了新闻传播范畴。《诽谤法》、《刑法》、《维护宗教融合法》及其他一般法律对于传统媒体的规制手段也同样适用于互联网。

2.6.7.2 电子商务法

1998 年,新加坡为了推动本国电子商务的发展,颁布了一部有关电子商务的综合性法律文件,即《电子商务法》。由于新加坡的这部法律颁布时间较欧盟的《电子商务指令》及美国的《统一计算机信息交易法》和《电子签名法》都早,而且在内容和体例上具有独到之处,因此不仅在亚洲—太平洋地区,而且在世界范围内都产生了较大的影响。该法主要涉及与电子商务有关的三个核心法律问题,即电子签名、电子合同的效力和互联网服务提供者的责任问题。

2.6.8 澳大利亚

自 21 世纪初,澳大利亚联邦政府就试图对互联网内容规制进行一系列立法,但却招致大量批评。这些批评之声主要源于对政府的言论自由控制、网络的司法管辖权,以及技术上的可行性等方面的担忧。澳大利亚联邦议会于 1999 年通过了《广播服务(在线服务)修正案》,对《1992 年广播服务法》进行修改,在其中的第五附件(Schedule 5)中确立了在线服务的法律框架,在其中的第七附件(Schedule 7)中确立了内容服务的法律框架。在联邦层面,该法案主要规定了服务提供商可以为哪些内容提供访问或者存储服务;而在各州层面,则有各种法规调整对色情信息的传播和持有。《1992 年广播服务法案》的主要原则是,互联网用户应当积极对其使用互联网的行为进行自我管理,同时对其监护下的儿童使用互联网的行为进行控制,包括采取软件过滤或者其他技术手段。

2.6.8.1 互联网内容规制

自20世纪90年代中期开始,关于政府应该在互联网内容传播控制方面扮演什么样的角色的激烈争论从未停止。由于第一宪法修正案的阻碍,美国国会对互联网不良信息的立法规制的努力多次被法院否定。其中具有里程碑意义的判例是美国最高法院于1997年在Reno v ACLU一案中所做出的判决。在该案中,最高法院以互联网言论自由和违反宪法第一修正案为由,废除了美国政府于1996年制定的《传播净化法案》(Communications Decency Act)。在此背景下,澳大利亚联邦政府开始寻求在《广播服务法案》的框架下建立一个对互联网内容进行规制的"联合规制模式"(Co-regulatory Scheme)。该模式是建立在传统的现实世界中关于电影和出版分级制度基础之上的。这是一个以公众投诉制度为基础的模式,其目的是保护消费者免受不当和有害信息的影响。之所以被称为"联合规制模式",是因为该制度鼓励互联网和内容产业界自行制定有关行为自律规范,并由行业协会负责监督其成员的实施情况。

澳大利亚联邦政府通过1999年的《广播服务(在线服务)修正案》将该网络内容规制机制(Online Content Scheme)首次引入立法。修正案于2000年1月1日正式生效。该网络内容规制机制适用于通过互联网、手机和其他设备,以及订阅模式的互联网门户网站、聊天室、通过流媒体实现的视频直播和链接服务。在1999年修正案下,《1992年广播服务法》新增了附件五(Schedule 5),其标题为"在线服务"(Online Services)。该附件的规制对象是互联网接入服务提供商和互联网内容存储服务提供商,但是不包括内容制作者、将内容上传至互联网或者通过互联网访问内容的行为人。同时,该附件既适用于服务器位于澳大利亚境内的内容,也适用存储于境外的内容。但是,这些内容必须是长时间存在于互联网上的,而不涵盖通过互联网传输的"瞬时性"内容,如通过及时视频通信传播的内容,以及通过手机网络等其他平台传输的内容。对于通过跨平台的内容传播这一问题,澳大利亚联邦政府通信、信息技术与艺术部在

2006年4月发布的《跨平台的内容传输服务立法总结》报告中建议,应配合行业规范,制定一个跨平台内容传输的立法规制机制。

随后,1999年修正案确立的互联网内容规制机制在《2007年通信立法(内容服务)修正案》中被进一步修改和完善。2007年修正案的改动主要包含:第一,缩小了附件五(Schedule 5 Online Services)的适用范围,使其仅限于调整互联网接入服务提供商为存储于澳大利亚之外的内容提供访问的行为。第二,在《1992年广播服务法》新增一项新附件,即附件七"内容服务"(Schedule 7 Content Services)。该附件的目的是调整互联网内容存储服务、链接服务和其他内容服务的提供商;同时,这些提供商必须是在澳大利亚境内提供存储服务(Hosting)或者提供基于澳大利亚境内的即时传输的内容(Live Content)。第三,该修正案为法律禁止的内容或者有可能被法律禁止传播的内容规定了一个删除程序。在2007年12月公布的立法解释中,澳大利亚通信与媒体管理局指出:新增的附件七统一了与所有内容服务有关的立法,包括手机通信网络平台和其他内容传输平台。另外,附件七拓宽了附件五确立的互联网内容规制机制,其调整对象涵盖了更加广泛的、通过跨平台提供内容服务的行为。

具体来说,2007年修正案从以下几个方面拓展《1992年广播服务法》对网络内容的调整范围:第一,将分级类别为MA15+的商业内容纳入调整范围;第二,将存储于澳大利亚境外的、分级类别为R18+的内容(或者有可能被认定为R18+的内容)纳入调整范围;第三,授权联邦通信与媒体管理局对即使尚未被正式分级而有可能被认定为是R18+的内容签发临时删除命令;第四,授权联邦通信与媒体管理局对被禁止或有可能被禁止的、存储于境外的内容签发链接移除通知;第五,将即时传输的内容和通过跨平台传输的内容纳入调整范围;第六,对通过数据传输服务所传播的商业内容的制作者课以一系列新的法律义务,包括雇用经过培训的内容评估人员。

2.6.8.2 内容分级制度

澳大利亚的互联网内容规制制度系建立在之前就一直存在的媒体内

容分级制度之上。该内容分级制度主要被规定于1995年《出版、电影和电脑游戏分级法》[Classification(Publication Films and Computer Games)Act 1995(Cth)],而内容分级的具体职能机构是联邦内容分级委员会。与《1992年广播服务法》附件七的规定相对应,如果某项互联网内容已经被联邦分级委员会划分为R18+或者MA15+类别,那么该分类同样适用于《1992年广播服务法》有关的立法目的。对于那些尚未被联邦分级委员会给予分级的互联网内容,应以现行媒体内容分级制度为参照。

2.6.8.3 建立互联网信息过滤制度的努力

为保护少年儿童不受网络暴力和色情内容的侵害,澳大利亚联邦政府自2007年底就开始努力建立一个法定的、网络服务提供商(ISP)层面的信息过滤机制。但政府的这一努力招致了激烈争论。联邦议会参议员Stephen Conroy说,将言论自由与观看儿童色情信息相提并论是不可接受的。

2008年5月,澳大利亚联邦政府公布了其网络空间安全计划(Cybersafety Plan),其中包括建立和实施一套互联网服务提供商层面的网络内容过滤系统。该计划反映了其政府的一贯观点,即互联网服务提供商应当主动承担起互联网有害信息控制和过滤的义务。该计划要求互联网服务提供商与政府部门配合,按照事先确定的"黑名单"的要求,限制或阻止互联网用户对特定网站的访问。为了确保该过滤机制运作的透明度和可信赖度,联邦政府于2010年7月9日公布有关配套措施,包括由独立专家对"黑名单"进行年度评估(但是,该名单一直处于保密状态,不会向社会公开),为被屏蔽网站的运营者提供通畅的申诉渠道,拟过滤黑名单由比较中立的联邦内容分级委员会提供,而不是联邦通信与媒体管理局(ACMA),受影响的当事人有权利要求联邦分级复审委员会对有关决定进行复议等。同时,作为互联网过滤立法努力的一部分,联邦政府宽带、通信与数字经济部(DBCDE)于2009年底至2010年初进行了向公众意见征集与磋商。该轮公众意见征集主要是关于"禁止内容"(Refused Classification,简称"RC"内容)的分级问题。

然而,即使联邦政府做出了很大的让步,公众和有关团体依然对该过滤系统及其"黑名单"运作和维护的透明性和可信赖性充满了疑虑,导致联邦政府制定的互联网内容强制过滤机制在近两年内不太可能成功。既然以立法形式确立强制的内容过滤制度困难重重,联邦政府转而寻求互联网服务提供商的"主动"配合。例如,占澳大利亚互联网接入服务市场近70%的Telstra、Optus和Primus已经同意"自愿"根据名单过滤一些与儿童虐待和儿童色情有关的网站链接。同时,澳大利亚互联网行业协会(Internet Industry Association)也在制定有关行业行为规范,通过由国际警察组织和澳大利亚联邦警察所提供的清单,对涉及儿童暴力和儿童色情的网站进行过滤。

2.6.8.4 ISPs与ICHs的主动报告义务

根据2005年3月1日生效的《2005年刑事立法(与通信和其他有关的违法行为)修正案(二)》[Crimes Legislation Amendment(Telecommunications Offences and Other Measures)Act(No 2)2004(Cth)]的规定,互联网接入服务提供商(Internet Service Providers,ISPs)与内容存储服务提供商(Internet Content Hosts,ICHs)有义务向澳大利亚联邦警方报告与儿童色情和儿童暴力有关的内容。

该修正案在澳大利亚联邦《1995年刑法典》中加入了第474.25条:如果ISP或者ICH明知可能有人会利用其服务访问儿童色情和儿童暴力内容,但却未在合理期限内向联邦警察报告,将构成刑事违法。

2.6.8.5 与自杀有关的内容

由于公众对一些鼓励自杀的网站可能会促使有自杀倾向者实施自杀行为,澳大利亚联邦政府通过了《2005年刑法典(自杀内容有关的刑事违法)》[Criminal Code Amendments(Suicide Related Material Offences)Act 2005(Cth)],2006年1月6日正式生效。这也是世界上关于自杀问题的第一次立法。该修正案在澳大利亚联邦《1995年刑法典》中加入了第474.29A款和第474.19B款,规定利用《1997年电信法》第七条所定义的电信服务(Carriage Service)实施接触、传播、拥有、控制、制作、提供、获取可能引诱他人实施自杀行为或者为自杀行为提供咨询材料和信息的,构成刑事违法。

2.6.8.6 网络种族主义和网络暴力的有关内容

网络种族主义(Cyberracism)的有关内容包括种族主义网站、图像、博客、视频,甚至包括在网络论坛上发表的有关评论等内容。网络暴力(Cyberbullying)是指通过互联网服务对他人进行的戏弄、嘲笑,通过网络散布流言、发送不良信息,以及利用互联网进行诽谤等行为。澳大利亚第一起涉及网络种族主义的案件是2002年的Jones v Toben一案。在该案中,联邦法院根据《1975年种族歧视法》裁定一个否定纳粹大屠杀事件并中伤犹太人的网址是违法的。2010年2月,联邦司法总长(Attorney-General)要求澳大利亚人权委员会对政府应当如何应对互联网上的种族主义内容进行评估。有关建议包括,要求互联网提供商过滤和删除与种族主义内容有关的网页内容,以及修改《1975年种族歧视法》以降低刑事处罚门槛。

有证据显示,网络暴力已经在澳大利亚和其他国家造成了数起儿童自杀事件。2010年5月,澳大利亚联邦政府宣布将推动新的反骚扰立法以保护儿童不受网络暴力侵害。这些新的立法建议已于2010年底被提交国会讨论。

澳大利亚关于互联网内容规制的立法框架,主要还是以依赖互联网用户主动对不良信息进行控制为主。在"共同规制"模式下,政府立法与行业规范相互配合,共同维护互联网的良好环境。从2005年3月1日开始,澳大利亚刑法典要求互联网接入服务提供商(ISPs)和存储服务提供商(ICHs)主动向联邦警方报告可能涉及儿童色情与暴力的可疑内容。然而,联邦政府试图通过立法,强制互联网服务提供商过滤不良内容的努力受到了公众、社会团体和有关产业界的抵制。目前,澳大利亚政府正在从不同角度对媒体和互联网规制领域的立法进行全面评估。例如,2011年8月21日,联邦通信与媒体管理局(ACMA)发布了"破碎的概念——澳大利亚的通信立法框架"的研究报告,呼吁全面评估澳大利亚的媒体、通信立法，以更好地应对媒体融合带来的挑战。2011年8月11日，联邦艺术部长Simon Crean发布了《国家文化政策报告》，掀起了关于国家文化政策的讨论，许多学者和有关产业界代表都提交了书面报告。2011年3月24日，澳大利亚联邦司法总长要求联邦法律改革委员会对现行媒体内容分级制度进行评估，最终报告于2012年完成。

2.7 网络交易管理大事记

2000年3月31日至2000年8月15日，北京市工商行政管理局为了推进网络交易管理，在全国率先连续发布《网上经营行为登记备案的通告》、《关于对利用电子邮件发送商业信息的行为进行规范的通告》、《关于对网络广告经营资格进行规范的通告》、《关于规范网站销售信息发布行为的通告》、《在网络经济活动中保护消费者合法权益的通告》、《网站名称注册管理暂行办法》、《经营性网站备案登记管理暂行办法》七个规范性文件，对推动全国性工商系统网络交易管理工作率先进行了有益的探索实践活动。

2000年12月26日，第九届全国人民代表大会常务委员会第十九次会议通过《全国人民代表大会常务委员会关于维护互联网安全的决定》，明确规定：对于利用互联网销售伪劣产品或者对商品、服务作虚假宣传，利用互联网损害他人商业信誉和商品声誉，利用互联网侵犯他人知识产权，构成犯罪的，依照刑法有关规定追究刑事责任。违反其他法律、行政法规，尚不构成犯罪的，由有关行政管理部门依法给予行政处罚。

2003年2月1日、2007年9月14日和2008年11月26日，广东省、上海市、北京市的人大常委会分别通过《广东省电子交易条例》、《上海市促进电子商务发展规定》、《北京市信息化条例》（包含有网络交易管理的条款）。

2004年8月28日，第十届全国人民代表大会常务委员会第十一次会议通过《中华人民共和国电子签名法》，自2005年4月1日起施行。这是中国首部真正电子商务法意义上的立法，是我国推进电子商务发展的重要法律。

2005年1月8日,我国第一个专门指导电子商务发展的政策性文件《国务院办公厅关于加快电子商务发展的若干意见》颁布。

2005年5月,国家工商总局首次下发《关于开展打击利用互联网从事不正当竞争行为执法活动的通知》,要求在全国工商系统开展专项执法行动,严厉打击利用网络从事不正当竞争行为。据不完全统计,截至2006年3月,全国各省市共查处利用互联网从事不正当竞争行为案件365起,罚没410万余元。

2005年10月10日,中宣部等8部门发布《关于开展打击网络侵权盗版行为专项行动的通知》,宣布联合新闻出版总署、国家版权局、公安部、信息产业部、文化部、国家工商总局等部门,在全国开展打击网络侵权盗版行为的专项行动。

2007年12月26日,原国家工商总局局长周伯华在全国工商行政管理工作会议上指出:要积极探索网络市场监管机制,研究网上违法经营行为的特点,丰富监管手段,严厉打击网络经济中的违法行为,推进网络交易快速、有序、健康发展。对电子商务、广告等经营行为,进行探索和研究,切实加强监管,拓展工商行政管理职能空间,维护良好的网上交易秩序。这是国家工商总局首次在全系统年度工作会议上就网络交易管理工作做出详细表述。

2008年初,国家工商总局组成立法小组,正式启动网络市场监管立法工作,由国家工商总局市场经济监督管理研究中心牵头负责。

2008年7月,国务院批准印发《国家工商行政管理总局主要职责内设机构和人员编制规定》,赋予国家工商总局"负责管理网络商品交易及有关服务的行为"职能。

2008年9月,按照国家工商总局《关于印发各司(厅、局、室)主要职责内设机构和人员编制规定的通知》(工商人字[2008]195号)规定,网络商品交易监管司下设网络交易规范处和网络交易监管处,具体负责网络交易及有关服务行为监管工作。

2009年3月14日,由中国工商报社主办的网络交易及有关服务行为规范管理座谈会在北京召开。政府部门、中消协、行业协会有关领导,电子商务企业和消费者代表出席了座谈会。与会人员就网络交易和服务的情况进行了交流,对网络交易监管、保护消费者权益的难点热点问题进行了讨论,并对如何规范网络交易市场积极建言献策。

2009年6月11日,由国家工商总局主办、中欧知识产权保护项目(二期)承办、福建省工商局协办的中欧网络交易及相关服务监管研讨会在福建省泉州市举行。来自欧盟的专家与中国有关方面代表就网络交易及相关服务监管进行了深入交流和研讨。

2009年6月,国家烟草专卖局、国家工商总局等四部门联合发布《关于严厉打击利用互联网等信息网络非法经营烟草专卖品的通告》,禁止并严厉打击利用互联网等信息网络非法经营烟草专卖品行为。

2009年7月,国家工商总局与工业和信息化部等十二部委联合下发《关于建立境内违法互联网站黑名单管理制度的通知》,明确了对严重违法经营网站实施关闭的程序,建立了全国省级工商系统违法网站黑名单管理联系人制度。

2010年5月31日,国家工商总局公布《网络商品交易及有关服务行为管理暂行办法》(国家工商总局令第49号),从2010年7月1日起施行。这是我国第一部促进和规范商品交易及有关服务行为的行政规章,标志着我国的网络交易及有关服务行为初步纳入法制化的轨道。

2010年5月起,国家工商总局与德国国际合作机构GIZ联合开展了为期一年的"中德网络交易监管比较"课题研究,并分别用中、英文出版了理论研究成果《中德网络交易监管比较研究》。

2010年6月,国家工商总局下发《关于认真贯彻实施〈网络商品交易及有关服务行为管理暂行办法〉的指导意见》(工商市字[2010]12号)及《关于认真做好〈网络商品交易及有关服务行为管理暂行办法〉培训工作的通知》(办字[2010]64号)。

2010年6月26日,全国工商系统网络交易及有关服务行为监管工作会议在京召开。原国家工商总局副局长刘凡在会上强调,各地工商机关要牢牢把握"两促进"、"两维护"的原则,认真学习研究《网络商品交易及有关服务行为管理暂行办法》,积极部署网络交易及有关服务行为监管工作,创新网络交易及有关服务行为监管机制,为促进互联网发展、促进网络交易健康发展作出新贡献。

2010年12月,商务部、国家工商总局等九部门联合下发《关于印发打击侵犯知识产权和制售假冒伪劣商品专项行为网络购物领域实施方案的通知》,于2010年12月到2011年6月在全国范围内开展网络购物领域"打击侵犯知识产权和制售假冒伪劣商品"专项行为。

2011年2月,国家工商总局与中央电视台联合开展"诚信网购"系列活动,召开全国知名网站"网络交易诚信经营倡议书"发布会,组织淘宝、阿里巴巴等21家网站共同签署倡议书,坚决抵制的反对不诚信网络经营行为。

2011年3月,国家工商总局下发《关于深入开展网络购物领域侵犯知识产权和制售假冒伪劣商品违法案件查处工作的通知》(工商市字[2011]42号)

2011年4月,全国工商系统市场网络监管工作座谈会在北京召开。

2011年5月,国家工商总局下发《关于加强跨省网络商品交易及有关服务违法行为查处工作的意见》(工商市字[2011]111号),明确了网店经营者与平台经营者处于不同省份违法行为查处的转交衔接,防止违法经营者利用异地网上经营特点使其违法活动脱逃监管。

2011年9月,国家工商总局下发《关于加强网络代购"洋奶粉"经营行为监管工作的通知》(办字[2011]134号),要求各地加强对从事网络代购"洋奶粉"食品经营者的检查和规范。

2011年11月,国家发展改革委员会、国家工商总局等八部委确定北京市等21个城市为"国家电子商务示范城市"。

2011年12月,国家工商总局下发《关于工商行政管理机关电子数据证据取证工作的指导意见》(工商市字[2011]248号),对工商机关网络交易管理电子证据取证方法和程序进行了规定。

2012年2月,国家工商总局批准深圳市市场监督管理局在深圳市开展电子商务可信交易环境建设试点工作。

2012年2月,国家发展改革委、国家工商总局等八部委联合发布《关于促进电子商务健康快速发展有关工作的通知》(发改办高技[2012]226号)。

2012年3月,国家工商总局出台《关于加强网络团购经营活动管理的意见》(工商市字[2012]39号),对网络团购市场的主体准入、团购经营者的责任义务等问题做出了明确规定。这是我国第一份针对网络团购领域的规范性文件,为促进网络团购的健康有序发展提供了有力保障。

2012年3月29日,中国消费者协会在北京组织召开网络消费安全座谈会。最高人民法院、工信部、商务部、中国人民银行等八个部委的代表,中国社科院、中国政法大学等单位的专家,中国互联网协会、中国快递协会、中国电子商务协会政策法律委员会等行业组织代表,北京等20个省市消费者协会(委员会)代表,支付宝、淘宝网、拉手网、凡客诚品等企业代表以及首都各大新闻媒体百余人参加会议。

2012年4月,国家工商总局在福建省厦门市组织开办全国工商系统网监机构电子数据取证培训班。

2012年5月,国家工商总局下发《关于加快建立网络经营主体数据库的通知》(工商市字[2012]87号)及《网络交易及有关服务行为监督管理数据规范——网络经营主体信息部分》,明确了网络经营主体数据库建立的对象、数据规范和工作要求。

2012年5月,国家工商总局网络商品交易监管司与厦门美亚柏科、北京航宇金信、长城软件3家中标企业签署合同,国家工商总局网络商品交易监管信息化平台正式开工建设。

2012年6月,国家发展改革委、国家工商总局等八部委联合开展电子商务示范城市专项试点工作。国家工商总局选择深圳、重庆、哈尔滨、郑州、福州五市工商局作为电子商务诚信交易服务试点单位。

2012年11月27日,全国工商系统网络市场监管工作经验交流现场会在浙江召开。会议的主要内容是总结回顾交流工商网络交易管理业务工作的成绩和经验,部署下一阶段网络监管工作任务。

2013年7月,国家工商总局首次向社会公布了包括网络侵犯知识产权、"傍名牌"、销售假冒伪劣商品、虚假宣传误导消费、恶意诋毁竞争对手商业信誉及商品声誉、利用格式合同侵害消费者合法权益等九类典型网络交易违法行为及典型案例。对提升消费者网络消费的辨别力,强化行政机关在网络交易监管工作的公示警示起到积极作用,社会反响强烈。

2013年7月,国家工商总局下发《关于开展网络交易非法主体网站专项整治工作的通知》,首次开展对于充斥互联网的从事违法经营活动的非法主体网站进行全面清理整治。

2013年10月29日,全国工商系统网络市场监管专家型人才培训班在国家工商总局行政学院正式开班,来自全国各省区市及计划单列市、副省级市工商局的80余名网络市场监管干部参加了培训。

2014年3月15日,国家工商总局60号令颁布实施《网络交易管理办法》,这是对49号令的修改完善。

第 3 章　网络交易行政执法

网络交易行政执法是工商行政管理部门的根本职责所在。近年来，全国各级工商行政管理机关根据《反不正当竞争法》、《广告法》、《消费者权益保护法》、《传销管理条例》等法律法规，查处了一大批网络违法案件，对营造公平竞争的网络环境，促进网络市场健康发展发挥重要作用。

3.1 网络交易行政执法概述

网络交易行政执法与传统行政执法没有本质区别，都应当依照相关法律法规和国家工商总局 28 号令《工商行政管理机关行政处罚程序规定》，做到违法事实清楚，适用法律准确，查处程序合法，处罚结果适当。但是，网络交易行政执法由于网络的特殊性，在网络违法案件的线索发现、案情事实调查、电子数据证据取证、违法行为制止、案件管辖权等方面与传统行政执法又有一些不同点。另外，由于网络交易中新的信息技术、交易方式、营销手段不断出现，法律滞后在所难免，有时对一些明显扰乱网络经营秩序的行为，却不一定有准确的法律定性，值得深入研究。

3.1.1 传统法律网络适用性

工商行政管理部门用于市场主体经营行为监管的主要法律为《反不正当竞争法》、《广告法》等。《反不正当竞争法》第二条规定，本法所称的不正当竞争，是指经营者违反本法规定，损害其他经营者的合法权益，扰乱社会经济秩序的行为。本法所称的经营者，是指从事商品经营或者营利性服务(以下所称商品包括服务)的法人、其他经济组织和个人。《广告法》第二条规定，广告主、广告经营者、广告发布者在中华人民共和国境内从事广告活动，应当遵守本法。本法所称广告，是指商品经营者或者服务提供者承担费用，通过一定媒介和形式直接或者间接地介绍自己所推销的商品或者所提供的服务的商业广告。

互联网是交易平台、新闻媒体、经营工具的综合体,已成为大多数人的共识,且已在国家相关法律中予以确认。网络经营主体与传统经济主体没有本质上的区别,网络经营主体的经营行为虽然均通过互联网完成,但行为的效力最终要落实到相关当事人和法律制度上。根据《反不正当竞争法》、《广告法》等法律适用对象的原则规定,如果规范的行为在网络交易中存在,完全可以适用。

近几年来,工商行政管理部门立足现有相关职能职责,已经广泛开展对网络交易的管理实践,全面开展《反不正当竞争法》、《广告法》等传统工商法律向网络市场延伸的探索实践工作,查处了一批网络不正当竞争、网络虚假广告等违法经营案件,虽然这些执法实践也有极少部分引起行政诉讼,但都没有否认这些法律适用于网络经济。

因此,《反不正当竞争法》、《广告法》等传统规范市场主体经营行为的法律适用范围可以延伸到网络交易市场,所以目前我国网络交易管理并非完全是无法可依。当然,鉴于网络交易的跨区域性、虚拟性和高技术性等特点,出现了许多超越原有法律规定的新情况、新问题,如基于互联网的网页抄袭、字串埋设等不正当竞争行为,基于微博、微信等社区平台发布的网络广告行为,网络搜索引擎推广等,需要在现行法律基础上尽早加以修改完善或制定具体操作实施办法,从而更好地促进网络交易管理工作。

3.1.2 网络交易执法主体和职责

包括以下几方面:

(1)利用网络信息化监管平台,摸清和掌握网络交易经营主体的状况,建立网络经营者数据库,排查网络经营主体合法性,对网络经营主体信息进行规范管理。

(2)利用网络信息化监管平台,开展网络经营行为的日常检查监测和专项检查监测工作,检查网站是否落实《网络交易管理办法》规定。对网络经营行为和销售商品进行监测,排查涉嫌违法行为。为对重点违法行为人进行实地检查、依法查处违法行为做好准备工作等。

(3)进行网络交易经营情况检查时,对销售违禁商品的网站,责令经营者立即删除相关商品信息,拒不执行的,提请通信管理部门采取措施进行处理;对在网络交易平台内的网店经营者,督促平台经营者依法删除有关违法商品信息直至关闭其网店;对严重违法者,提请通信部门关闭其网站。

(4)确定重点监管网站,将与人民身体健康关系密切的商品和服务、影响范围广的网站(网店)列为监管重点。加强对C2C网络交易平台和B2C网站所销售的商品进行检查,责成网络交易平台经营者履行法定义务,开展自查行动,对销售违禁商品的,立即通知经营者停止经营行为并对所售商品信息予以屏蔽直至屏蔽其网页。

(5)查处网络经营违法行为。

(6)开展网络交易信用监管工作,推进电子商务可信交易环境建设。

3.1.3 行政执法主体和职责

网络交易行政执法主体和具体职责,《网络交易管理办法》相关条款有明确规定。第三十九条规定,"网络交易及有关服务的监督管理由县级以上工商行政管理部门负责"。第四十八条规定,"县级以上工商行政管理部门应当建立网络交易及有关服务监管工作责任制度,依法履行职责"。第四十三条规定,"县级以上工商行政管理部门对涉嫌违法的网络交易及有关服务行为进行查处时,可以行使下列职权:(一)询问有关当事人,调查其涉嫌从事违法网络交易及有关服务行为的相关情况;(二)查阅、复制当事人的交易数据、合同、票据、账簿以及其他相关数据资料;(三)依照法律法规的规定,查封、扣押用于从事违法网络交易及有关服务行为的商品、工具、设备等物品,查封用于从事违法网络交易及有关服务行为的经营场所;(四)法律法规规定可以采取的其他措施"。

3.1.4 部门协同配合

《网络交易管理办法》第四十五条规定,"在网络交易及有关服务活动中违反工商行政管理法律法规规定,情节严重,需要采取措施制止违法网站继续从事违法活动的,工商行政管理部门可以依照有关规定,提请网站许可或者备案地通信管理部门依法责令暂时屏蔽或者停止该违法网站接入服务"。第四十六条规定,"工商行政管理部门对网站违法行为做出行政处罚后,需要关闭该违法网站的,可以依照有关规定,提请网站许可或者备案地通信管理部门依法关闭该违法网站"。第四十七条规定,"工商行政管理部门在对网络交易及有关服务活动的监督管理中发现应当由其他部门查处的违法行为的,应当依法移交相关部门"。

3.1.5 管辖权问题

一个行政部门的管辖权包括管辖内容和管辖主体两个层面。管辖内容即某个具体网络管理事务是否属于工商部门管辖,主要由一个部门的职责确定。管辖主体,即属于工商职责范围内的某个网络交易管理事务由何地工商部门去落实。明确网络管辖权是工商部门有效履职的前提条件,是防止因管辖问题而出现行政诉讼败诉、行政复议被撤改的关键,是防止管理工作出现失职或越职的基础。

3.1.5.1 现行法律法规规定

《行政处罚法》第二十条、第二十一条规定:"行政处罚由违法行为发生地的县级以上地方人民政府具有行政处罚权的行政机关管辖。法律、行政法规另有规定的除外。对管辖发生争议的,报请共同的上一级行政机关指定管辖。全国人大《行政处罚法释义》解释违法行为发生地是指着手地、实施地、经过地及结果地。"这是法律层面对行政处罚管辖权的普遍规定。

2007年10月1日,国家工商总局28号令颁布实施《工商行政管理机关行政处罚程序规定》,第八条规定:"对利用广播、电影、电视、报纸、期刊、互联网等媒介发布违法广告的行为实施行政处罚,由广告发布者所在地工商行政管理机关管辖。广告发布者所在地工商行政管理机关管辖异地广告主、广告经营者有困难的,可以将广告主、广告经营者的违法情况移交广告主、广告经营者所在地工商行政管理机关处理。这是工商行政管理机关基于法律规定,对包括互联网广告在内的违法广告行政管辖权的具体规定。"

2011年5月27日,国家工商总局印发工商市字[2011]111号《关于加强跨省网络交易及有关服务违法行为查处工作的意见》,规定查处跨省网络交易违法行为(指网店经营者与网络交易平台经营者住所所在地分别属于不同省份时发生的网络交易违法行为),需要异地工商行政管理机关协查时,立案地省级和市级工商行政管理机关转请异地省级、市级工商行政管理机关协查的案件情形和协查时间方面要求。

2014年1月26日,国家工商总局60号令颁布实施《网络交易管理办法》,其第四十一条规定:"网络交易及有关服务违法行为由发生违法行为的经营者住所所在地县级以上工商行政管理部门管辖。对于其中通过第三方交易平台开展经营活动的经营者,其违法行为由第三方交易平台经营者住所所在地县级以上工商行政管理部门管辖。第三方交易平台经营者住所所在地县级以上工商行政管理部门管辖异地违法行为人有困难的,可以将违法行为人的违法情况移交违法行为人所在地县级以上工商行政管理部门处理。两个以上工商行政管理部门因网络交易及有关服务违法行为的管辖权发生争议的,应当报请共同的上一级工商行政管理部门指定管辖。对于全国范围内有重大影响、严重侵害消费者权益、引发群体投诉或者案情复杂的网络交易及有关服务违法行为,由国家工商行政管理总局负责查处或者指定省级工商行政管理局负责查处。"

3.1.5.2 网络交易管辖确立原则

一是要促进网络市场发展。促进发展是开展任何工商行政管理工作的第一要务。确立的网络行政管辖权应以不阻碍网络市场的健康发展为宗旨。

二是要体现行政效率。设置网络行政管辖权应以减少执法成本、提高行政效率为根本。《行政处罚法》对传统违法行为规定以违法行为发生地行政机关管辖,就是为了方便行政机关找到违法当事人和获取相关违法证据,同时也为了减少行政执法成本,其总体指导思想是以有利于查处违法行为着力点。

三是要便于责任追究。网络虽然是虚拟的,但是查处网络违法行为,更多的是要追究当事人的法律责任。因此,根据网络交易违法行为查处管辖原则,行政执法人员可以能够根据线索落地查人,即能相对方便地查找到现实中的企业或个人,并能使其接受相关调查。

3.1.5.3 《网络交易管理办法》管辖权规定

(1)对于网络交易行为的管辖,60号令确定了以下管辖原则。

一般管辖:违法行为由发生违法行为的经营者住所所在地县级以上工商行政管理部门管辖。

特别管辖:通过第三方交易平台开展经营活动的经营者的违法行为由第三方交易平台经营者住所所在地县级以上工商行政管理部门管辖。

移交管辖:第三方交易平台经营者住所所在地县级以上工商行政管理部门管辖异地违法行为人有困难的,可以将违法行为人的违法情况移交违法行为人所在地县级以上工商行政管理部门处理。

指定管辖:两个以上工商行政管理部门因网络商品交易及有关服务违法行为的管辖权发生争议的,应当报请共同的上一级工商行政管理部门指定管辖。

对于全国范围内有重大影响、严重侵害消费者权益、引发群体投诉或者案情复杂的网络商品交易及有关服务违法行为,由国家工商总局负责查处或者指定省级工商行政管理局负责查处。

需要明确的是,根据《行政处罚法》和国家工商总局28号令规定,60号令的管辖规定并未排除网店经营者所在地工商局对网店经营者在当地通过实体店铺等方式实施的违法行为查处时同时对其网店违法行为的管辖权,即可以对其网店的违法行为一并查处,需要收集其网店违法行为证据的,可以提请平台经营者所在地县级以上工商局等部门协查。

(2)包含了网络广告管辖权。60号令第三条第二款定义有关服务时,明确罗列了为网络交易提供宣传推广服务,因此,它也适用于网络交易平台为会员在首页等醒目位置及新浪网等专业网络媒体提供的专门推广服务,这也完全符合28号令第八条对网络广告管辖权的规定。

3.2 网络交易违法行为主要类型

在工商行政管理部门的职责范围内,网络交易违法行为的类型主要有:网络违法广告、网络不正当竞争、网络商标侵权、网络销售假冒商品、网络无照经营、网络传销、侵害网络消费者权益等。下面介绍常见网络交易违法类型。

3.2.1 网络违法广告

网络违法广告是指生产、经营者在网络广告活动中采用欺骗的手段使广告的内容虚假不实,与所宣传商品或服务的真实情况不符或相悖,或者做出误导消费者的宣传行为。

当前,网络已成为最重要传播媒介之一,并衍生出各类网络推广服务,包括发布媒体文章、通过 SNS 网站传播、邮件推广、事件推广、问答推广、百度相关推广、博客(微博)推广、QQ 群发推广、会员制推广、电子书推广等。

网络广告建立在各种网络推广服务之上,具有以下几方面特征:一是利用数字技术制作和表示;二是可链接性,只要被链接的主页被网络使用者点击,就必然看到广告,这是任何传统广告所无法比拟的;三是互动性,互联网不同于传统媒体,它不是一对多的沟通方式,而是一对一互动沟通;四是及时反馈性,第三方服务器不仅可以对网络广告的效果进行监测,还可以根据不同上网网民的兴趣、爱好来改变网络广告的投放。

网络广告表现形式十分多样,至少包括以下几种。

(1)网幅广告(Banner):是以 GIF、JPG 等格式建立的图像文件,定位在网页中,大多用来表现广告内容,同时还可使用 Java 等语言使其产生交互性,用 Shockwave 等插件工具增强表现力,是最早的网络广告形式。

(2)文本链接广告:是一种对浏览者干扰最少,但却最有效果的网络广告形式。

(3)电子邮件广告:一般采用文本格式或 html 格式。通常采用的是文本格式,就是把一段广告性的文字放置在新闻邮件或经许可的 Email 中间,也可以设置一个 URL,链接到广告主公司主页或提供产品或服务的特定页面。

(4) 赞助式广告：一般采用文本格式或 html 格式。通常采用的是文本格式，就是把一段广告性的文字放置在新闻邮件或经许可的 Email 中间，也可以设置一个 URL，链接到广告主公司主页或提供产品或服务的特定页面。

(5) 与内容结合的广告：可以说是赞助式广告的一种，从表面上看起来其更像网页上的内容而并非广告。在传统的印刷媒体上，这类广告都会有明显的标示，指出这是广告，而在网页上通常没有清楚的界限。

(6) 插播式广告：又被称为"空隙页面"或"弹出式广告"。有点类似于电视广告，都是打断正常节目的播放，强迫观众观看。插播式广告有各种尺寸，有全屏的也有小窗口的，而且互动的程度也不同，从静态的到全部动态的都有。

(7) 富媒体(Rich Media)：一般指使用浏览器插件或其他脚本语言、Java 语言等编写的具有复杂视觉效果和交互功能的 Banner，能表现更多、更精彩的广告内容。

(8) 其他广告形式：除了上面列出的网络广告主要形式外，还有其他许多新的广告形式正得到越来越多人的关注，如屏保、书签和工具栏广告、指针、无线广告等。

区别于一般的违法广告，网络违法广告呈现以下几个方面的特征。

覆盖的广泛性：传统的违法广告一般都是通过电视广播信号、书面载体等形式，根据媒体的传播范围进行发布的，因而具有一定的地域性；而网络违法广告则可以通过被点击的方式向全世界范围内的互联网用户进行传播，影响的范围更大。

传播的迅捷性：传统的违法广告主要是通过电视、广播、报纸和杂志等媒体进行传播，而这些媒体发布广告需要一个收集和审查的过程，确定好时间段或者版面后再进行发布，时间上相对较慢；而网络广告制作完毕后，直接可以进行投放，瞬间就可以将宣传信息传递到世界各地，更加简便。

发布的非限定性：传统违法广告不论采取何种方式，其宣传的信息肯定要占用一定的电视广播信号的时间段或者报纸杂志的版面，这些媒体资源本身是不可能无限延伸和扩充的，因而具有限定性；而网络违法广告借助于巨大的虚拟网络资源，可以将宣传内容一而再、再而三的在同一版面、同一时间不停地进行发布，不受时间和空间的限制。

主体的复杂性：网络违法广告的广告主、广告经营者、广告发布者这三者的界限是模糊的，从事网络运营的ISP（网络接入商）和提供网上内容的ICP（互联网内容提供商）以及广告主都可以成为发布者，只要是广告内容的最终定审者，就是网络广告的发布者。

从近年查获的各类网络违法广告案件分析，大体可将网络违法广告分为两种类型：一是夸大其辞型。多数企业在网络宣传时夸大其辞，大肆渲染其生产规模与生产能力。二是子虚乌有型。即所宣传的商品或者服务根本不存在，比如宣称自己具有国家质量标准要求、优质产品证明、专利证书等方面资质的广告。

对于网络违法广告的日常监管，应实施分类监管的办法，针对不同类型广告经营主体的特点，采取不同的监管方式，从而提高监管的实效。要坚持四个重点监控：一是重点监控网络广告经营平台主办者。这类主体相当于网络广告发布单位，作为重点监管，要明确其责任，要求主办者对在其平台上发布的广告进行审查，并对广告主、广告经营者的身份进行核查、备案。二是重点监管从事技术服务的网络公司。这类主体主要是为其他单位提供网页制作、搜索引擎代理推广等服务，其实质是网络广告的设计、制作、代理行为。但是大部分网络公司都没有意识到制作网页也是一种广告行为，对客户要求的网页宣传内容几乎不进行任何审查，一定程度上造成网络广告市场的混乱局面。要按照属地管理原则，将上述公司纳入到监管范围，由辖区基层工商部门进行日常监管，完善准入制度，组织相关培训，适时开展专项整治。三是重点监控通过自身网站进行宣传的企业。由于企业网站一般都有自己的独立域名，不像其他集中在某一网络平台发布的广告，难以实行统一监管。因此，对这类企业要按照属地管辖原则,要求辖区工商部门对企业的巡查监管延伸到企业网站上,定期组织对企业网站进行人工巡查,核实网站广告宣传内容的真实合法性。四是重点监控网络交易平台内的经营主体。这类主体在推销商品过程中,必然涉及商品的宣传推介。由于这类主体数量庞大,且很多是自然人,法制意识淡薄,是滋生虚假违法广告的重灾区,对它们也要实行重点监管。

3.2.2 网络不正当竞争行为

3.2.2.1 网络不正当竞争行为的类型

网络交易中不正当竞争行为的表现形式,大体可分为以下两大类。

第一类是以互联网形式表现的传统的不正当竞争行为。

具体包括:

(1)通过网络销售仿冒知名商品特有的名称、包装、装潢的商品、假冒他人注册商标的商品、冒用他人企业名称的商品以及具有虚假表示的商品。

(2)利用网络对商品的质量、性能、产地、生产者等作引人误解的虚假宣传,以及对企业的规模、技术水平、市场覆盖面及产品、设备情况在网络上进行言过其实的宣传,甚至虚构获得某项荣誉。

(3)网络交易中的欺骗性有奖销售、巨奖销售。

(4)在网上散布虚假事实,损害竞争对手的商业信誉、商品声誉。

(5)侵犯商业秘密。电子邮件的普及与电子商务的开展,使得企业商业秘密时时处于岌岌可危的状态之中。例如,员工利用管理网站的优势,随意窃取、泄露或使用上网企业与个人的具有商业价值的保密性资料信息,利用电子邮件有意或无意地传送企业秘密商业信息。

第二类是基于互联网的特殊性产生的新型不正当竞争行为。主要基于域名登记和网络技术的特殊性,产生的一些不同于传统的不正当竞争行为,这些违背《反不正当竞争法》的立法原则的不正当竞争行为在《反不正当竞争法》中找不到直接对应的条文规定,执法实践中存在一定难度。

具体包括：

(1)恶意将他人的商标、商号抢注为域名,恶意注册使用与他人域名相类似的域名,再高价出售给商标、厂商名称所有者牟利或利用他人知名商标、名称的良好商誉达到混淆、引诱、误导消费者访问以攫取不正当商业利益的目的。

(2)将他人注册商标、商号登记为网站名称。

(3)不正当使用与他人网站名称相同或相似的网站名称,引起混淆的行为。

(4)网站的 Logo 标识与他人商标、商号等相同或相似,导致消费者混淆误认,致使其他企业无法将自己的商誉延伸到互联网上,损害他人利益。

(5)利用各种方式对他人商品或服务进行各种不正当的评价和诋毁,损害其他网络商品经营者的商业信誉、商品声誉。

(6)雇佣或者伙同他人,以虚构交易的形式为自己或者他人提升声誉。

(7)提供虚假陈述或证明文件,对网络商品经营者提供的合法商品或服务进行虚假投诉或举报。

(8)雇佣或者伙同他人,不以购买为目的,对已经购买的商品采取拒绝收货等方式,造成其他网络商品经营者损失;擅自将他人的企业名称、注册商标通过可见、埋设等方式在互联网上进行链接使用,引人误认为是他人的商品或者经营活动。

(9)在网站网页上利用文字、图片、视频等对商品信息、服务信息以及企业介绍、相关荣誉、联系电话等经营信息作虚假宣传和虚假表示。

(10)利用搜索排名技术侵犯他人权益、传播虚假信息。

《网络交易管理办法》第十九条从法律层面规定了六种基于网络的不正当竞争行为,并在第五十三条明确了具体罚则。

一是擅自使用知名网站特有的域名、名称、标识或者使用与知名网站近似的域名、名称、标识,与他人知名网站相混淆,造成消费者误认;

二是擅自使用、伪造政府部门或者社会团体电子标识,进行引人误解的虚假宣传;

三是以虚拟物品为奖品进行抽奖式的有奖销售,虚拟物品在网络市场约定金额超过法律法规允许的限额;

四是以虚构交易、删除不利评价等形式,为自己或他人提升商业信誉;

五是以交易达成后违背事实的恶意评价损害竞争对手的商业信誉;

六是法律法规规定的其他不正当竞争行为。

3.2.2.2 网络不正当竞争行为的特点

与实体社会的不正当竞争行为相比较而言,网络不正当竞争行为具有以下特点。

(1) 普遍性

当前在互联网上各种不正当竞争行为极为普遍,有关各网站间不正当竞争行为的诉讼每年呈上升势头,有些网站已忍无可忍只能诉诸法院,请求法律给予最终的保护。网络上不正当竞争行为是实体社会不正当竞争行为普遍存在的缩影。

(2) 跨区域性

互联网将全世界24小时联系在一起。网络不正当竞争也是国际性的,且没有驻守国界的边防。在互联网发展早期,不少境外公司利用国内企业缺乏电子商务意识,抢注了大量知名企业的域名,以此来高价强卖给国内的有关企业。由于网络不正当竞争行为常常涉及各国的管辖权、国内法、申请执行等种种问题,使得有些被侵权网站难以及时有效的保护自己的权利。

(3) 隐蔽性

网络不正当竞争行为都是在虚拟的环境中进行的,与传统现实世界中的不正当竞争行为相比,具有很强的隐蔽性。

(4) 影响深远性

随着经济的全球化,厂商之间的竞争也在世界范围内展开,不正当竞争行为的影响也日趋深远,而网络为这种不正当竞争行为提供了比现实社会更便捷、涉及面更广的平台。

3.2.2.3 监管执法中存在的主要问题

工商行政管理部门是《反不正当竞争法》最主要的执法者,理所当然也是网络不正当竞争行为的主要监管者。近几年,各地工商行政管理部门对网络不正当竞争行为加大了查处力度,取得了一定的效果,但是问题依然较多。主要有以下几个方面。

一是监管范围狭窄。网络不正当竞争行为的实施者可能是具体的经营者,可能是网络运营商,也可能是网络推广的承办商、分包商等,而现在工商行政管理部门对网络不正当竞争行为的监管分类尚在探索阶段,尚未形成具体的分类监管方法,监管的层次性不强,造成了较大的监管空隙,让不法分子有机可趁。

二是查处案件单一。就现阶段来说,工商行政管理部门查处的网络不正当竞争行为绝大部分是网络虚假宣传和网络销售假冒商品,究其原因,主要是因为各基层工商所和工商局所掌握的资源极其有限、执法人员的专业知识不够造成的。

三是举报网络不健全。目前,各个省市工商局都已开展网络不正当竞争行为的监管,也通过不同方式接受此类行为的举报,但就整个工商部门来说,目前尚未形成统一有效的网络不正当竞争行为的举报受理体系,使得众多的经营者举报无门,同时还有部分经营者维权知识不足,权益受损时,不去了解相关法律法规,盲目投诉,一定程度上造成目前网络不正当竞争行为泛滥。

四是查证困难。网络不正当竞争行为的证据一般只有网页内容及当事人笔录、发票等,而最直接的证据就是网页内容,它修改很方便,只要几秒钟,网页就会变样,如不及时固定证据,证据很容易灭失,给办案造成不便,甚至会造成案件无法办理。

五是网络专业知识较为匮乏。目前,各地工商部门开展网络不正当行为的监管尚处于起步摸索阶段,尚未有专门对此进行专业的培训,一线巡查的执法人员网络方面的专业知识较为匮乏。特别是网络技术发展较快,执法人员的知识更新速度无法跟上。

六是案源发现难。网络不正当竞争案源的发现受到条件限制,有些不正当竞争行为无法从网络巡查中发现,如虚构交易等。

3.2.3 网络传销行为

网络传销是指组织者通过建立传销网站,在网站上发布传销信息,骗取他人加入的传销活动。参加者按照网上信息的指示,向上线交纳一定的"入门费"后,取得加入和发展他人加入的资格,同时获得网站的用户名和密码,可以凭此登陆网站,并利用该网站以同样的方式继续发展下线,并可以依据发展下线的多少,从下线交纳的钱中获得一定比例的回报。组织者和参加者会在网上发布自己的账号或者汇款地址,组织者和参加者之间、上下线之间一般通过银行、邮政汇款来收取入门费等费用,发放回报。

网络传销从类型来看,主要包括三种:一是传统传销的"网络版",借助互联网推销实物产品,发展下线。但这种模式过分明目张胆,已经被逐渐抛弃。二是靠发展下线会员增加广告点击率来给予佣金回报,通过网络浏览付费广告获得积分,并由单一的点击广告发展为点击广告、收发 Email、在线注册等多种方式并存。这种在线注册多为免费的,在我国发现不多,但对维护网络个人信息安全、免受垃圾邮件骚扰造成极大威胁。三是所谓的多层次信息网络营销模式,这是目前发现最多、查处最多的网络传销模式,它没有真正的商品销售,活动完全依靠"信息链+资金链"运作。

网络传销的特征主要有以下几个方面。

(1) 虚拟性更强

网络是一个虚拟空间,非法传销者利用网络这一特征,借助高科技、电子商务等名义,遮人耳目,大搞空手道。在上述案例中,传销会员得到的仅仅是虚拟的网络空间(所谓的电子商务包,也不过就是租用该公司的服务器空间),从传销传统的实物产品发展为纯粹以发展会员获得奖金为目的,有些付费方式都是网上支付,完全"电子商务化"了。

(2) 更具欺骗性

利用网站作为传销平台,比传统意义上的传销更具欺骗性。这些传销网站大多打着远程教育、培训个人创业、电子商务的旗号吸引人,掩人耳目,遮盖其发展会员(下线)牟利的本质。在北京欧亚伟业传销案中,当事人打着发展本国电子商务、促进信息产业发展的幌子,在公司网站上罗列着企业策划、个人理财、远程教育、培训、买卖商、宣传服务、信息服务、虚拟空间、管理控制中心等板块,从措词到口号都极具诱惑性和欺骗性。许多下线人员没有判断能力,认为这就是电子商务,在被抓获后还屡屡强调他们参加的不是传销而是一种新型消费。

(3) 隐蔽性强

与传统传销相比,网络传销隐蔽性更强。发展会员都是在网络上进行,会员必须通过网站才能加入传销,并且使用的用户名都是假名或者代号,并且都有各自的登陆密码,彼此之间的联系主要通过电子邮件或即时通讯工具来完成。并且,网站还要求汇款一律通过银行转账的方式,这就避免了传统传销中下线与上线必须见面的情况,操纵者由明转向暗,躲在幕后,万一下线被执法部门查获后,上线也能马上逃之夭夭。由于会员发展下线的情况只反映在互联网上,再加上会员在传销方式上保持单线联系,工商部门查处时,根本无从查证公司网站的真实信息和会员的真实身份,仅凭网络上的信息要追查上线具有极高的难度。

(4) 跨地域性传播

互联网传播具有跨地域性,使得传销突破了地域和国界的限制,即使在同一国内,也是遍地开花。但由于属地管辖的限制,各地工商部门只能就本辖区的传销活动进行监督,对全国性的传销无法从源头上切断。传销骨干人员经常是"打一枪换一个地方",全国各地流窜作案,执法机关只能抓获当地的头目,处理当地的违法行为,但对销毁整个传销集团却无能为力,治标不治本。同时,调查取证上也是困难重重。而对于跨国的网络传销,由于网站注册地在国外,因此面临着法律适用和国际管辖权的问题。

3.3 网络交易违法行为调查方法及处理实务

查办网络交易违法行为不仅需要执法人员精通有关法律法规,熟悉计算机和网络技术,还要能够根据网络交易的特点,了解掌握一些专门针对网络的查案技巧及处理实务,只有这样才能取得比较好的执法成果。

3.3.1 网络交易违法行为调查方法

为便于理解与学习具体的网络交易违法行为调查的具体方法,本节采用通过具体案例加以说明的方式。

3.3.1.1 典型案件调查方法解析

[案例]

当事人沈某于2005年8月21日用其丈夫顾某的身份证在"淘宝网"上注册会员名"在水一方2_2005",并在自己家中利用电脑制作网页开设名为"强身体育"的网络店铺,在"支付宝"上注册交易账户。2008年9月16日,在经过充分外围调查基础上,辖区工商局会同公安部门,对沈某的经营场所(网络交易电脑所在地)和仓库突击检查,现场查获假冒"SPALDING(斯伯丁)篮球135只、adidas(阿迪达斯)足球83只、NIKE(耐克)足球36只,并查获发货清单等在场经营资料。

通过调查证实,沈某自2007年1月至2008年9月期间,利用淘宝网开设的"强身体育"店铺,从事假冒"SPALDING(斯伯丁)篮球、adidas(阿迪达斯)、NIKE(耐克)足球"销售活动。在网络交易成功,经支付宝账户收取客户货款后,通过"申通快递"、"圆通快递"等快递公司向客户发货。按照支付宝账户原始交易记录,认定沈某销售假冒SPALDING(斯伯丁)篮球8057只,销售金额474201.3元,剔除沈某用于信用炒作的2192只,实际销售5865只,销售金额为248130.3元;销售假冒adidas(阿迪达斯)足球468只,销售金额18171.6元;销售假冒NIKE(耐克)足球1026只,销售金额31051.4元。以上非法经营额合计297353.3元,已达到刑事追诉的标准,该局依据《商标法》及其《实施条例》规定对当事人作出:责令停止侵权;没收假冒"SPALDING(斯伯丁)篮球135只、adidas(阿迪达斯)足球83只、NIKE(耐克)足球36只;并处罚款人民币陆万元的行政处罚。

同时将该案移送公安机关,2009年1月23日,经海门市人民法院审理,认定沈某犯销售假冒注册商标的商品罪,判处有期徒刑六个月,缓刑一年,并处罚金七万元。

案件调查方法解析:

由于网络经营的虚拟性、隐蔽性,突破网络售假案件的难点主要集中在确定违法主体,收集和核实违法证据上。通过上述案例总结归纳网络交易违法行为的调查方法与步骤大体包括以下几方面的内容。

(1)确认违法主体

本案是执法人员在网络交易监管中,通过与网民交流获悉海门有一个网民在淘宝网上开店卖名牌篮球、足球,其售价仅为市场价的1/3,因而生意火爆。这一信息引起执法人员的重视,经初步在淘宝网上查找,发现注册地在南通的"强身体育"为"五钻"店铺,店铺网页货架上全部是超低价的国际名牌篮球、足球,交易数量较大,涉嫌假冒。但"强身体育"店铺的实际经营人、经营地址却无法知晓。通过案情分析和请教网络销售专家,根据"支付宝"交易规则,以快递公司为突破口,对海门市各个快递公司全面排查,发现两家快递公司有大量篮球、足球快递,根据快递存货单存根上留下的发货地址,从而掌握了"强身体育"网络店铺的实际地址。经过一星期对该经营地址耐心蹲守,终于查清了"强身体育"网络店铺的经营者、经营地址和三个仓库,并掌握其每天发货的规律。同时,通过移动公司对网上留下的移动电话号码进行查询,进一步印证"强身体育"网络店铺的实际经营人为沈某;再经公安部门的户籍查询,印证了沈某的户籍就是"强身体育"网络店铺的实际经营地。通过一个多月外围艰苦细致的排摸工作,查清了沈某的基本情况,为下一步的查案取证工作打下了坚实的基础。

(2)收集关键证据

确认违法主体后,收集和固定违法证据就成为破案的关键。由于网上违法信息极易被修改,取证难以及时、有效,一旦惊动,当事人可在几分钟内关闭网页,将网上违法物品全部下架删除,毁灭证据。为此,执法人员采取以下五个步骤,有效地收集和固定了违法证据。

一是案前取证。经初步排摸,确定"强身体育"网络店铺后,执法人员会同公安网监部门,对"强身体育"网络店铺上的所有涉嫌假冒商品网页进行下载打印,注册打印时间、网址,并经公安网监部门盖章确认。

二是现场取证。通过蹲守,掌握了沈某的发货规律后,考虑沈某的网络经营地址是其住宅,为避免沈某拒不开门,执法人员等到下午四点快递公司前来沈某家上门收货时,实施现场检查。在现场检查时,该局邀请公安经侦、网监办案人员配合,分成行动指挥组、人员控制组、电脑控制组、现场检查组、仓库检查组、物品登记组六个工作组,并明确各组的工作内容和要求,一举在其家中和楼下仓库内现场查获大量假冒篮球、足球,并查获了所有快递发货单据和支付宝银行卡。检查中,还发现沈某家中电脑上显示的"强身体育"网络店铺页面,各小组按照行动前的部署,有序地对现场情况全面进行登记固定,并对所有涉嫌假冒商品、电脑、经营资料进行扣留,获取了第一手证据。

三是下载交易记录。由于网络交易不能现场看货,因而网上商品介绍中都清楚地标明商标、规格、型号、价格等,为防止发生买卖纠纷,网络上所有交易(包括支付宝支付情况)都记录在案,每笔交易商品的商标、价格等要素都记录齐全。所以,下载每条原始交易记录上当事人销售的商品名称商标、生产厂家和销售价格等信息,就成为破案的保证。在案前执法人员虽通过公安网监对"强身体育"网络店铺上网页进行了下载打印,但因无交易密码,无法看到交易记录,因而也不能确认当事人的违法行为。现场检查扣留了沈某的电脑和经营资料后,工作的重点就是要查明沈某在淘宝网、支付宝上的交易密码。通过询问沈某了解其交易密码后,在沈某在场的情况下,该局下载打印了"强身体育"网络店铺的所有原始交易记录和支付宝的支付结算记录,并经沈某签字确认。

四是网站取证。在对沈某询问调查、网络下载取得原始资料同时,执法人员组织另一组人员将违法人员的基本情况、网上销售的交易数据、网上使用的网名、网上店铺名称等资料进行初步整理后,立即前往涉及网站,从杭州浙江淘宝网络有限公司、支付宝中国网络技术有限公司后台服务器数据库内下载了沈某"强身体育"网络店铺从注册以来的全部销售交易记录和支付记录,并刻制成光盘,出具了相关证明文件,该数据与沈某电脑中下载资料一致,从而形成有力的证据链,固定了沈某售假行为的违法证据。

五是外围取证。为进一步固定违法证据,执法人员又组织办案人员对案件涉及的快递公司、开户银行、进货厂家等外围情况逐一调查取证,通过外围取证,与从沈某处获取的证据相互印证,进一步固定了沈某销售假冒商品的违法事实。

(3) 形成证据锁链

由于网络案件的特殊性,在核实证据锁成证据链的过程中应注意解决以下三个问题。

一是假冒认定问题。案发后,该局立即通知 SPALDING (斯伯丁)、adidas (阿迪达斯)、NIKE (耐克) 注册商标权利人前来鉴定,经其鉴定,全部是假冒商品。由于网络交易原始记录上都清楚地标明了商品商标、成交价格,因此,所有假冒商品的销售数量、金额等全部能清楚统计汇总。另查获了沈某进货企业的证据材料,经注册商标权利人鉴定也为假冒产品。

二是信用炒作问题。所谓信用炒作,是指在淘宝网上交易时,淘宝网会员在使用支付宝成功完成每一个交易订单后,双方均有权利对对方交易的情况做出相关评价。买家可以对整个订单进行"宝贝(网上将商品称为宝贝)、服务、发货速度、物流"四个不同程序的评价,也可以针对订单中每项买到的"宝贝"进行"好、中、差"评价;卖家可以针对订单中每项卖出的"宝贝"给买家进行"好、中、差"评价,这些评价统称为信用评价。由于淘宝采用的是按卖家信用排名的规则,信用度越高,网络排名越靠前,商品越好卖。这就出现了买、卖双方以抬高信用为目的,或双方在无实际成交的情况下做出"好评"的行为,即为"炒作信用度"。淘宝网上有职业炒作,明码标价出多少钱就可以炒作到"几钻"店铺(店铺信用度是用几颗钻石标注的,钻石越多、信用越高)。新注册的店铺或者销售量少的店铺就会选择让别人帮自己刷(炒作)信用,这种刷的信用在当事人的店铺里也会增加一条"好评"的信用记录,同时也增加了一条虚假的交易记录。因此,在查网络售假案件中,应注意店铺信用炒作问题,要结合网络交易特征予以甄别,既不能将真实销售记录让当事人狡辩为信用炒作而逃脱法律责任;也不能将信用炒作认定为违法销售金额,而影响案件处理的公正性。

本案中,沈某申辩,在其店铺设立初期,由于销售较少,为提高店铺信用,在SPALDING(斯伯丁)篮球销售中有信用炒作行为,对信用炒作的销售额不能认定为违法销售额,为此,该局专门邀请了相关网络销售专家,对信用炒作产生的虚假交易记录逐一进行剥离。在当事人交易记录中,统计汇总销售假冒SPALDING(斯伯丁)篮球8057只,计销售金额474201.3元;经甄别,认定用于炒作的有2192只,执法人员实事求是地予以剔除。这种认定不仅沈某确认,也得到了公安、法院等部门的认可。

三是买家取证问题。根据当事人店铺交易记录和快递记录,共涉及买家(销售下家)将近六千多人,遍及全国所有省份,如果对买家逐一取证,费时巨大不太现实。因此,执法人员调整办案思路,只对随机挑选的十多买家进行调查取证,并把调查的主攻方面放在进货渠道,查证其货源全部为假冒商品,使进货、销售相互印证形成证据链。

3.3.1.2 网络交易案件实战技巧

(1)网络案件线索发现

由于网络的虚拟性,决定了网络违法案件发案难度更大,发案手段与传统案件发案显著不同。基层工商行政机关在执法实践中探索总结出三种行之有效的办法,即读报法(或称作捕风捉影法)、分门别类法、对号入座法(或称作找上门法)。

读报法(或称作捕风捉影法):顾名思义,就是对网络重点可疑信息进行搜索,就像看报纸浏览重点一样。即进入"可疑"门户网站,对其网站信息进行浏览,筛查相关信息,或进入链接信息,查看是否存在违法信息内容。通常情况下,一些违法信息都放在链接中,因此浏览时要做到静心、细心、耐心,任何违法的蛛丝马迹在网页链接中都可能出现,这就是案件线索。一旦发现违法内容,要立即截下或打印,然后进入更多的网站,包括违法主体网站进行证据搜集,从而掌握更多的违法证据,锁住案件。

分门别类法:即运用互联网集成搜索引擎,根据不同类别输入关键词进行搜索。具体可分为行业名称、地名名称、商品或商标、代码名称这几种。此办法的优点在于具有针对性,信息量大,不便在于要逐条查看,比较枯燥烦琐,要有耐心,此外还要配有一台连接内网的电脑进行查询。对在互联网上查到的可疑信息,还要进入信息化平台进行查询,若发现搜索信息与查询内容不符,可初步判定存在网络违法嫌疑。

对号入座法(或称作找上门法):即把平时关注到或在监管中所掌握的信息,如广告中网站名、购物网站网店名、企业的宣传材料、招牌、名片上标注的网址等,上网直接进入网站或网址进行查看,具有信息具体、准确等特点,能通过信息化管理手段,把监管人员日常监管工作结合起来,提高监管效能和水平。如在日常监管中发现某管理对象在经营场所摆放宣传资料或名片,上面有网站名,监管人员可将网站名记录下来,然后通过外网上网查询,一方面可了解管理对象的相关经营信息;另一方面又可发现一些网络违法行为,及时制止查处违法行为,提高监管水平。

网络经营对物流公司有高度的依赖性,离开物流公司,网络经营将难以为继。而物流公司的大量快递员对本地的网店地址可以说是非常清楚,特别是那些交易量大的网店(这里不包括异地直接发货的情形)。因此,在物流公司的快递员中发展线人,是一个非常有效的方法,可以快速准确地掌握网店非法经营的情况,甚至可以抓现场。另外,不定期的抽查物流公司台账,进而核查快递单,采用逆向调查的方式,来挖掘案源也是一种可以尝试的手段。

(2) 网络交易违法主体发现

查办网络交易违法行为最关键的工作是找到对应的实体经营者,如果找不到实体经营者,即使网页上存在明显的违法嫌疑,也无从处理。根据基层网络交易执法工作实践,主体确定的方法大体如下。

方法一：对网页上留有固定电话的，可以通过电信等通信公司查询；有些个体网店或者经营性网站会留下固定电话，凭立案文书和协助调查函请电信部门查询，可以核实固定电话的所有人；

方法二：对于没有留下固定电话或者手机号码，只有QQ或者旺旺号码的，可以通过聊天以大额订单为诱饵套出对方的身份，如果对方不透露身份甚至已经有所警惕的，可以换个时段换个账号向对方网购小额物品，然后从快递单上查询对方的信息，一般情况下快递单上留下的是对方的真实信息，特别是手机号，同时可以保留聊天记录等内容，作为辅助证据。

(3) 电子数据证据技巧

在找到对应的实体经营者后，一些当事人为规避行政处罚，会否认网页或者网站是其所有与运营，对于这类情形，可以采用以下方法对所取得的电子数据证据予以固定。

方法一：查支付宝账号的开户人，登录自己的支付宝账户，点我要付款，填入对方的支付宝账号，然后在付款理由随意填写内容，这时系统会自动显示对方通过实名认证的真实姓名，如果支付宝开户人跟当事人一致，就可以确认。

方法二：如果支付宝账户跟对方的姓名不一致，可以在经营场所查快递单、名片以及其他能够证明对方身份的宣传资料等证据，在采用此法时，可能快递单上的卖方姓名会有多个，而且这些人可能只是对方经营者雇佣的服务员，对这些人要逐一核对身份，只要对上一个，就可以重点突破。

方法三：对于一级域名网站，可以通过工信部网站查网站的主办人，如果网站的服务器是在国外的，那么工信部网站是查不到的，还可以通过一些诸如站长快车之类的网站查找网站的主办人。

方法四：类似于方法二，前者查的是对方的姓名，这里查的是网址，如果对方的名片、宣传资料、往来函件等上面载有与涉嫌违法的网页相同的网址，则可证明该网页是其从事经营活动的网页。

(4) 网络交易违法行为经营额计算

在某些案件中，经营额是定案处罚的直接依据，比如商标侵权案件，有些则是量罚的重要参考,比如不正当竞争案件。根据基层网络交易违法行为查处工作实践,确定违法经营额的方法大致如下。

方法一:以在淘宝上经营的 C 店为例,如果某件商品有销售发生,网页上会显示最近几个月的销售记录,如果经营额过大,可能对方会狡辩说这是刷出来的,并不是真的经营额,发生这类情形时,可以让对方提供依据,剔除这部分金额,并将此作为证据抄告给淘宝;拍拍的 C 店也会显示近三个月的销售记录;如果要查历史的销售记录,则要查对方的财务软件记录,前提是对方使用了财务软件来记录销售情况,一般的 C 店是没有的。

方法二:以在淘宝上经营的 B 店为例,也会在网页上显示最近一个月的销售记录,如果要查历史销售记录,也可以查财务软件,同时可以结合查该企业的银行账户,因为 B 店的组织形式必须是企业,当然如果经营额不是很大,银行不一定会提供账户查询,请公安协助效果会好些;如果以上方法难以采用,而对方不配合的,可以施加压力,特别是那些信誉等级高的,很担心信誉清零。

方法三:查快递单,有些生意好的在其经营场所会有大量的快递单保留,可以通过查这些快递单,结合对购买者的抽样调查,迫使对方交代经营额。

方法四:也是最根本的方法,请平台服务商协助,提供后台保存的销售记录。

3.3.2 网络交易违法行为处理实务

网络交易违法行为隐蔽性强、涉案范围广、社会危害性大,工商机关查处面临巨大挑战。当前,网络传销、网络商标侵权行为和理财类服务网站发布网络虚假广告现象较为普遍,如何规范这些网站也是一个重要课题。本节选取地方工商机关查结的网络传销、违法发布理财广告两个案例,通过案例分析,总结归纳网络交易个案处理与行业规范相结合方面的相关实务知识。

[案例1]麦酷(MYCOOL)网络传销案

2009年3月初,福建省工商局互联网商务监测中心在网络巡查中发现颜某等人以"某某网络咨询公司"(未经核准登记)的名义在泉州几个人才招聘网站及QQ空间等网络载体上发布招聘销售人员从事"MYCOOL(麦酷)"聊天软件销售经营活动的广告,其营销模式涉嫌从事非法传销活动。经过近一个星期的网上锁定监控和实地排查,泉州市工商局于3月13日联合泉州市公安局经侦支队对"MYCOOL(麦酷)"泉州某团队负责人颜某设立在泉州市浦西路滞洪区73号的经营场所进行突击检查,迅速控制现场人员及通信器材、计算机终端等设备,现场查获涉嫌参与传销人员19人、培训及经营用电脑5台、纸质账簿、传销宣传图册等资料若干,并利用电子证据取证设备破解当事人专门用于传销活动的计算机系统密码实施检查、恢复获取当事人删除和隐藏的传销经营管理电子文档、截取当事人在传销管理系统中的业绩记录等。

经查,香港某公司开发"MYCOOL(麦酷)"聊天软件,并通过设立A区和B区两条支线分别发展下线的方式进行销售,其销售"MYCOOL(麦酷)"软件的网络呈"金字塔"形,最高点即为香港某公司,所有参与人员的组织关系、业绩及其所得均通过其香港总部设立的、服务器在香港境内、网址为www.mdgvip.hk的网络管理系统进行远程在线管理。2008年10月底,当事人颜某通过网络成为香港某公司的代理商,并按照其销售模式开始从事"MYCOOL(麦酷)"软件销售活动。2009年2月10日,当事人未经工商部门核准,擅自以"某某网络咨询公司"的名义通过互联网等多种渠道吸收销售人员在泉州销售"MYCOOL(麦酷)"聊天软件经营活动。当事人颜某销售的"MYCOOL(麦酷)"软件分为价格不等的A、B、C、D、E五种套餐。销售人员加入"MYCOOL(麦酷)"销售网络后,需按两条支线分别往下发展下线,每发展一位下线购买A或B套餐,可获得销售价格5%的奖金(直推奖),每发展一位下线购买C或D或E套餐,可获得销售价格15%的奖金(直推奖)。除了获得奖金外,销售人员发展的两条支线亦可获得积分,介绍一位下线购买A套餐,就可获得1分,B套餐是3分,C套餐是5分,D套餐是10分,E套餐是20分。销售人员可与他的支线人员共享其发展业绩的积分。当两条支线的积分相等时,香港某公司即将积分以每分40元兑换成钱款汇到销售人员的个人账户上。

经分析研究,执法人员初步认定当事人行为构成通过发展下线的方式销售"MYCOOL(麦酷)"聊天软件,并从下线的业绩中获利的行为属《禁止传销条例》第七条第(三)项之规定"组织者或者经营者通过发展人员,要求被发展人员发展其他人员加入,形成上下线关系,并以下线的销售业绩为依据计算和给付上线报酬,牟取非法利益的"的传销行为。

由于该案主要涉案当事人颜某的违法情节达到了刑事责任追诉标准,于2009年3月14日将该案移送公安机关处理。

[本案后期处理方法]

针对上述网络传销模式利用人才招聘网站发布招聘信息、吸收传销人员的实际情况,泉州市工商局集中约谈了辖区几个主要的人才招聘网站负责人,实施行政指导。经过行政指导,这些人才招聘网站都主动清除了本网站平台中存在的涉嫌传销广告信息,积极配合执法部门调查取证工作,进一步建立健全业务审查制度,加强与工商网络监管机构的沟通联系,并主动举报了其发现的一定数量网上涉嫌违法经营行为,取得了预期的指导效果。

案件查办过程中,福建省工商局互联网商务监测中心组织开展"麦酷"涉嫌违法传销行为在线专项巡查监测工作,初步排查发现标称位于福建省内的"麦酷"涉嫌网络传销行为案件线索30条并进行深入分析。泉州市工商局遂向福建省工商局提交了《泉州市工商局关于利用互联网销售"MYCOOL(麦酷)"软件涉嫌非法传销情况的报告》(泉工商[2009]68号)及《麦酷MYCOOL网络传销模式网上巡查监测分析报告》,详细报告该案案情、专项巡查、监测结果及处置建议。

省级工商机关高度重视,组织全省工商系统专案执法行动,加强对相关案件办理情况的跟踪和指导。2009年4月8日,福建省工商局下发《福建省工商局关于泉州市工商局查处利用互联网销售"MYCOOL(麦酷)"软件涉嫌非法传销案件情况的通报》(闽工商公[2009]193号),通报泉州市工商局查办的该案案情及专项巡查监测情况,要求全省各地工商部门采取切实有效措施,加强巡查监管,有效控制网络传销蔓延。2009年4月29日,福建省工商局下发《福建省工商局关于专案查办"MYCOOL(麦酷)"网络传销行为的通知》(闽工商明电[2009]11号),根据泉州市工商局提供的案源线索,由省工商局统一组织指挥开展全省系统专案执法行动。

福建省各设区市工商局接到省局相关通知后立即组织部署专案行动,抽调执法骨干,加强内外协作,注重打防结合,取得了专案行动的显著成效,有效遏制该模式网络传销行为的蔓延势头。截至2009年5月31日,福州市工商局、厦门市工商局、泉州市工商局、莆田市工商局、三明市工商局、龙岩市工商局等单位根据上述案源线索共立案查处麦酷网络违法传销行为案件10件,其中泉州市工商局检查支队联合晋江市工商局、南安市工商局先后查处了三起案值较多、影响较大的案件并依法移送公安机关追究当事人的刑事责任。

这是福建省工商系统首次组织的全省范围网络违法专案查办行动,体现了以下几个显著特点:一是周密部署,有效组织。此次专案行动能取得显著成效,主要取决于省局领导的高度重视和正确指导,取决于省局相关处室及各设区市工商局的周密部署和有效组织,取决于基层一线执法人员优异的执法能力和负责的工作态度,进一步检验和提升了福建省工商系统查办网络违法案件、强化网络市场监管的能力。二是内外协作,形成合力。在此次专案行动中,福建省各级工商部门上下之间,各设区市工商局之间,各级工商部门与公安部门之间,都能够通力协作,亲密配合,实现案源线索和执法资源的共享利用,形成了打击网络非法传销的合力。三是支持有力,保障到位。在此次专案行动中,省局公平交易处及检查总队在案件查办业务指导方面,互联网商务监测中心在案源线索的排查监测、违法行为模式的分析研究以及电子证据的提取固定等方面,提供了有力的支持,发挥了积极有效的作用。四是处罚指导,相得益彰。各地在查办案件过程中都注重行政处罚和行政指导的有机结合,一方面在依法从严追究传销活动主要组织实施者的法律责任的同时,对因为受骗参与传销活动的行为人、由于审查不当等过失为网络传销提供便利条件的行为人等对象减轻从轻处罚或者采取行政指导,引导其改正违法行为;另一方面加大对社会公众的宣传教育,促其杜绝传销活动,有效遏制了传销行为的蔓延,维护了社会安定。

[案例2]违法股票软件广告案

2012年初,上海市工商局某基层分局接消费者举报,称某著名视频网站为某股票软件销售商发布"短线送金股"广告,声称"经权威第三方机构测试,本软件的绝对准确率已排全国第一"、"准确切入个股买卖点,让您稳健获利、永不套牢"、"纵横股市、无往不利"等宣传内容。经调查,该软件只是市场上众多股票行情分析软件中的一种,股市决策的绝对准确率根本无从计算,更找不出所谓的股票软件权威第三方机构。稍有股票常识的人都知道,任何一个股票决策软件都不可能做到"稳健获利、永不套牢",更不可能"纵横股市、无往不利",该广告明显违反了《广告法》第四条的规定,构成该视频网站发布违法广告的行为,按照相关法规,工商机关对该视频网站进行了行政处罚。

[案件后期处理方法]

随着互联网的发展,各种名目、各种形式违法广告已成网络公害,让消费者防不胜防。针对此类网络交易违法行为,结合传统的广告监管方式,以现有的法律法规为依据,工商机关应坚持制度为本,指导为先,和网站共同阻击网络违法广告。

(1)制定流程,帮助网站完善《网络广告审查员制度》。网站面对突然增长的广告业务,审核力量明显滞后,广告上线发布流程混乱,导致广告违法率接近10%。工商机关执法人员主动走访,帮助网站完善《网络广告审查员制度》,培训网络广告审查员,加强网络广告发布前的关口审查,制定网络广告上线发布流程。要求网站按照《网络广告审查员制度》规定,为其广告量大的主要频道设立专职广告审查人员,承担其网络广告发布前的审查责任,广告审查员具有"一票否决"权限。《网络广告审查员制度》落实以后,成为阻止违法网络广告上线的第一道屏障,可使广告违法率下降到0.3%。该制度也得到网站的充分认可。

(2)编写广告审查警示,落实《网上行政指导制度》。随着股市的回暖,各类理财广告大量涌现,理财广告的违法率不断上升,类似本案例的违法广告不在少数。因辖区内著名网站、重热点网站数量较多,为加强对网站的行政指导,引起各大网站重视,工商机关充分利用网络监管优势,制定《网上行政指导制度》,编写网络广告审查警示,突出违法特点,说明认定依据,做到通俗易懂,通过电子邮件,及时发放到各大网站的专业网络广告审查员和网站负责人邮箱,第一时间向网站传达工商部门对网络理财广告的指导意见,指导网站加强审查,防范违规。

(3)将理财行业纳入重热点行业,加强巡查力度。根据网站的知名度、商业广告发布量、守法程度及内容是否属于重热点行业等特点,将经营性网站分为著名网站、重热点网站和一般网站,分别进行零距离、近距离、远距离监管。针对理财广告的违法率逐年上升的情况,分局决定将理财行业网站纳入重热点行业网站,加大巡查频率,实行近距离监管。按照《经营性网站监督管理制度》规定,将所有理财行业网站巡查责任落实到每个监管人员,要求每两周巡查一次,做好巡查记录,填写《网络巡查表》和《涉嫌违法行为情况登记表》,甄别违法性质,对违法情节轻微的行为,制发《行政监管建议书》《责令改制通知书》,屡次重复违法或严重违法的,则立案查处,做到及时发现问题,及时解决问题。

(4)召开专项会议,规范理财行业网站。工商机关遵循"办理一个案件,规范一个行业"的理念,召集辖区内大型专业理财网站,召开专题会议,通报分局半年来对各专业理财网站的监测情况,传达与上海证监会、银监会等行业监管部门的沟通意见,发放相关法律法规文本,要求各专业网站加强自律,规范宣传。除现场解答网站的相关提问外,还公布咨询电话、公务邮箱、MSN、QQ等网络即时通信工具,方便网站咨询。

3.4 典型网络交易违法行为分析认定和行政处罚决定书制作

3.4.1 典型网络交易违法行为分析认定

网络交易违法行为由于涉及互联网的应用,往往表现出与传统市场违法行为不一样的特性,加之相关法律缺乏明确的规定,在实际执法实践中出现不少的关于定性方面的分歧与争议。本小节选取的两个典型网络交易违法行为案例进行定性分析,网络交易管理执法人员可从中学习案件定性分析的方式方法。

3.4.1.1 网上发布虚假、不真实企业简介信息定性分析

[案例]

浙江省台州某鞋业有限公司(以下称当事人)于2004年4月委托温岭市某网络信息发展有限公司(以下称网络公司)在互联网上建立企业网站。当事人为了夸大企业规模、增强广告宣传效果,在公司实际成立于1996年,实际固定资产只有160万元、职工只有34人、年生产能力只有330万双鞋的情况下,向网络公司提供了"公司创建于1985年,目前厂区占地面积8000平方米,厂房建筑面积12000平方米,固定资产投资800万元,现在职工500余人,年生产能力800万双"的文字内容。2004年5月,网络公司将上述文字内容发布在当事人网站的"公司简介"网页上,当事人支付了13000元的网站建设制作费用。2005年6月8日被温岭市工商局通过网络广告监测发现。

温岭市工商局认为,当事人发布含有虚假内容的广告,欺骗和误导消费者,已违反《中华人民共和国广告法》第四条之规定,根据《中华人民共和国广告法》第三十七条之规定,拟责令当事人停止发布,并以等额广告费用在企业网站上公开更正消除影响,处以罚款50000元。

行政处罚告知后,当事人提出听证要求。在听证会上,当事人辩称《中华人民共和国广告法》第三十七条是这样规定的:"违反本法规定,利用广告对商品或者服务作虚假宣传的,由广告监督管理机关责令广告主停止发布,并以等额广告费用在相应范围内公开更正消除影响,并处广告费用一倍以上五倍以下的罚款……"自己在企业网站上发布的广告是含

有虚假的内容,但只是对企业的经营状况进行了虚假的宣传,并没有对商品或者服务作虚假宣传,所以不能进行处罚。

针对此案的定性,系统内外有几种意见。

一是认为不能处罚。当事人的行为虽然违反了《广告法》第四条的规定,但根据《广告法》第三十七条的规定,只能对商品或者服务作虚假宣传的行为才能进行处罚,属于"只有禁则,没有罚则",既然没有罚则,那么就不能进行处罚。持这种意见的人很少。

二是认为应按《反不正当竞争法》进行定性并处罚。当事人在企业网站上发布的广告虽然只对企业的经营状况进行了虚假宣传,但通过对企业规模、生产状况的虚假宣传直接影射其产品质量,使浏览该公司网站的潜在客户与消费者对其产品的性能、质量等做出与事实不符的判断,引人误解,违反了《反不正当竞争法》第九条第一款"经营者不得利用广告或者其他方法,对商品的质量、制作成分、性能、用途、生产者、有效期限、产地等作引人误解的虚假宣传"的规定,按照该法第二十四条第一款"经营者利用广告或者其他方法,对商品作引人误解的虚假宣传的,监督检查部门应当责令停止违法行为,消除影响,可以根据情节处以一万元以上二十万元以下的罚款"的规定进行处罚。

如果网络公司明知或应知广告介绍当事人的内容是虚假的,而予以发布的,属《反不正当竞争法》第九条第二款所指的"发布违法广告"行为,根据该法第二十四条第二款之规定,责令当事人停止违法行为,没收违法所得(广告费用),并处广告费用一倍以上五倍以下的罚款。

至于上述《反不正当竞争法》第二十四条"对商品作引人误解的虚假宣传"条文中的"商品"应理解为它包含了《反不正当竞争法》第九条中"商品的质量、制作成分、性能、用途、生产者、有效期限、产地等"具体内容,只不过在制定法律条文时,为了精干,不在罚则中作重复罗列。另外,定性为不正当竞争行为,适用《反不正当竞争法》处罚还有长处:首先是避免广告纠缠定性难、广告费计算难,也可避免出现广告费用小按比例罚造成的处罚无力状况。其次适用《反不正当竞争法》,根据其情节及社会危害性,处以一万元以上十万元以下罚款,明了易行。

三是认为应按《广告管理条例》进行定性并按《广告管理条例施行细则》进行处罚。当事人在企业网站上发布的广告对企业的经营状况进行了虚假的宣传,违反了《广告管理条例》第三条"广告内容必须真实、健康、清晰、明白,不得以任何形式欺骗用户和消费者"的规定,并按照《广告管理条例施行细则》第十七条第一款"广告客户违反《条例》第三条、第八条第(五)项规定,利用广告弄虚作假欺骗用户和消费者的,责令其在相应的范围内发布更正广告,并视其情节予以通报批评、处以违法所得额三倍以下的罚款,但最高不超过三万元,没有违法所得的,处以一万元以下的罚款;给用户和消费者造成损害的,承担赔偿责任"的规定进行处罚。当然,对于上述这起案件,案件办理机构不能取得确凿证据证明其违法所得的具体数额的,可视为其没有违法所得,罚款额不宜高于一万元。

四是认为应按《广告法》的有关条款定性和处罚。《广告法》第二条第二款对广告的定义:本法所称广告,是指商品经营者或者服务提供者承担费用,通过一定媒介和形式直接或间接地介绍自己所推销的商品或者所提供的服务的商业广告。可见商业广告的目的是直接或间接地介绍自己所推销的商品或者所提供的服务,特别注意对"间接地介绍"的用词。网络广告中对经营者经营情况的虚假夸大宣传,其目的是对其经营商品、服务的推销和介绍。但表现方式无非是"间接地介绍"。虚假商业广告,是指广告主、广告经营者和广告发布者为牟取非法利益而在广告中采用欺诈性的手段,对商品或服务的主要内容作不真实的或引人误解的表示,导致或足以导致消费者对其产生高期望值从而做出错误判断的广告。从行为的角度看,属侵犯合法经营者和消费者权益的违法行为。虽然当事人没有直接对商品进行虚假宣传,但其最终目的可归结为促进商品销售。所以,按照《广告法》第四条的规定进行定性并根据《广告法》第三十七条的规定进行处罚并无不妥。

不赞成适用《反不正当竞争法》进行处罚的理由如下。

一是该当事人的行为虽然是一种不正当竞争行为,但并不是所有的不正当竞争行为都必须按《反不正当竞争法》来进行处理。因为《反不正当竞争法》相对于不正当竞争行为来说是一部普通法。只有对某不正当竞争行为没有相应的特别法调整的情况下,才适用《反不正当竞争法》。但对利用广告方法对商品的质量、制作成分、性能、用途、生产者、有效期限、产地等作引人误解的虚假宣传的时候,应当适用特别法,即适用《广告法》。有些人主张适用《反不正当竞争法》,是没有认识到一般法与特别法的关系。而且由于《反不正当竞争法》实施的时间早于《广告法》,所以思维惯性要适用《反不正当竞争法》,其实这种看法是不正确的。

二是该法第九条较详细地对商品的虚假宣传内涵形式进行了列举。但注意《反不正当竞争法》第二十四条对第九条(经营者利用广告或者其他方法,对商品作引人误解的虚假宣传的)的罚则中,也是单单使用"商品"一词,同《广告法》第三十七条(违反本法规定,利用广告对商品或者服务作虚假宣传的)的罚则用词是一样的。因此,如果适用《反不正当竞争法》也会引起上述的听证程序。

三是该法所称的不正当竞争是指经营者违反《反不正当竞争法》规定,损害其他经营者的合法权益,扰乱社会经济秩序的行为。《反不正当竞争法》对经营者针对自身的夸大或虚假宣传没有明确的禁则,《反不正当竞争法》第九条第一款所列的"生产者"主要是针对企业名称使用这一块,其前提也是"不得利用广告或者……"。本案当事人夸大自身规模、年生产能力等针对自身的虚假宣传,从主观故意来说,主要是想提升自身形象,没有损害其他经营者合法权益的意图。从侵害后果来说,是侵害了消费者的"知情权"。因此,用《反不正当竞争法》来调整针对自身的夸大或虚假宣传,从立法本意来说存在有争议。

四是《广告法》第四十九条规定,本法施行前制订的其他有关广告的法律、法规的内容与本法不符的,以本法为准。虽然《广告法》与《反不正当竞争法》都规定了对违法广告的禁则和罚则,两者的禁则都差不多,但罚则却相差甚远,举个例子,如果该案广告费用只有几百元,《广告法》最多只能处罚几千元,但按《反不正当竞争法》可以处二十万元以下罚款,结果就会完全不同，应该属于与《广告法》内容不符的范畴，且《反不正当竞争法》制订的时间比《广告法》早，所以应按《广告法》查处。

通过分析比较，可以得出的基本结论是，《反不正当竞争法》和《广告法》都对虚假宣传这一违法行为规定了处罚措施。在实际工作当中，部分工商执法人员认为，只要是虚假宣传行为，均适用上述两部法律，工商机关在处罚时可以随意选择。对于这一认识，需要加以纠正。处罚虚假宣传行为的法律适用问题，必须从分析《反不正当竞争法》和《广告法》的立法本意入手，针对个案做出正确的法律适用判断。从两法的立法目的可以看出，两法规定的虚假宣传有以下几点区别：《反不正当竞争法》中规范的虚假宣传表现形式比《广告法》要广泛，不仅仅是广告，而且包括广告以外的其他宣传形式，而《广告法》规范的虚假宣传表现形式仅为广告。《反不正当竞争法》中当事人的主观目的为排挤竞争对手，主要损害的是同行业经营者的合法权益；而《广告法》中当事人的主观目的是欺骗和误导消费者，主要损害的是消费者的合法权益。《反不正当竞争法》规范的主体是虚假宣传商品的生产者、经销者或服务的提供者（如果其表现形式为广告，即为广告主），广告经营者只有在明知或应知的情况下，才能受到相应的处罚，而《广告法》规范的主体为广告主、广告经营者和广告发布者。

针对此类案件，国家工商总局2013年发布《关于依据〈反不正当竞争法〉对虚假宣传行为定性处罚有关问题的答复意见》（工商竞争字[2013]174号）做出了相关规定，可遵照执行。

3.4.1.2 利用搜索引擎竞价排名发布违法广告行为定性分析

[案例]

2012年，上海市工商局浦东新区分局检查人员在对网络非法性产品广告和性病治疗广告检查时发现，上海×××男子医院有限公司等10家民营医院在百度网（www.baidu.com）发布"性病"、"性病治疗"等关键词竞价排名推广广告，针对上海地区的上网用户进行推广。内容为"上海性病医院首选×××性病咨询6345×××性病治疗专家门诊为您解决男性疾病""性病治疗医院的性病专科也同样为患者保密,就医不必留下真实姓名。患者可打消顾虑去医院就诊 www. xxxx. hospital. com. cn/yangwei/yangwei.html"等,点击推广内容可以链接进该医院的网页 www. xxxx. hospital. com. cn。百度公司根据被推广内容的点击次数对参与推广的医院进行收费,每次点击费用从0.3元至十几元不等。上述10家医院的推广内容没有取得《医疗广告审查证明》,违反了《医疗广告管理办法》第三条的规定,根据《医疗广告管理办法》第二十二条的规定,浦东分局与北京市工商局协调后,对上述10家医院进行了处罚。

针对此案的定性存在两点争议:

第一点是搜索引擎关键词竞价排名是否属于广告。搜索引擎,是指根据一定的策略、运用特定的计算机程序搜集互联网上各个网站的信息,建立起数据库,并能检索与用户查询条件相匹配的记录,按一定的排列顺序,显示给用户,为用户提供检索服务的系统。提供搜索引擎服务的网站——百度公司认为,搜索引擎竞价排名不是商业广告行为,原因有两点:其一,竞价排名是其搜索引擎服务下为客户提供的一种服务模式,本质仍是实现网上快捷传递、获取信息的一种技术手段,即向网络用户提供信息检索服务,告知用户找到相关信息的途径,并不直接提供任何信息。其二,网站的所有者通过支付一定的费用,虽然确保其选定的关键词在被用户搜索时优先出现在显示结果中,但是如果用户需要了解信息的详细情况,仍需链接到相关网站才能获得。百度公司还出示了北京市海淀区人民法院民事判决书[(2006)海民初字第18071号],其中海淀区人民法院也认为百度的搜索引擎竞价排名模式,不属于商业广告发布行为。

调查人员认为,搜索引擎竞价排名符合广告法的定义,属于商业广告。

先看百度竞价排名的实质。竞价排名,是百度公司首创,在其搜索引擎服务下的一种新型盈利模式。通过百度网站对"百度竞价排名"的宣传以及对上述十家参与竞价排名的医院调查取证后,检查人员发现,参与百度竞价排名,必须完成以下步骤:首先要交3000元以上预存款给百度公司成为百度推广客户,然后百度公司会在自己的搜索引擎服务平台上

（www.baidu.com）为推广客户创建一个管理账户（包含用户名和密码），客户可以通过这个管理账户，提交自己的竞价排名方案，包括购买关键词（如"性病"）、为关键词出价（每点击一次将在其账户余额上扣除相应的费用）、编写关键词对应的"广告内容"（也就是按"性病"进行搜索时，出现在百度搜索结果页面上的内容"上海性病医院首选×××,性病咨询6345×××"，"性病治疗专家门诊为您解决男性疾病"等）、链接的网址（网址URL）、选择发送的地区（如果选"上海"，只有上海地区的上网者能看到该广告，对其他地区上网者屏蔽）等。在客户将所有的推广信息输入后，百度公司会对该信息进行核审，如果百度公司认为推广信息的内容不符合规定，会要求推广客户更改，只有通过了百度的最终审查，推广信息才能正式成为搜索结果出现。所有的推广信息都会排在自然搜索的结果之前，标有"推广"字样，自然搜索的结果则标以"百度快照"，以示和推广信息的区别。客户通过购买关键词竞价排名，可以达到人为控制其网站信息在搜索结果的排列顺序，在相同情况下，对同一关键词，出价越高，搜索的结果排名越前，被点击的概率则越高。而每次被上网者点击一次，推广客户就要为该点击给百度公司支付一次费用。

再看《广告法》中对商业广告的定义："商品经营者或者服务提供者承担费用，通过一定媒介和形式直接或间接地介绍自己所推销的商品或者所提供的服务"，搜索引擎竞价排名的行为显然符合商业广告的定义，推广企业付费购买关键词，使企业的信息排在搜索结果前列，从而提高被点击率，达到广而告知，推销自己所提供的服务的目的。

由此判断，百度作为商业广告发布者，符合两个广告发布者特性：一是收费。对于自然排名，也就是搜索引擎服务商根据一定的策略、运用特定的程序自然搜索的结果（即百度快照的内容），被收录的网站是无须缴纳任何费用的，而搜索引擎竞价排名是有偿服务，只有付费才能出现在自然排名之前。二是广告内容可控。广告内容，也就是推广内容，是广告主（即推广企业）提供，百度公司有权利并且有能力进行审查，事实上百度也已经对广告的内容进行审查，百度公司对竞价排名推广广告的内容具有控制权。

最终,百度公司在大量的证据材料前第一次承认他们的竞价排名属于商业广告,并且主动在全国范围内停止了"性病"、"性病治疗"这两个关键词的竞价。

第二点是上海局是否具有管辖权。经查,上海×××男子医院有限公司等10家医院均为本市企业,十家医院在百度搜索引擎竞价排名中,都将自己的广告范围选定在上海地区,也就是只有在上海地区上网,使用百度搜索引擎,通过"性病"、"性病治疗"进行搜索后,上述10家医院的广告会出现在搜索页面上,广告对象只针对上海的IP(IP是指给每个连接在Internet上的主机分配的一个32bit地址),上海地区才是真正的违法行为发生地。但是,根据国家工商总局28号令规定:"对利用广播、电影、电视、报纸、期刊、互联网等媒介发布违法广告的行为实施行政处罚,由广告发布者所在地工商行政管理机关管辖。"广告发布者,即百度公司,注册地在北京,也就是只有北京市工商局对上述广告才具有管辖权,因而出现了监管矛盾:作为有管辖权的北京市工商局,如果通过北京的网络服务提供商上网,是根本看不到这些广告内容的,因为这些广告是对北京上网者屏蔽的。看不到内容当然也就无从监管。因此,查办此类案件在不违反相关规定的基础上,积极加强异地协调,进而形成长期有效的案件查办协作机制是本案最终能够顺利结案的关键点。

该案第一次对搜索引擎竞价排名广告进行了认定,要求搜索引擎服务提供商加强对网络广告的内容审查。同时使医院认识到,网络医疗广告同样需要取得《医疗广告审查证明》。在本案处理完结后,百度公司主动减少每个搜索结果页面的推广数量,并加深背景颜色,标注"推广链接",和自然搜索结果明显区分,使广告内容显而易见。对于搜索引擎竞价排名,这一新的经营形式的性质,有待进一步研究和规范。

3.4.2 行政处罚决定书制作

3.4.2.1 行政处罚决定书制作要点

网络交易违法案件行政处罚决定书要按照说理式处罚文书的要求说

清"事理、法理、情理和文理"的要求拟定。要点如下：

(1)"事理"表述清楚。案件当事人基本情况、案件来源、案件的主要违法事实、证据的列举及证据证明的事实比较清楚。

(2)"法理"陈述正确。对违法行为的定性和适用的罚则准确,对当事人对本案的态度和意见都作了说明。

(3)对量罚的"情理"作了简要说明。

(4)"文理"清晰,层次分明,用词准确。

3.4.2.2 网络交易违法案件范文

××市工商局行政处罚决定书

××工商行处字[××××]××号

当事人:××市××电子商务有限公司;

注册号:3708002000076××;

住所:××市运河路××大厦××室;

法定代表人:王×;

注册资本:100万元;

经营范围:企业电子商务经营策划咨询服务;网络商城及网店经营策划咨询服务;服装、服饰、鞋帽、箱包、洗涤日用品、化妆品、珠宝饰品、户外运动用品、家电家具、办公用品、常温保存保健食品销售(凭许可证经营,有效期至2013年11月22日)、保健用品(不含食用)、数码产品的销售(涉及许可经营的须凭许可证或批准文件经营)。

2010年9月1日,我局执法人员通过对互联网交易平台检查时,发现××电子商务有限公司在淘宝网网络平台上开设了网店,在对其网页内容进行检查时,发现该公司在该网站上发布并销售的商品有不符实际的宣传,涉嫌虚假宣传,为查明事实,我局于2010年9月1日进行了立案调查。经查实:当事人于2009年5月11日在××市市中区运河路××大厦租了××房间作为办公场所,并注册了××市××电子商务有限公司。同年6

月,在淘宝网开设了××家居专营店,在网上销售"任仲传风痛康膜、甲沟炎散、阿魏化痞膏、治糜散"等商品,在上述商品的网页宣传上使用了"特效药、绝无副作用、特效中药"等文字。但经查实"任仲传风痛康膜",是由湖南佳信佰生物技术公司生产,在湖南省注册为:湘长食药监械(准字)2010第1640071号,属于医疗器械,而该公司在其网页上宣传为药品;该公司销售的"ce本草桑白皮疤痕膏"是由哈尔滨精业本草科技有限公司研制、广州市美晟美容化妆品有限公司生产,生产许可证号为XKl6-1086919,注册号为妆准字29-XK-2804,属于化妆品系列,而在其网页上对该商品宣传为"ce本草桑白皮疤痕膏修复、去疤痕、除疤痕特效中药"。

证明以上事实的证据有:

1. 现场检查笔录,证明当事人利用淘宝网平台对商品从事宣传销售的事实;

2. 对当事人授权人员的询问笔录,承认当事人利用网络将不是药品的医疗器械、化妆品当作药品宣传的事实经过;

3. 营业执照复印件,证明了当事人主体资格;

4. 现场检查时在当事人的电脑上打印的当事人在淘宝网上对商品宣传的页面,经当事人签字确认,证明当事人在网络上对商品宣传的内容,该内容与商品本身批准的作用不符;

5. 授权书及被授权人的身份证复印件,证明授权的事项及期限和被授权人的基本情况。

2010年9月16日,按照《行政处罚法》第三十一条、《工商机关行政处罚程序规定》第五十二条之规定,本局向当事人送达了××工商行告字[2010]151号《行政处罚听证告知书》,告之对当事人拟处罚的事实、理由和依据及当事人享有的陈述、申辩的权利,当事人在法定期限内未向本局提出陈述、申辩。

本局认为:当事人在淘宝网开设××家居专营店,并在其网店网页商品介绍中将销售的医疗器械、化妆品作为具有治疗功能的药品进行宣传,使用了"特效药、绝无副作用、特效中药"等用语,以达到推销商品的目的,其行为违反了《反不正当竞争法》第九条第一款"经营者不得利用广告或者其他方法,对商品的质量、制作成分、性能、用途、生产者、有效期限、产地等作引人误解的虚假宣传"的规定,属于《反不正当竞争法》规定的虚假宣传行为。

鉴于当事人认识态度较好,积极配合,未造成不良消费影响,根据《反不正当竞争法》第二十四条第一款"经营者利用广告或者其他方法,对商品作引人误解的虚假宣传的,监督部门应当责令停止违法行为,消除影响,可根据情节处以一万元以上二十万元以下的罚款"的规定,参照《济宁市工商局行政处罚自由裁量权参照执行标准》,经研究决定对当事人作如下处罚:

1. 责令当事人改正上述违法行为;
2. 罚款人民币壹万元整,上缴国库。

当事人应自收到本处罚决定书之日起十五日内,到××银行(户名:××,账号:××)缴纳罚款。如不服本处罚决定,可在收到本处罚决定书之日起六十日内向××市工商局或××市人民政府申请复议,也可在三个月内直接向××市人民法院提起诉讼。

××××年××月××日

3.5 网络交易违法行为典型案例

本节摘录国家工商总局、浙江、山东工商部门在不同时期向社会公布的网络违法典型案例以及人民法院判处搜索引擎商标侵权典型案例简评。通过这些案例,可以较为全面地了解当前工商行政管理部门对网络违法案件的查处范围、具体定性和处罚力度,从而有利于更好地促进执法实践。

3.5.1 工商部门公布典型案例

3.5.1.1 国家工商总局公布案例

2013年7月8日,国家工商总局为提升消费者网络消费的辨别力,强化行政机关在网络交易监管工作的公示警示作用,结合全国工商行政管理机关近年来查办的网络违法案件,向社会公布包括网络侵犯知识产权、"傍名牌"、销售假冒伪劣商品、虚假宣传误导消费、恶意诋毁竞争对手商业信誉及商品声誉、利用格式合同侵害消费者合法权益等九类典型网络交易违法行为。希望广大网络经营者在从事网络交易时,在自觉遵守国家相关法律法规的同时,更应主动承担起更多的社会责任。与此同时,还应积极配合管理机关,共同维护好良好的网络交易环境,共同促进网络交易市场的健康有序发展。

[案例1]销售侵犯注册商标专用权商品

2013年1月,福建漳州市人张某,在龙文区某社区雇佣人员通过其在淘宝上的网店"某某旗舰店"从事服装经营。当事人从厂家购进"黛欣琪"和"黛莉安"商品,一部分通过当事人的网店加价销售,另一部分让员工将原商品上的"黛欣琪"和"黛莉安"商标标识拆换成"兰欧丽"商标标识后通过网店进行加价销售。其中"黛欣琪"注册商标所有人为张某(非当事人),商标注册号为6349579;"黛莉安"注册商标所有人为蔡某某,商标注册号为5727253;"兰欧丽"注册商标所有人为漳州某某某贸易有限公司,商标注册号为8913432,注册商标所有人有授权当事人使用该商标。当事人销售的"兰欧丽"商品均由其购进的"黛欣琪"和"黛莉安"商品改换商标标识而成,而当事人更换注册商标的行为未经商标注册人的同意并将更换商标后的商品又投入市场,至案发时止,当事人总经营额为134563.76元;其中销售"兰欧丽"商品1326件,未售出的"兰欧丽"商品120件,合计违法经营额62178元。

当事人的上述行为违反了《商标法》的相关规定,已构成侵犯注册商标专用权的违法行为。

[案例2]违反企业登记管理相关规定,伪造或冒用公司名称

2011年12月,上海市浦东区人李某某在康桥镇川周公路3158号租借的房屋内,将从绍兴某某医药品有限公司购进的脱脂漂白纱布加工成不同规格的分切卷,配上尺子、别针、丝带等辅料,装进当事人委托他人印制好的包装盒内,制成"月美佳纱布腹带"产品。并在产品包装盒上使用"月美佳纱布腹带母婴用品有限公司"的企业名称。利用"枸杞娃娃"淘

宝账号,在淘宝网上进行展示,网店地址为 http://yuemeijia.taobao.com。经查询,该企业名称未经工商部门核准登记,属于当事人自己伪造。

经查实,当事人共销售包装盒上含有"月美佳纱布腹带母婴用品有限公司"企业名称的"月美佳纱布腹带"1880件,销售金额合计61137元,违法所得为20529元。

当事人使用未经核准的企业名称的行为,违反了《中华人民共和国公司法》等相关企业登记管理法律法规,构成伪造公司名称的违法行为。

此种类型的违法行为在目前网络交易特别是平台网店中比较普遍,也比较典型。

[案例3]使用与知名商品近似的名称、包装、装潢,造成与他人的知名商品相混淆,误导消费

2010年6月,江苏常州江某在淘宝网上开店销售服装的过程中,通过从服装市场直接购进,或在加工厂直接订制的方式,获得与23区、组曲、ICB、自由区等知名品牌服装同样款式的服装,然后在网站的商品说明上使用23QU、组QU、IC*、自由*等文字,使消费者联想到23区、组曲、ICB、自由区等知名品牌服装,又在具体商品说明内容中使用"100%日本客供纯棉素材,原单23QU品牌专供印花"、"因涉及敏感品牌,主标洗麦剪标处理"等文字介绍,加强了消费者的联想,最后在淘宝旺旺聊天中,用一些如"这是外贸加工厂出来的货"、"加工厂多生产加工的货"、"我们有特殊的进货渠道"等含糊话语,使消费者认为当事人销售的衣服就是"23区"、"ICB"这些知名品牌服装。在整个销售过程中,当事人使用上述这些手段,混淆这些服装与23区、组曲、ICB、自由区等知名品牌服装的关系,使消费者将这些服装误认为是23区、组曲、ICB、自由区等知名品牌服装,而实际上当事人通过快递发给消费者的是没有任何商标的服装(以国家政策或品牌所有人政策为由打消消费者的顾虑)。截至2012年3月,当事人通过上述方式在淘宝网上销售名称为23QU或23*的服装1431件、名称为I*B或IC*的服装9269件、名称为组QU或组*的服装8187件、名称为自由*的服装2639件,以上共计销售21436件,获

销货款5070392.68元,从中获利253519.63元。

在本案中,当事人在网上销售服装过程时,利用日本恩瓦德公司旗下的23区、组曲、ICB、自由区等知名系列产品的高端形象和知名度,以此吸引消费者的注意力,影响消费者的购买意向。当事人的上述行为违反了《中华人民共和国反不正当竞争法》第五条第(二)项的规定,构成了"擅自使用与知名商品近似的名称、包装、装潢,造成和他人的知名商品相混淆,使购买者误认为是该知名商品"的违法行为。

[案例4]利用网页发布与真实情况不符的企业或商品信息,进行虚假宣传

2012年1月,上海某某某医疗器械有限公司为增加企业的影响力,增加产品的销售量,在其自有网站上对外发布公司代理销售的医疗器械信息,并在产品介绍中附有以下内容。

1."妇科臭氧治疗仪(豪华)(自动上水)"(产品编号:jx1165120719184651)

治疗范围:适应于霉菌性阴道炎,细菌性阴道炎、滴虫性阴道炎等各种阴道炎等……

2."肛肠科红光治疗仪"(产品编号:jx1165120831192618)

治疗范围:(1)促进伤口的修复愈合;(2)清除体内自由基;(3)使血液粘稠度下降;(4)细胞供能增加;(5)使血液携氧能力显著升高;(6)延缓皮肤衰老,具有美容功效;(7)调节免疫功能……

3."红光治疗仪"(产品编号:jxA047120807165601)

适应范围:带状疱疹、斑秃、下肢溃疡、褥疮、静脉炎、丹毒、疔肿、皮炎、毛囊炎、痤疮、甲沟炎、酒糟鼻、冻疮和各种湿疣、伤口感染、脓肿、溃疡、前列腺炎、腰肌劳损、肛裂、肩周炎、软组织挫伤等……

4."微波综合治疗仪"(产品编号:jx4160000465)

适用范围:耳鼻喉科、妇产科、口腔科、消化科、皮肤科、外科、泌尿科、肛肠科、理疗科。肛肠科:内痔,外痔、混合痔、肛门息肉,肛裂等……

经核实,当事人对外发布上述医疗器械产品的广告宣传用语,与食品

药品监督管理部门核准上述产品的适用范围明显不一致,如上述第一项产品药监核准的适用范围仅为"用于缓解椎间盘突出引起的疼痛"。而当事人为推广宣传、增强销量,编写广告用语,误导消费者认为上述产品具有广告宣传所述的性能和用途,利用广告对商品的性能和用途进行虚假宣传。

当前,医疗器械、保健品销售行业属于利用互联网进行虚假宣传的高发区。有的故意模糊保健功能与治疗功能的界限,更有甚者,抓住一些慢性病人群久治不愈急于康复的心理,宣传无须吃药、对高血压、糖尿病等慢性病疗效显著,以诱骗消费者购买。

当事人的上述行为,违反了《反不正当竞争法》的相关规定,已构成利用互联网广告对其销售商品的性能和用途作引人误解的虚假宣传的违法行为。

[案例5]恶意诋毁,损害竞争对手的商业信誉、商品声誉

2007年起,北京某某科技有限公司利用其在安全软件方面所占有的优势地位,在未进行第三方权威测试证明的前提下,采用多种方式,公开宣布其多家竞争对手的产品存在安全隐患,捏造虚假事实或扭曲、隐瞒竞争对手产品的真实情况,误导限制用户自主选择不同的服务,严重损害了竞争对手的商业信誉和商品声誉。

具体采用方式分为三大类。

第一大类为主观拦截竞争对手产品的默认设置与安装。具体表现在一是违背用户真实意愿,限制用户自主选择默认软件的权利,偷换"修改默认软件行为"与"会增加木马入侵的风险"之间的概念,捏造竞争对手产品存在安全风险的假象,诋毁其竞争对手品牌形象与信誉;二是在应知或明知的前提下,将竞争对手的正规、合法、安全的软件插件描述为"未知程序",诱导用户对竞争对手的插件及相关商业软件产生"不安全"的联想,从而达到对竞争对手产品进行贬损的目的,降低用户对其竞争对手产品的依赖度和使用率;三是在明知或应知的情况下,将竞争对手软件"对自身安装文件的修改"捏造为"修改系统文件",继而大量使用"修改

系统文件可能产生的安全风险"的提示,使用户对其竞争对手软件升级程序产生不安全联想,损害软件提供商声誉。

第二大类为诱导卸载。当事人利用其知名安全软件对用户经常使用的竞争对手的商业软件做出"非经常使用"的虚假判定,利用用户对安全软件的信任,恶意诱导用户卸载其竞争对手的商业软件,严重影响了用户正常使用,损害了竞争对手的商品声誉。

第三大类为影响使用。当事人利用其知名安全软件在未经第三方权威机构测试证明的前提下,宣称竞争对手产品存在安全隐患,或将竞争对手产品的新功能进行不实描述,并在相关用户群中广泛散播,增加用户使用难度,严重诋毁了竞争对手的商业信誉与商品声誉。且在用户不完全知情的前提下,假借其软件升级之名卸载竞争对手产品,强行安装自己公司的产品。

当事人北京某某科技公司利用其占居优势市场地位的安全软件对用户设备内软件的安全性及用户体验进行着评价和测试,将安全类软件评价当作不正当竞争或商业诋毁的工具,通过恶意欺骗和诱导,限制用户选择其竞争对手的产品和服务,从而达到其扩大自身同类软件市场份额的目的。

当事人的上述行为违反了《反不正当竞争法》关于"经营者不得捏造、散布虚伪事实,损害竞争对手的商业信誉、商品声誉"的规定,构成了诋毁竞争对手的商业信誉与商品声誉的违法行为。

[案例6]销售假冒伪劣商品,损害其他经营者或消费者利益

2012年2月,江苏泰州人戴某、吴某某协商共同投资,合伙在淘宝网上开设店铺,销售泰尔维亭超级P57蝴蝶亚复合食用仙人掌减肥食品。

为便于销售,二人从其他店铺复制了减肥广告页面设置在自己的店铺网页上,对外进行宣传;消费者通过点击广告、供需双方发送信息、快递或邮寄等方法,并以淘宝网为支付货款平台,进行交易。当事人所售泰尔维亭超级P57蝴蝶亚复合食用仙人掌减肥食品系从广州白云区网上及网购王国总店购进,进货价格约10元/盒,销售时以2.3元/粒进行销售,60

粒/盒,合计 138 元/盒。

前后二人共开设了 39 个网上店铺,其中 31 家因已被淘宝网关闭,无法打开。在余下的 8 家网店"月光石"、"与你走在阳光下"、"yzding2009"、"gug1280"、"yx1990224"、"尽心经营"、"女巫丽"、"wangyaqun01",查询成交记录显示,共计成交 100103 粒。

2012 年 5 月,江苏省泰州市工商机关联合公安部门,权利主张人泰尔制药股份有限公司打假人员对当事人位于泰兴市内的实体经营场所进行了检查,现场查获涉嫌假冒的标注有制造商为泰尔制药股份有限公司、地址为长沙国家生物产业基地、生产批号为 20120308、60 片装的泰尔维亭牌超级 P57 蝴蝶亚复合食用仙人掌 1073 盒,泰尔制药股份有限公司打假人员现场鉴定该泰尔维亭超级 P57 蝴蝶亚复合食用仙人掌均为假冒,货值金额合计 148074 元。

经了解,泰尔制药股份有限公司研发生产的泰尔维亭超级 P57 蝴蝶亚复合食用仙人掌产品均有独立的防伪码。但工商机关现场查获的 1073 盒泰尔维亭超级 P57 蝴蝶亚复合食用仙人掌产品的防伪码与正品不同,不在该公司所列的正品中;另当事人所销售的泰尔维亭超级 P57 蝴蝶亚复合食用仙人掌产品,包装盒上的形象代言人的图像模糊,与湖南泰尔制药股份有限公司所提供的正品包装盒亦有很大差距。

工商机关现场查获的 1073 盒泰尔维亭超级 P57 蝴蝶亚复合食用仙人掌经湖南泰尔制药股份有限公司鉴定均为假货。

当事人的上述行为,主观故意明显。违反了《中华人民共和国产品质量法》、《江苏省惩治生产销售假冒伪劣商品行为条例》等有关规定,为典型的销售假冒伪劣商品行为。

[案例 7]未经许可,从事法律法规规定须取得营业执照方可从事的经营活动

2011 年 4 月,北京某某某信息技术有限公司经股东会决议在湖北襄阳设立分公司,并在该公司开设的团购网站上开设襄阳团购频道(分站),在襄阳境内开展网络团购业务。任命林某为分公司负责人。该分

支机构2011年4月开始正式营业,招聘员工30人,人均月工资1400元,主要从事团购网站襄阳频道(分站)开发维护信息技术业务及团购推广业务,至2011年6月,已与27户用户签订了合作协议,进行网站团购促销活动。但直至工商机关立案调查时,当事人一直未办理工商营业执照。

该分公司的整个管理及组织架构,完全按照现代公司制度的分公司的企业组织形式来运作。《公司登记管理条例》第四十八条规定"公司设立分公司的,应当自决定作出之日起30日内向分公司所在地公司登记机关申请登记"。

当事人的行为违反了《公司登记管理条例》的相关规定,属未经许可,擅自从事法律法规规定必须取得营业执照方能从事的经营活动。

[案例8]违反相关规定,擅自泄露或出卖消费者个人信息

2011年月,重庆人周某建立了名为"永川在线商城"的网络交易平台,同时在该平台建立了名为"精品百货超市"的商铺。当事人的商铺7月10日首次交易成功,以68元的价格销售了一个富光真空子弹头FGL-3269保温杯给消费者陈某,同时该次交易也是其网络交易平台的首次交易。当事人于7月14日在其平台首页公告栏发布公告,未经消费者同意,擅自披露了消费者陈某的个人信息数据,包括真实姓名、住址、职业、工作单位和手机号码。消费者多次与其沟通删除,均未得到理会。7月20日消费者陈某向当地工商部门进行举报,当地工商机关立即对该网站进行了检查,根据工商机关调查结果显示,消费者陈某所述情况为事实。工商机关曾向当事人送达了《责令改正通知书》,要求其停止该违规行为。但在《责令改正通知书》下发一周后,工商机关再对该网站进行检查时,竟发现该网站仍未改正,因此决定立案调查,现已给予行政处罚处理。

当事人未经消费者同意,擅自在网络交易平台披露其个人信息,未履行对消费者个人信息保密义务,损害了消费者合法权益。违反了《网络商品交易及有关服务行为管理暂行办法》的相关规定,已构成侵犯消费者个人信息安全的行为。

[案例9]利用格式合同做出对消费者不公平、不合理的规定,侵害消费者权益

2007年10月,上海某某信息科技有限公司自建"返利网"网站,该网站称"第三方返利导购平台"。经营模式为通过返利网引导消费者到与当事人有合作关系的电子商务商家处购买商品,交易成功后,电子商务商家向当事人支付一定比率的佣金,当事人将佣金中的一部分以返利的形式返还给成功交易的消费者,一部分佣金作为公司的经营收入。消费者要享受"返利网"的导购返利服务必须与当事人签订《返利网用户使用协议》并注册成为会员。

经调查,在网站《返利网用户使用协议》第六块内容"责任范围与责任限制"中包含以下内容。

第1条"返利网负责按'现状'和'可得到'的状态向您提供服务。但对服务不作任何明示或暗示的保证,包括但不限于返利网服务的适用性、没有错误或疏漏、持续性、准确性、可靠性、适用某一特定用途。同时,返利网也不对服务所涉及的技术信息的有效性、准确性、正确性、可靠性、质量、稳定、完整和及时性做出任何承诺和保证。"

第6条"不论在何种情况下,返利网均不对由于信息网络正常的设备维护,信息网络连接故障,电脑、通信或其他系统故障,电力故障,罢工、劳动争议,暴乱、起义、骚乱,生产力或生产资料不足,火灾,洪水,风暴,爆炸,战争,政府行为,司法行政机关的命令或第三方的不作为而造成的不能服务或延迟服务承担责任。"

上述协议第1条明显存在当事人利用格式条款免除对提供的商品或者服务依法应当承担的保证责任的行为。而第6条则存当事人利用格式条款免除因违约依法应当承担的违约责任的行为。

截至2012年7月上海工商机关介入调查时止,该公司返利网站约有注册用户1000万个。由于无法确认违法条款的使用情况,违法所得无法计算。但从总的注册用户数来推定,受侵害的消费者人数应该相当可观。

《合同违法行为监督处理办法》第九条第(三)、第(四)项规定"经营

者与消费者采用格式条款订立合同的,经营者不得在格式条款中免除自己的下列责任:第(三)项对提供的商品或者服务依法应当承担的保证责任;第(四)项因违约依法应当承担的违约责任。"

当事人的上述行为显然违反《合同违法行为监督处理办法》相关规定,构成利用格式合同侵害消费者合法权益的违法行为。

3.5.1.2 北京市工商局公布案例

[案例]北京方万源通信器材有限公司微博虚假宣传、侵害竞争对手商誉案

2013年2—5月,北京方万源通信器材有限公司利用企业微博发布信息,宣称其产品为"史上最超值系列手机"、"秒杀小米"、"全球最低价",利用其股东、公司实际控制人谭某注册的微博发布信息,宣称其产品为"史上最超值系列手机"、"代表了当前智能手机制作工艺的最高标准"。并且,利用谭某注册的上述微博发布信息,宣称"同等的配置,两倍的价格,惊人的暴利@雷军你再低估消费者的智商,你就摊上大事了,摊上大事了!",并附图对其产品"北斗小辣椒Q1"和"小米手机S1青春版"进行了对比,称"小米手机价格堪比三星,UI照抄苹果,质量不如山寨,售后等于没有"。

经查,当事人不能为宣传中的"全球最低价"、"史上最超值"、"代表了当前智能手机制作工艺的最高标准"等内容提供依据,承认相关宣传内容为主观臆造,与事实不符,属于"虚假宣传"行为,违反了《中华人民共和国反不正当竞争法》第九条第一款之规定。另外,当事人在微博中将自己的产品同竞争对手的产品进行片面对比,刻意贬低竞争对手产品,属于"损害竞争对手商誉"的行为,违反了《中华人民共和国反不正当竞争法》第十四条之规定。

3.5.1.3 浙江省工商局公布案例

[案例1]杭州新龙电动车辆有限公司从事网络不正当竞争案

2007年4月5日,杭州市余杭工商分局查获杭州新龙电动车辆有限公司从事网络不正当竞争案。经查,当事人于2007年3月下旬,出资3000元,委托某公司制作网站(网址:www.royalpower.cn)。在网页上,宣

传杭州新龙电动车辆有限公司由英国皇家动力研究所参与产品技术、质量、开发等方面管理,秉承了英国皇家动力技术精髓,产品品质均达皇家技术标准,从而获得中国大陆品牌独家荣誉授权。目前本公司具备每年十万台次的生产能力,关键部件生产比例达百分之八十。经查实:英国皇家动力研究所系当事人虚构,并不存在该研究所;实际年生产能力只有36000台;生产电动车所需部件系从市场采购。因此,当事人在互联网上宣传的内容与实际情况严重不符。该局根据《中华人民共和国反不正当竞争法》和《浙江省反不正当竞争条例》有关规定,做出责令停止违法行为并处行政罚款的处罚。

当事人利用互联网发布了严重不符合公司实际的宣传,是比较典型的网络不正当竞争行为。目前,工商部门对轻微网络不正当竞争行为,以规范为主,通过电子邮件、手机短信、电话等方式予以告戒改正。对于严重不正当竞争行为,则坚决予以打击。

[案例2]宁波海曙青苹果装饰设计工程有限公司发布虚假网络广告案

2007年6月26日,宁波市海曙工商分局西郊工商所查获宁波海曙青苹果装饰设计工程有限公司网络虚假宣传案。经查,当事人于2007年5月8日开始建立公司网站(网址:www.nbqpgzs.com),在该网站的荣誉栏中显示:宁波青苹果装饰设计工程有限公司是浙江省装饰行业公众满意单位,浙江省诚信企业推广单位,海曙区消费者信得过单位,宁波市家庭装饰定点企业,宁波市装饰协会绿色环保装修承诺单位,市民放心品牌企业,市守合同、重信用单位,诚信、质量零投诉单位,宁波名牌装饰企业等荣誉。经查明,当事人无法提供以上荣誉的任何证明材料,都系虚构行为。宁波市海曙工商分局依据《中华人民共和国反不正当竞争法》有关规定,做出责令停止违法行为、消除影响并处罚款的行政处罚。

当事人在自己网站的荣誉栏中,一口气毫无根据地添加如此多的荣誉,真是目无法纪,随心所欲。对于此类网络案件,工商部门今后都将会严厉查处。

[案例3]方立毅利用电子邮件侵犯他人商业秘密案

2007年8月6日,温州市龙湾工商分局查获方立毅利用电子邮件侵犯他人商业秘密案。经查,当事人自2007年6月至7月期间盗用浙江东正阀门管件有限公司电子邮箱,窃取该公司8位客户的业务邮件资料,并向8位客户发送介绍业务邮件。至案发,当事人已经和浙江东正阀门管件有限公司的客户阿根廷公司MICASA发生业务往来,致使浙江东正阀门管件有限公司失去客户业务及遭受经济损失。该局依据《中华人民共和国反不正当竞争法》和《关于禁止侵犯商业秘密行为的若干规定》之规定,责令其立即停止违法行为,并处行政罚款。

盗用他人电子邮箱,窃取商业秘密,使他人遭受经济损失,是侵犯商业秘密案件的新动向。目前,此类案件较难查处,希望全省广大企业切实保护自己的重要邮箱,避免不必要的经济损失。

[案例4]绍兴市东方医疗门诊服务有限公司利用互联网虚假宣传案

2007年3月23日,绍兴市越城工商分局查获绍兴市东方医疗门诊服务有限公司利用互联网虚假宣传案。经查,当事人在2006年2月至2007年2月期间,在绍兴电信三味影院网络上发布医疗广告。该广告宣称:本公司是绍兴地区首个汇聚上海医学专家最多的医疗单位,与上海第六人民医院、上海淮海医院、上海真爱女子医院、上海白玉兰妇科医院等多家著名医院强强联合,共同服务于患者。经查,当事人根本没有和上海医院签订过书面协议或建立合作关系,属虚假宣传。该广告由绍兴市某公司制作后,在绍兴电信三味影院网络上共发布8个月,共支付广告发布费80000元。该局依据《中华人民共和国广告法》有关规定,责令当事人停止违法广告发布行为,并处行政罚款。

虚假医疗广告是当前违法广告的重点整治对象。随着各级工商部门对传统媒体广告监管力度的增大和互联网的发展,虚假医疗广告向互联网转移的趋势十分严重,查处网络虚假医疗广告任重而道远。

[案例5]侯波网络经营侵犯商标专用权案

2007年7月13日,金华市永康工商局根据举报,查获侯波网络经营侵犯商标专用权案。经查,当事人自2006年年底开始,从深圳三正高尔夫有限公司、厦门久隆高尔夫用品有限公司等单位多次购进假冒"NIKE"、"Ping"、"Cobra"等注册商标的高尔夫球具和球包,然后以"东方运动产品有限公司"名义,制作网站(网址:www.hopesport.net),在阿里巴巴上开设店铺,并通过上述渠道,将其商品销往国外。至案发,当事人已销售上述假冒侵权的高尔夫球具、球包等共计153436.8美元。当事人利用互联网销售侵犯注册商标专用权商品的行为已违反了《中华人民共和国商标法》有关规定,且非法经营额已达到刑事追究标准。根据规定,该局将此案依法移送司法机关处理。

保护商标专用权是工商行政管理部门的重要职责,但如何保护网络商标专用权是一个新的课题。金华永康市工商局根据举报,积极查处上述假冒侵权案件,对促进此项工作具有十分积极意义。

[案例6]何少强无照经营网络游戏虚拟币案

2007年5月22日,衢州市江山工商局城南工商所查获何少强无照从事网络游戏虚拟币案。经查,当事人未经工商行政管理机关核准登记,擅自于2007年3月底,投资3万余元,购买配备14台电脑,租用江山市区永康里31幢408室,申请互联网宽带接入,雇佣1名技术人员和14名网络游戏操作员后,开始从事网络游戏"魔兽世界"虚拟币的生产操作,并通过中间商将虚拟币兑换成人民币。根据案情,江山市工商局依据《浙江省取缔无照经营条例》有关规定,依法予以取缔,并处罚款。

网络游戏虚假币经营作为信息时代的一种新兴行业,目前国家还未出台规范性的政策来表示肯定或否定。但是因经营场所系居住环境、存在安全隐患和扰民问题不能办理营业执照而擅自开业,工商部门将坚决予以取缔。

[案例7]周向峰虚构企业并伪造电子执照案

2007年9月10日,临海市工商行政管理局灵江工商所执法人员发现一个中文名称为浙江省临海市阿里香饮食管理有限公司的网站(网址:www.alx777.com),且在网站上有一个工商"电子执照认证"标识,点击该标识,链接到盖有"浙江省工商行政管理局签发"戳记的"浙江省临海市阿里香餐饮管理有限公司"电子执照图样,页面上显示的企业法人名称、住所等登记项目一应俱全,甚至还有 2005 年度企业年检戳记。经查,周向峰未向工商部门申请办理营业执照,网站中发布的公司名称及电子执照认证等内容都是虚假的。根据有关工商法规,临海市工商局对周向峰做出处以行政罚款的处罚。

该案当事人虚假企业并伪造电子执照,具有很大欺骗性。为了推进网络经营主体的身份确认工作,目前,浙江省工商局通过建立《浙江省网络经济服务监管网》(zjnet.zjaic.gov.cn)和企业数字证书,全面开展工商营业执照网上标识工作。通过企业数字证书和上述网站完成的工商营业执照网上标识具有权威性、不可修改性和真假识别性,希望全省广大拥有网站的企业积极参与。

3.5.1.4 山东省工商局公布案例

[案例1]山东正邦基业建设工程有限公司利用网络虚假宣传企业名称案

该公司为扩大企业知名度,自 2010 年 9 月 6 日委托济南某网络科技有限公司制作网站,使用未经工商机关核准登记注册的企业名称"山东正邦集团"在互联网上进行宣传。工商机关认定当事人的行为违反了《反不正当竞争法》,构成虚假宣传行为。2011 年 4 月,济南市工商局开发区分局依法对当事人作出责令停止违法行为、罚款 2 万元的决定。

[案例2]济南韩某网上销售侵犯注册商标专用权手机案

2011 年 2 月,济南市工商局历城分局华山工商所接举报称,韩某自 2009 年以来,通过其在淘宝网上开设的网店销售假冒名牌手机,且销售数量巨大。执法人员对当事人办公地点及仓库实施检查,当场查获标注三星、诺基亚、苹果等商标的手机 2051 部和相关销售资料。经厂家认定,这些手机全部为假冒产品。上述侵权商品案值近 200 万元。工商机关认定当事人的行为违反了《商标法》,构成销售侵犯注册商标专用权商品的违法行为。因该案涉案金额巨大,2011 年 2 月 24 日,历城工商分局将该案移送公安机关查处。

[案例3]青岛王某网上销售侵犯注册商标专用权摄影器具包案

王某于2004年在淘宝网上注册网店,至2010年7月23日,销售假冒乐摄宝注册商标的摄影器具包交易记录达1万余条。青岛市工商局市南分局根据举报,现场查扣假冒摄影器具包380个,案值23万余元。工商机关认定当事人的行为违反《商标法》。因涉案金额巨大,市南工商分局将该案移送公安机关处理。

[案例4]青岛伊见钟情服饰有限公司利用网络虚假宣传案

该公司自2009年8月开始,在其公司网站对外宣传中使用标有其服饰品牌"伊见钟情"作为注册商标的字样和图样。经查实,当事人未依法取得包含有其服饰品牌字样或图样的商标注册证,上述宣传内容系当事人伪造。工商机关认定当事人的行为违反了《反不正当竞争法》,构成了冒用注册商标作引人误解的虚假宣传行为。2010年8月,即墨市工商局依法责令当事人立即停止违法行为,消除影响,并处罚款1万元。

[案例5]淄博市临淄鲁辉化工有限公司无照经营煤油案

该公司在未取得成品油零售经营批准证书的情况下,擅自通过网络宣传联系煤油销售业务,并于2011年2月24日从南京某科贸有限公司购进煤油17吨。2011年3月10日,当事人将其中9.96吨销售给河南省某煤焦有限公司,从中非法获利2283元。工商机关认定当事人的行为违反了《无照经营查处取缔办法》,构成违法经营行为。鉴于当事人的上述行为尚未产生社会危险后果,淄博市工商局临淄分局对当事人作出责令停业、没收违法所得和罚款2万元的处罚决定。

[案例6]烟台市芝罘区张某无照举办健身培训案

张某于2011年2月9日开始,未办理营业执照,非法从事健身培训经营活动,并以公司的名义在互联网建立网站,发布举办健身培训班有关信息。工商机关认定当事人的行为违反了《无照经营查处取缔办法》。2011年3月,烟台市工商局芝罘分局依法对当事人作出责令停止违法行为、罚款1万元的决定。

[案例7]蓬莱市开源机械厂利用网络虚假宣传案

蓬莱市开源机械厂在未依法取得省级守信用重合同企业、科技创新明星企业等荣誉的情况下,于2010年10月在其网站发布企业"先后被评为山东科技创新明星企业和山东省守合同重企业等荣誉称号"虚假内容,作引人误解的虚假宣传。工商机关认定当事人的行为违反了《反不正当竞争法》,构成虚假宣传行为。2011年3月,蓬莱市工商局依法对当事人作出责令停止违法行为、罚款1万元的决定。

[案例8]诸城市信诚明顺机械有限公司利用网络虚假宣传案

2011年1月,诸城市工商局执法人员在对该公司网站进行检查时发现,网站标有该公司获得"潍坊市消费者满意单位"、"潍坊市守合同重信用企业"荣誉称号的牌匾。经查,当事人并未取得上述荣誉称号。工商机关认定当事人的行为违反了《反不正当竞争法》,构成虚假宣传行为。2011年3月22日,诸城市工商局依法对当事人作出责令停止违法行为、罚款1.5万元的决定。

[案例9]临沂"性趣堡成人购物网"无照经营并发布虚假违法广告案

根据国家工商总局监测,该网站涉嫌发布含有虚假内容、欺骗和误导消费者的违法广告并销售成人用品、性药品等。临沂市工商局认定上述行为违反了《药品广告审查发布标准》、《广告法》等,依法责令当事人改正上述违法行为,没收当事人用于无照经营的工具和产品,并罚款2万元。

[案例10]济宁市理连结电子商务有限公司利用网络虚假宣传案

该公司于2009年6月在淘宝网开设家居专营店,将销售的医疗器械、化妆品作为具有治疗功能的药品进行宣传,使用了"特效药、绝无副作用、特效中药"等用语。工商机关认定当事人行为违反了《反不正当竞争法》,属于虚假宣传行为。济宁市工商局市中分局依法责令当事人改正上述违法行为,并处罚款1万元。

3.5.2 人民法院判处搜索引擎商标侵权典型案例

近年来,搜索引擎服务商提供竞价排名服务引起的商标侵权纠纷受到社会各界广泛关注,尤其是法院在"谷歌"案和"百度"案中的观点论述更是将舆论推向高潮。当传统商标侵权理论遭遇网络技术发展,加之搜索引擎服务商的知名度、竞价排名服务的巨额利润以及法院观点的变迁,学术争鸣自是当然之事。在这场争论中,人们熟悉了竞价排名经营模式,开始端视搜索引擎服务商的注意义务,也掀起了在网络环境下的商标间接侵权的讨论热潮。

3.5.2.1 "绿岛风"案

此案系原告台山港益电器有限公司诉被告广州第三电器厂、北京谷翔信息技术有限公司侵犯注册商标专用权纠纷案。

[基本案情]

原告港益公司经商标注册人独家授权许可而拥有"绿岛风 Nedfon"中英文文字组合商标的商标专用权。被告第三电器厂向 Google 网站关键词业务代理商购买了"绿岛风"关键词广告。公证证据显示,通过 Google 的搜索引擎,输入关键词"绿岛风"进行网页搜索,在搜索结果第一页的左栏第一项搜索结果显示的是港益公司的名称及网页链接"台山港益电器有限公司 www.ned-fon.com",而右栏赞助商链接第一项搜索结果显示的是"绿岛风——第三电器厂"及其链接"www.gzmeihao.com",以及网页的介绍"三十年的专业创出专利产品,净化空气,通过 ISO9000:2000 质量认证,健康环保"。根据搜索结果,点击"绿岛风——第三电器厂",可进入被告第三电器厂的网页。在该网页内没有出现"绿岛风"字样,在每一页面的上方均标有"meihao"、"广州第三电器厂"等字样,而这些页面的内容均为介绍第三电器厂生产的产品空气幕的情况。

[法院意见]

2008 年 5 月,一审时广州市白云区人民法院判决认定被告第三电器厂构成商标侵权,应当承担赔偿损失的民事责任,同时认定被告谷翔公司不构成商标侵权。一审法院认为:(1)被告第三电器厂构成商标侵权。第三电器厂作为原告同行业企业,选择"绿岛风"作为搜索关键词,并且在网站链接中采取"绿岛风——广州第三电器厂"这样的表述方式,具有混淆"绿岛风"商标的产源指向的目的。当互联网使用者通过互联网的 Google 搜索引擎输入商标"绿岛风"搜索到被告第三电器厂的链接时,将会对港益公司的注册商标的出处产生混淆与误认。(2)被告谷翔公司不承担侵权民事责任。一审判决指出,本案的被控侵权行为虽然有别于以往传统形式的广告行为,但是其实质上仍然是一种通过特定媒介"广而告之"的广告行为。但是,法院认为,谷翔公司对对第三电器厂在"Google AdWords"的网络信息不具备编辑控制能力,对该网络信息的合法性没有监控义务。

2010年1月,二审时,广州市中级人民法院判决认定两被告构成共同侵权,并改判两被告共同赔偿原告损失。二审法院认为:(1)关键词搜索服务是广告。谷翔公司在其网站上多处陈述其服务系"Google AdWords关键字广告",且在其网站及其代理商与第三电器厂签订的合同文本上也多处有"推广您的产品和服务"等字样。第三电器厂用以推广其产品的网站通过这种广告模式,使得相关公众(网络用户)能在海量信息中快速查找到该网站,从而使网络用户能了解其产品进而选择其产品,即推广其产品。谷翔公司提供的这种服务正是依赖新兴的网络技术手段使得广告的目的得以实现,谷翔公司通过提供这种服务收取了第三电器厂的费用,获得了广告收益。(2)谷翔公司具有审查义务。谷翔公司作为广告经营者应对广告主第三电器厂的广告内容进行审查。至于谷翔公司是否有能力进行审查及审查应当到何种程度,该问题涉及具体的民事责任承担方式的问题。而且,网络环境下技术和服务的创新和发展绝非脱离法律监管的理由。谷翔公司作为广告经营者,未尽审查义务,对广告主发布的侵犯他人商标权的行为应当依法承担民事责任;其行为客观上帮助了商标侵权行为的实施,依法应当负连带责任。

[评析意见]

本案的审理思路是:关键词搜索服务是广告——谷翔公司是广告经营者——搜索引擎服务商未尽审查义务——构成商标侵权。

关于百度推广是否是广告的争议。对于百度的"竞价排名"或者现在所谓的"百度推广"服务,一般均认可提供这类服务的搜索引擎服务商具有一定的审查义务(合理注意义务)。但是,对于这类服务是否属于广告,以及搜索引擎服务商是否具有广告法意义上的审查义务,目前尚有争议。

《广告法》第二条规定:"广告是指商品经营者或者服务提供者承担费用,通过一定媒介和形式直接或者间接地介绍自己所推销的商品或者所提供的服务的商业广告。"因此,一般认为,广告应具有介绍商品或服务的功能,且应与商品或服务的提供者相联系。

有观点认为,就"竞价排名"栏目显示的内容(如第三方网站的名称或介绍)而言,的确具有"直接或间接介绍产品或服务"的广告性质,但这些"广告"并非由"竞价排名"服务的提供者所发布,而仅仅是基于搜索引擎的技术特性,与公众输入的关键词相关联的网页的链接,搜索引擎网站并不直接提供任何信息,被链接的第三方网站上才有完整的广告内容,才是真正的广告发布者。因此,"竞价排名"的实质是将已有的链接进行优先排序,本质上仍属于一种搜索引擎技术服务,是对含有他人商标的网址进行链接的行为。

还有观点认为,网络广告应当是指"由网络服务提供者组织发布"的、"广告内容确定"的、"广告主无法自行更改"的广告信息;而对于百度推广服务,其仅提供搜索服务及将搜索排名提前服务、搜索结果所指向的链接内容不是确定的、所链接网站的内容可以随时由网站控制人进行更改等,所以百度推广服务不属于广告服务。

总的来说,百度推广以及谷歌的关键词推广 Adwords,具有广告的作用,但是否属于《广告法》调整,尚没有定论。不过,搜索引擎服务商对其提供的关键词搜索服务具有一定的审查义务。

3.5.2.2 "大众搬场"案

此案系原告大众交通(集团)股份有限公司、原告上海大众搬场物流有限公司与被告北京百度网讯科技有限公司、被告百度在线网络技术(北京)有限公司、被告百度在线网络技术(北京)有限公司上海软件技术分公司侵犯商标专用权与不正当竞争纠纷案。

[基本案情]

原告大众交通公司享有"大众"文字注册商标的专用权。原告大众搬场经大众交通授权,获准在上海地区经营搬场业务时排他使用"大众"商标。大众交通使用在出租车运输服务上的"大众"商标曾被上海市工商局认定为上海市著名商标。在百度网站首页的搜索栏中输入关键词"上海大众搬场物流有限公司"后,搜索结果显示的大量被链接的第三方网站与原告无关,并且前述网站网页的显著位置上突出显示"上海大众搬场物流有限公司"以及"大众搬场"等字样。

[法院意见]

2008年6月,上海市第二中级人民法院一审认为:百度网站作为搜索引擎,不应被认定为直接实施了商标侵权行为。与搜索引擎通常采用的自然排名相比,"竞价排名"服务不仅需要收取费用,还要求用户在注册时必须提交选定的关键词,因此,百度网站有义务也有条件审查用户使用该关键词的合法性,在用户提交的关键词明显存在侵犯他人权利的可能性时,百度网站应当进一步审查用户的相关资质,如要求用户提交营业执照等证明文件,否则将被推定为主观上存在过错。本案中,被告应当知道"大众"商标的知名度,但被告对于申请"竞价排名"服务的用户网站除进行涉黄涉反等最低限度的技术过滤和筛选以外,没有采取其他的审查措施,未尽合理的注意义务进而导致了侵犯原告大众交通公司的注册商标的第三方网站在搜索结果中排名靠前或处于显著位置,使网民误以为上述网站系与原告大众交通公司关联的网站。法院认为,被告未尽合理注意义务,主观上存在过错,客观上帮助了第三方网站实施了商标侵权行为,并造成了损害结果,因此与直接侵权的第三方网站构成共同侵权,应当承担连带民事责任。

一审法院最终判决被告刊登声明,消除影响,并共同赔偿原告损失。被告上诉后,在二审过程中又撤回了上诉。

[评析意见]

本案判决没有对"竞价排名"服务是否是广告进行界定,但是,却对搜索引擎服务商应尽的"合理注意义务"进行了论述。

在上述两案中,被链接的网站构成商标直接侵权行为是毫无疑问的,而搜索引擎网站实际上被当成了用于实施直接侵权的"侵权工具",被链接的网站借助搜索引擎这个平台发布侵权信息,使侵权信息在传播范围上得以扩大。因此,搜索引擎网站至少不应构成商标直接侵权。但搜索引擎网站是否构成间接侵权,还要看其行为是否符合间接侵权的构成要件。

所谓间接侵权,通常理解为故意引诱他人实施直接侵权,或在明知或应知他人实施直接侵权时为其提供实质性的帮助。从间接侵权的定义就可看出,间接侵权采过错责任原则,原告需证明被告主观上存在故意或过失,才能要求其承担间接侵权责任。而被告主观上是否存在故意或过失,主要看被告对直接侵权行为是否存在"明知"或"应知"的主观认识。

对于百度的竞价排名来说,这是一种收费服务,其合理注意义务不能以一般搜索的"技术中立"而免除。据笔者所知,目前百度有一个由黑名单组成的自动过滤系统,所有的审核都是自动通过该过滤系统来进行的,百度的黑名单内容包括黄色反动等信息,对于商标所有人或其他权利人,如果其向百度申请保护或曾经向百度进行投诉或举报过,百度也会将其纳入黑名单中,实现自动过滤。同时百度还有人工巡查机制,发现明显存在侵权内容的情况并进行处理。

至于判断是否尽到了合理的注意义务,法院认为,关于搜索引擎服务商在提供关键词搜索服务过程中,至少应当判断商标关键词是普通词汇还是知名商标(包括字号等)。若为知名商标,则需要审查营业执照、注册商标权利证书等相关资质证件,拒绝在未经同意的情况下将他人的文字商标作为关键词进行竞价排名;如为公共词汇或通用名称,则可相应减弱进一步的审查。

在上述两案中,尽管法院均认定搜索引擎服务商构成商标侵权,但是,侵权与否的边界确定,尤其是作为网络服务商的搜索引擎应尽审查义务的程度,仍然需要进一步研究和讨论。值得指出的是,在知识产权纠纷案件中,利益平衡始终贯穿其中,企业的经营模式及其趋利行为,并不是被责任追究的原初动因,一份判决只是个案纠纷的处理,其彰显的则是对知识产权的尊重以及提倡规范经营的导向。

第4章 网络交易消费维权

互联网作为本世纪最重要的科技成果,正引领着社会生产生活和信息传播的变革,而市场竞争和科技进步带动经营业态、营销技术和手段向多元化发展。目前在国内,消费者在享受快速便利的商业服务同时,网络侵权已成为消费投诉的重灾区,各种假冒伪劣、甚至违法违规物品的出现也成为网络消费的一大诟病,"网购维权"已成为广大网民热议的话题。可以说,消费者网络交易中维权问题有可能成为制约网络交易发展的最大瓶颈。因此如何尽快建立一套比较完备的安全可信的网络交易消费者权益保护体系是摆在网络交易管理者面前的一大重要课题。

4.1 网络交易消费维权概述

党的十八大报告在加快转变经济发展方式中,提出要牢牢把握扩大内需这一战略基点,加快建立扩大消费需求长效机制,释放居民消费潜力。保护消费者合法权益无疑是提高消费水平、促进消费的重要手段之一,也是工商行政管理机关的重要职责。加快建立消费需求长效机制要求我们必须认真研究消费侵权新情况、新问题,不断提高消费维权的及时性、便捷性,建立健全高效的消费维权工作机制,努力为消费者排忧解难。

据著名互联网市场调研机构艾瑞咨询《2013年中国互联网市场年度总结报告》显示,2013年中国网络购物市场年交易规模达到1.85万亿元,同比增长42%。网络购物占中国社会消费品零售总额的比重达7.8%,同比增长1.6个百分点。2013年11月11日,大淘宝平台实现日交易额超350亿元。网购方式省时省力且价廉物美,部分消费者通过网络购物逐渐成为一种消费习惯。

随着网络交易不断发展,侵害网络消费者权益问题也日益突出,影响了部分消费者对网络交易的信心，阻碍了电子商务的健康发展。

4.1.1 侵害网络消费者合法权益表现形式

概括地说，主要表现在以下几个方面。

(1) 宣传与实物差距大

在宣传中借助夸张的推销辞令、非实拍图片、虚构的交易记录或交易评价，突出性能优点，遮盖自身缺点，让原本平常甚至劣质的产品，在"被包装"之后"粉墨登场"，成为精美的"畅销品"。

(2) 商品质量良莠不齐

商品质量问题位居榜首。商品外包装、实物、说明书三者内容不符，有些进口产品的包装盒上都是英文，有的店铺用仿品冒称正品，有的甚至违法销售"三无产品"（无生产日期、无说明书、无生产厂家）、违禁品、走私货。有的团购网站，只求赚取中间差价，以低折低价美图诱购，消费者得到的商品却是残次品、仿真货、二手货。

(3) 格式合同有待规范

第一，利用格式合同免责。约定的商品有瑕疵时，只能要求修理或更换，不能退货或折损；约定实物与网上照片有差异，不影响使用，消费者不能要求退换货；约定邮购时一经签收，卖方概不负责。第二，没有以合理的方式提醒消费者注意。故意用细小的文字书写，或在文字表述上模糊、晦涩，令人难解其意；设置点击链接，使消费者难以注意，忽略过去；合同条款繁杂冗长，将不平等格式条款隐藏于其中。第三，随时修改或调整网络格式合同条款而不提前通知对方。

(4) 物流配送问题频出

当消费者在网上购买的商品在运输过程中出现损毁时，网站、产品供应商、快递公司之间互相推卸责任，责任不清导致消费者难以获得赔偿，合法权益受到损害；如果消费者不进行保价，快递公司规定不按商品的价值，只按运输费用的几倍赔偿；某些快递公司自行规定消费者先签字后才能验收，但当验收发现商品缺失或损坏，又以消费者已签字为由拒不承担赔偿责任；快递公司在自己制定的格式合同中，限制消费者的索赔时效；

商品不能按时送达,快件不快;送货不到位,额外加收费。

(5)售后服务无法保证

在网购情形下,除一些实行销售与售后分开、售后网络健全的大品牌可以实现全国联保外,更多的商品或服务尚未实现全国联保。一些网店经营者不提供购物发票和相应凭证,一旦发生纠纷,常以各种理由拒绝退换货。由于团购网站与商户间职责不明,一旦发生消费纠纷,很难短时间解决售后问题,双方互相推卸责任,进而损害消费者权益。另外,目前一些提供经营平台的网站或媒体,对经营者身份材料、经营资格、商品质量、售后服务等方面不予实质审查,导致出现纠纷后难以解决。

(6)消费欺诈行为屡禁不止

消费欺诈行为是指经营者在提供商品或者服务中,采取虚假或者其他不正当手段欺骗、误导消费者,使消费者的合法权益受到损害的行为。常见的网络诈骗手法有:中奖设诱、低价设诱、第三方假冒卖家客服骗货、拖延时间导致超时打款、诱导无货付款、空头承诺骗订金、网络拍卖欺诈、谎称海关查扣、设钓鱼网站骗取账号密码等。有的团购网站先提高原价再打折,还有的将不得出售的商家赠券当成商品卖给消费者。

(7)信息安全亟需加强

网络交易中,许多都是要预先注册,注册过程中消费者被要求输入个人基本资料,而注册的个人资料往往被提供网络服务经营者所收集,而交给第三人非法使用、传播。或者消费者通过网络购买有隐私的商品、药物等信息,也有可能通过网络经营者的传播,从而侵犯消费者隐私权。通过网络银行支付货款对消费者的财产安全有一定的威胁。消费者的信用卡号、密码等信息在开放网络系统上使用时,很容易成为众多网络"黑客"的攻击目标。

(8)评价搜索玄机重重

有的搜索引擎公司通过收取费用、屏蔽不利言论、更改排名情况,令一些网站、网商"信用"提升;有的网络购物平台对网店和员工疏于管理,以致一些店铺违规操作,将不同信用等级标识明码出售,从中牟利;一些平台内部员工在卖家交费后,就能帮助其换取流量输入或者更改店铺评价,修改中、差评等。

4.1.2 法律法规对网络消费者合法权益保护的具体规定

4.1.2.1 《消费者权益保护法》

2014年3月15日,新修订的《消费者权益保护法》实施生效。该法律从充实与完善消费者权利、强化经营者义务、加强违法经营责任、增强国家对消费者合法权益保护等方面,努力促进居民放心消费。

《消费者权益保护法》第二条、第三条规定:消费者为生活消费需要购买、使用商品或者接受服务,其权益受本法保护;本法未作规定的,受其他有关法律法规保护。经营者为消费者提供其生产、销售的商品或者提供服务,应当遵守本法;本法未作规定的,应当遵守其他有关法律法规。

这两个条款是对本法适用范围的规定。网络消费和传统的面对面消费并没有本质的区别,网络消费只是传统商品交易的电子化和网络化,是消费者和经营者凭借互联网进行产品和服务的购买和销售的行为,是人们生活消费的一种方式。网络经营者与传统经营者都是为消费者提供其生产、销售的商品或者提供服务。网络消费侵权与传统消费侵权都是经营者未遵守经营者有关义务而侵犯消费者的合法权益,它们没有本质上的区别。因此,《消费者权益保护法》就消费者权利和经营者义务的相关规定都适用于网络交易。

针对网络交易存在的问题,《消费者权益保护法》作出了更有利于消费者的特别规定。具体主要有以下三个条款。

第二十五条:"经营者采用网络、电视、电话、邮购等方式销售商品,消费者有权自收到商品之日起七日内退货,且无需说明理由,但下列商品除外:(一)消费者定作的;(二)鲜活易腐的;(三)在线下载或者消费者拆封的音像制品、计算机软件等数字化商品;(四)交付的报纸、期刊。除前款所列商品外,其他根据商品性质并经消费者在购买时确认不宜退货的商品,不适用无理由退货。消费者退货的商品应当完好。经营者应当自收到退回商品之日起七日内返还消费者支付的商品价款。退回商品的运费由消费者承担；经营者和消费者另有约定的，按照约定。"

第二十八条："采用网络、电视、电话、邮购等方式提供商品或者服务的经营者，以及提供证券、保险、银行等金融服务的经营者，应当向消费者提供经营地址、联系方式、商品或者服务的数量和质量、价款或者费用、履行期限和方式、安全注意事项和风险警示、售后服务、民事责任等信息。"

第四十四条："消费者通过网络交易平台购买商品或者接受服务，其合法权益受到损害的，可以向销售者或者服务者要求赔偿。网络交易平台提供者不能提供销售者或者服务者的真实名称、地址和有效联系方式的，消费者也可以向网络交易平台提供者要求赔偿；网络交易平台提供者作出更有利于消费者的承诺的，应当履行承诺。网络交易平台提供者赔偿后，有权向销售者或者服务者追偿。网络交易平台提供者明知或者应知销售者或者服务者利用其平台侵害消费者合法权益，未采取必要措施的，依法与该销售者或者服务者承担连带责任。"

上述法条，不仅规定了网络经营者应该履行的特别义务，明确了消费者权益受到侵害后的维权途径，更重要的是赋予消费者无条件解除权，这是消费者权益保护法律制度的重大突破。

4.1.2.2 《网络交易管理办法》

保护消费者合法权益是制定《网络交易管理办法》的重要指导原则，也是重点内容之一。根据网络消费特点和新修改的《消费者权益保护法》，《网络交易管理办法》从消费者有效识别网络经营主体真实身份、网络经营行为规范、交易合同、交易凭证、交易信息保护、提供网络交易平台服务的经营者维护消费者权益应当履行的义务、消费者申诉处理办法等几个方面做出了保护消费者权益的规定。

网络交易是在交易双方事先不了解、其间不见面的过程中完成的。因此，保护消费者合法权益的重要前提条件是采取有效措施，确保"虚拟主体"还原为真实的主体。《网络交易管理办法》第七条、第八条、第二十三条在网络交易主体身份识别管理上，建立了下列规则体系。

已经工商行政管理部门登记注册并领取营业执照的法人、其他经济组织或者个体工商户,从事网络交易及有关服务的,应当在其网站首页或者从事经营活动的主页面醒目位置公开营业执照登载的信息或者其营业执照的电子链接标识。

从事网络交易的自然人,应当通过第三方交易平台开展经营活动,并向第三方交易平台提交其姓名、地址、有效身份证明、有效联系方式等真实身份信息。

第三方交易平台经营者应当对申请进入平台销售商品或者提供服务的法人、其他经济组织或者个体工商户的经营主体身份进行审查和登记,建立登记档案并定期核实更新,在其从事经营活动的主页面醒目位置公开营业执照登载的信息或者其营业执照的电子链接标识。

第三方交易平台经营者应当对尚不具备工商登记注册条件、申请进入平台销售商品或者提供服务的自然人的真实身份信息进行审查和登记,建立登记档案并定期核实更新,核发证明个人身份信息真实合法的标记,加载在其从事经营活动的主页面醒目位置。

这套规则体系比较好地解决了虚拟空间条件下网络商品(服务)经营者主体资格真实性的识别问题,可以保障"虚拟主体"还原为真实的主体,为消费者有效识别查证网络交易主体真实身份,维护自身合法权益提供了基础性制度保障。

在网络经营行为规范方面,第十条规定:"网络商品经营者向消费者销售商品或者提供服务,应当遵守《消费者权益保护法》和《产品质量法》等法律、法规、规章的规定,不得损害消费者合法权益。"

在网络销售合同方面,第十一条规定:"网络商品经营者向消费者销售商品或者提供服务,应当向消费者提供经营地址、联系方式、商品或者服务的数量和质量、价款或者费用、履行期限和方式、支付形式、退换货方式、安全注意事项和风险警示、售后服务、民事责任等信息,采取安全保障措施确保交易安全可靠,并按照承诺提供商品或者服务。"

第十七条规定:"网络商品经营者、有关服务经营者在经营活动中使用合同格式条款的,应当符合法律、法规、规章的规定,按照公平原则确定交易双方的权利与义务,采用显著的方式提请消费者注意与消费者有重大利害关系的条款,并按照消费者的要求予以说明。网络商品经营者、有关服务经营者不得以合同格式条款等方式作出排除或者限制消费者权利、减轻或者免除经营者责任、加重消费者责任等对消费者不公平、不合理的规定,不得利用合同格式条款并借助技术手段强制交易。"

在网络消费凭证方面,第十三条规定:"网络商品经营者销售商品或者提供服务,应当按照国家有关规定或者商业惯例向消费者出具发票等购货凭证或者服务单据;征得消费者同意的,可以以电子化形式出具。电子化的购货凭证或者服务单据,可以作为处理消费投诉的依据。消费者索要发票等购货凭证或者服务单据的,网络商品经营者必须出具。"

在网络消费者个人信息保护方面,第十八条规定:"网络商品经营者、有关服务经营者在经营活动中收集、使用消费者或者经营者信息,应当遵循合法、正当、必要的原则,明示收集、使用信息的目的、方式和范围,并经被收集者同意。网络商品经营者、有关服务经营者收集、使用消费者或者经营者信息,应当公开其收集、使用规则,不得违反法律、法规的规定和双方的约定收集、使用信息。网络商品经营者、有关服务经营者及其工作人员对收集的消费者个人信息或者经营者商业秘密的数据信息必须严格保密,不得泄露、出售或者非法向他人提供。网络商品经营者、有关服务经营者应当采取技术措施和其他必要措施,确保信息安全,防止信息泄露、丢失。在发生或者可能发生信息泄露、丢失的情况时,应当立即采取补救措施。"

第二十八条规定:"提供网络交易平台服务的经营者应当建立消费纠纷和解和消费维权自律制度。消费者在网络交易平台购买商品或者接受服务,发生消费纠纷或者其合法权益受到损害的,提供网络交易平台服务的经营者应当向消费者提供经营者的真实的网站登记信息,积极协助消费者维护自身合法权益。"

4.1.2.3 《工商行政管理部门处理消费者投诉办法》

2014年2月14日,国家工商总局62号令发布《工商行政管理部门处理消费者投诉办法》,其中第六条第一款、第九条第三款规定:消费者投诉由经营者所在地或者经营行为发生地的县(市、区)工商行政管理部门管辖。两地以上工商行政管理部门因管辖权发生异议的,由其共同的上级工商行政管理部门指定管辖。

4.1.3 网络消费维权工作要点

(1)严格执行法律法规规定

《消费者权益保护法》和《网络交易管理办法》根据网络消费存在的问题,对网络经营者的责任、义务和网络消费者的权利都作出了十分明确的规定。开展网络消费维权工作不能说无法可依。我们应当充分运用法律法规,积极监管网络经营者履行相关义务。对于网络消费欺诈、胁迫和强制交易等严重侵犯消费者合法权益的行为,还应加大行政处罚力度,以产生应有的法律震慑力。

(2)畅通网络维权通道

积极探索和研究网络环境下有效维护消费权益的制度和措施,推进12315进网络。通过建立网上消费投诉举报平台、指导监督网站经营者建立健全消费者权益保护制度和措施、在网站设置消费投诉举报电子标识链接等多种方式,多方位开辟消费保护渠道,及时受理处理消费投诉举报和查处侵害消费者合法权益的行为。

(3)发布网络交易警示信息

积极开展网络消费教育,加大网络市场预警力度,及时将网络市场巡查中发现的网上虚假经营主体、网上消费欺诈行为、欺诈合同和不公平格式合同、销售假冒伪劣和违禁商品等违法失信行为,通过发布网络交易警示信息等多种形式向社会公布,有效提高维护网络市场秩序的能力。

(4)推动行业自律体系建设

网络交易因其自身特性,使得行业自律往往比行政手段规制更具有有效性。因此,有必要充分发挥行业自治的力量和作用,帮助行业自律机构建立具有自身特点的规章制度,以约束机构成员。建立奖惩制度,以消费者对经营者的测评作为标准,对经营者进行奖励或惩罚。制定、完善物流配送行业标准,规范快递服务流程,建立物流配送评价体系,引入快递责任保险制度,推动物流配送服务的规范化发展,为行政监管和纠纷处理提供相应依据。推动商家建立消费保障计划,对销售产品进行质量承诺。

(5) 明确消费投抗诉受理管辖原则

为了更大限度地保护消费者合法权益,对于网络交易消费维权管辖权问题,要建立权责明晰的受理原则。因为,传统商品交易中经营者、消费者大多数集中在一个区域内,当消费者权益受到损害时,实际上都是向当地工商部门投诉,较为方便。网络购物属于跨区域消费,按照目前国家工商总局62号令规定,消费者只能向异地的经营者所在地或第三方交易平台所在地工商部门投诉。但是,现实中消费者异地投诉很不方便,工商部门对于异地消费者权益的保护也大多缺乏热情,从而使网络消费维权工作大打折扣。因此,对于网络消费维权,要确立有利于网络消费者的诉讼管辖原则。

4.2 网络团购交易中的消费者权益保护

网络团购从2010年初引入国内,一年间就涌出了5000余家团购网站,被称作"千团大战"。团购网站一拥而上,急速扩张,必然导致行业泡沫的产生。到了2011年下半年,团购用户增长速度放缓,团购网站数量也大幅度下滑,团购网站出现"倒闭潮"。2012年上半年,团购市场整合进一步加深,部分独立团购网站采取"抱团取暖"的方式度过困难期。在经历了爆发式增长后的整体行业洗牌,团购已经回归理性发展状态。据中国互联网络信息中心CNNIC《第33次中国互联网络发展状况统计报告》中的数据显示:截至2013年12月,我国团购用户规模1.41亿,同比增长68.9%,使用率提升至22.8%,同比增长8个百分点。手机端的快速发展推动团购的高速增长,手机团购使用率从2012年底的4.6%增长至16.3%。以团购为代表的本地生活服务与手机定位等功能深度契合,2013年团购服务在手机端与地图、旅行、生活信息服务等领域的进一步融合,推动了团购向网民群体的快速渗透,整个行业也在不断地向线下生活服务领域纵深发展。

团购网站可以分成两类,一种是自主式的,像拉手网、美团网、窝窝网、高朋网等，网站负责团购的整个流程，包括联络商户、定价、配送等；另一种是平台式的，比如淘宝推出的"淘宝聚划算"，腾讯推出的QQ团购等，就是为商户的团购活动提供一个交易平台。网络团购的商品小到图书、软件、玩具、家电、数码、手机、电脑等小商品，大到家居、建材、房产等价格不很透明的商品，都有消费者因网络聚集成团购买。不仅如此，网络团购也扩展到健康体检、保险、旅游、教育培训以及各类美容、健身、休闲等服务类领域。

团购活动具有涉及范围广、交易规模大、群体性消费的特点。组织一次团购参与的人数少则几十人，多则成千上万人。一旦短时间内集中大量消费者团购而商品或服务出现问题时，不仅导致商家自身和团购网站的信誉度大打折扣，也易引发群体性消费纠纷，给社会带来不稳定因素。

4.2.1 网络团购存在的主要问题

目前，网络团购显现的问题主要包括：

(1) 网站主体良莠不齐，消费欺诈屡屡出现。团购网站由于其易复制性、入门门槛低，造成了网站开办者主体情况良莠不齐。因此，团购网站消费欺诈、销售商品后卷款消失的情况屡有出现。一些资质不足的投机分子趁着网络团购热潮，建立团购网站从事欺诈行为，在网页上标示出极低的价格吸引消费者，但在收取消费者订购款项后，却提供了货不对版的商品。更有甚者在收取的费用总额达到一定数量后，便关闭网站，逃之夭夭。

(2) 缺乏商户审核机制，商品服务质量难于保证。团购网站出于对经济利益的追求，疏于对通过其平台开展团购活动的商家及其提供的商品或服务进行资质审查，造成网络团购行业中存在销售假冒伪劣产品等违法经营行为，引发消费纠纷。网络团购的商品和服务质量问题主要表现在：一是商品类团购中销售假冒伪劣产品或者以次充好等现象时有发生。有些团购网站在其网站上明目张胆销售假冒商品，冒充国际知名品牌商品进行销售，有的网站销售商品宣传和实际物品不符或存在很大出入，以类似的低价商品代替宣传的高价商品销售。二是服务类团购质量大打折扣。有些团购网站在与合作商家洽谈项目时,仅考虑项目折扣力度,没有切身站在消费者角度考虑服务品质和质量,造成消费者在实际消费过程中,出现团购无法预约、菜品份量不足、临时增加收费项目等现象。消费者应当享受到的服务质量大打折扣。

(3) 不正当竞争行为泛滥。主要表现在:一是发布虚假信息,即通过技术手段刻意标高交易次数,造成商品或服务热销的假象,利用消费者的从众心理诱导冲动消费,或大幅标高商品原价,造成高折扣率的假象;二是以有奖销售的形式吸引消费者,绝大多数团购网站在前期推广阶段,为吸引人气,提高网站流量,均开展了有奖销售活动,且奖品价值超过了5000元;三是不计成本地压低销售价格,一些团购网站为了抢占市场份额,达到排挤竞争对手的目的,通过给予商户一定补贴的形式,以低于成本的价格推销商品;四是不少团购网站推出"0元团购抽大奖"项目,奖品从欧洲游到房产再到豪华跑车等,其抽奖的客观公正性及涉嫌巨奖销售的不正当竞争行为值得深思。

(4) 售后服务缺失严重,消费后续保障困难。团购网站提供的是处于消费者与商家之间的居间服务,不同的团购网站在与商家约定维护消费者权益的法律责任时,所签订的协议各有不同。消费者往往无法清晰辨别团购网站和商家之间谁才是真正的投诉对象,在消费者权益遭受侵害并要求赔偿时,网络团购经营者与商家往往互相推诿,造成消费者维权困难。

(5) "霸王条款"横行,消费者权益受到侵害。很多团购网站在其用户协议中不少的免责条款,将由于市场变化、供应商政策改变或人为失误等导致的所有消费风险都转嫁到消费者身上。网络团购经营活动中,各种"霸王条款"也屡见不鲜。如消费者团购的商品或服务未及时消费,便过期无效,而预先支付的货款却无法退还或"退款只能退回网站账户",这也成了团购网站经营者的一项重要收入来源。还有团购网站则声明团购商品或服务出售后概不退货、退款,违反了相关法律法规的规定,也对消费者的合法权益造成了侵害。另外,当前绝大多数的团购网站出具的消费凭据都是确认短信信息等,没有其他有效凭证。多数团购网站和商家还以团购活动是以低折扣让利为由,拒绝开具发票,或者要求增加消费,才能开具发票,侵害了消费者的合法权益,也为消费者维权增加了阻碍。

4.2.2 网络团购纠纷的法律关系

4.2.2.1 餐饮消费网络团购纠纷的法律关系

网络团购一般可分为实物和电子券两大类。而其中多采用电子券方式进行的餐饮消费团购较易引发消费纠纷。因此,在探讨网络团购纠纷的法律关系及监管时,我们首先将研究对象集中在餐饮消费网络团购纠纷上。

一个正常的餐饮团购流程,涉及消费者、网站以及提供服务的商家三方。笔者认为,消费者和餐饮商家构成基于餐饮消费的买卖合同关系,团购网站和餐饮商家构成间接委托代理关系,理由如下。

一是消费者和餐饮商家构成基于餐饮消费为标的的买卖合同关系,餐饮商家为交付标的物的出让人,消费者则为支付价款的受让人。唯一特别之处在于团购网站介于之间,承担了向消费者作要约、接收货款结算等餐饮商家的角色,但合同的主要履行义务则由餐饮商家承当,比如在餐馆提供饮食服务、保证饮食质量、开具消费发票等。

二是团购网站根据商家要求,对其产品或服务的数量和质量、价款、履行期限、地点、方式在团购网站上作要约公告,为消费者知晓、比较和商家宣传、推销提供了中介平台,并以代理餐饮商家接收货款发出电子券的形式在消费者和商家之间订立买卖合同。在这一交易过程中,团购网站不仅为商家和消费者之间买卖合同的订立提供了媒介服务,而且主要还为餐饮商家代理了支付交易行为。

三是买卖合同的订立在团购网站,履行则在餐饮商家,团购网站以自己的名义代理了餐饮商家的部分买卖合同义务,餐饮商家向其支付以团购产品差价为组成形式的代理费用,构成间接代理关系。《合同法》第四百零二条规定,受托人以自己的名义,在委托人的授权范围内与第三人订立的合同,第三人在订立合同时知道受托人与委托人之间的代理关系的,该合同直接约束委托人和第三人,但有确切证据证明该合同只约束受托人和第三人的除外。

四是团购网站在要约公告中明晰了履行合同双方主体是餐饮商家和消费者,因此不符合间接委托代理的例外情形。团购网站作为一方委托代理人参与商品买卖。商家可以通过委托代理人实施买卖行为,作为代理人的团购网站在代理权限内,以被代理人的名义实施网络销售行为。

根据民法理论,被代理人对代理人的代理行为,承担民事责任。因此,团购网站在授权范围内的代理行为后果,由被代理人承担责任。即团购买卖合同中卖方应承担的义务应由商家履行,与团购网站组织无关。

五是团购网站的法律地位是三者法律关系的核心。团购网站接收消费者货款用以提供特定的餐饮消费,且是在餐饮商家的委托代理之下,不属于"受人之托,代人理财"的信托;团购网站不负责餐饮消费合同的主要履行,因此不属于以自己名义为委托人从事贸易活动,提供代买代卖服务的行纪人;团购网站代理餐饮商家买卖合同中的货款结算支付义务,因此不属于向委托人报告订立合同的机会或提供订立合同的媒介服务的居间人。

4.2.2.2 消费者、团购网站、商家之间法律关系分析

推而广之,在通过团购网站组织的网络团购中,因为团购网站这一第三者的介入,使得原本单纯的买卖关系变得复杂。只有对第三者介入买卖形式(以自己名义代理抑或单纯居间服务、采购商品销售)及买卖标的的不同性质(商品抑或服务)进一步分类,才有可能厘清他们的权利义务关系,正确处理发生在他们之间的纠纷。

根据以上分析,在某一具体纠纷中,比如网络团购商品,首先要看建立买卖合同的双方是谁,如果是消费者与商家或商家的代理人达成了买卖合同,那么因商品而发生的问题,消费者应依据买卖合同直接向合同的另一方主张权利。如果收款人是商家,则团购网站单纯提供居间服务,为双方合同的订立产生媒介作用,商家承担卖方责任;如果收款人是网站,

那在判断团购网站是否为买卖合同的主体时,可以依据发票上显示的收款方名称,或者银行账户、第三方支付平台账户的资金流向等凭证来确定。同时,依据团购网站是否以自己名义履行买卖合同的主要义务,比如物流配送、产品包装等,如果团购网站确实属于从厂家购买产品自己销售的情形,那么团购网站应当承担卖方应承担的法律责任。用户注册时,团购网站的声明也可作为参考的依据。我们也要结合团购网站因买卖合同的缔结者所获得利益的大小,依据公平原则,恰当地认定其所处的地位,课以相当的责任。工商部门处理网络团购纠纷时,首先认定三者之间法律关系对于卖方责任归属划定有重要指导意义。

4.2.3 《关于加强网络团购经营活动管理的意见》对消费者的保护

针对网络团购这一新兴业态的特点和出现的新问题,以保护消费者合法权益为核心,国家工商总局于2012年3月出台了工商市字[2012]39号《关于加强网络团购经营活动管理的意见》(以下简称《意见》),对网络团购行业做出了一系列的规定。

(1)团购市场准入管理

规定团购网站经营者应当依法办理工商登记注册并领取营业执照,并在其网站主页面醒目位置公开营业执照登载的信息或者其营业执照的电子链接标识;规定团购商品(服务)供应者应当是经工商行政管理部门登记注册并领取营业执照的法人、其他经济组织或者个体工商户。涉及前置行政许可的,团购商品(服务)供应者应当依法取得相关许可。团购网站经营者不得为无营业执照或未取得相关许可的团购商品(服务)供应者提供服务;规定团购网站经营者应当对团购商品或服务项目进行严格的事前审核备案,保障团购商品(服务)质量。

(2)合同问题

为避免在团购商品或服务项目发生问题时,团购网站经营者与团购商品(服务)供应者互相推诿责任,规定团购网站经营者应与团购商品(服务)供应者签订网站进入经营合同,明确双方在团购交易进入和退出、商品和服务质量安全保障、消费者权益保护等方面的权利、义务和责任。针对团购网站的不公平格式合同即"霸王条款"问题是团购消费者投诉的一大热点,规定团购网站经营者向消费者提供电子合同格式条款的,应当符合法律、法规、规章的规定,按照公平原则确定交易双方的权利与义务,并采用合理和显著的方式提请消费者注意与消费者权益有重大关系的条款,并按照消费者的要求对该条款予以说明。不得以电子合同格式条款等方式作出对消费者不公平、不合理的规定和减轻、免除经营者义务、责任或者排除、限制消费者主要权利的规定。

(3) 消费维权

规定团购网站经营者应当建立售后服务制度、消费纠纷处理制度以及专业的客服团队,从技术和人力上保证投诉渠道的畅通,为消费者提供及时的疑难解答与反馈,积极协助消费者维护自身合法权益。针对团购产品已经预支付但过期未消费而团购网站不予退款,或者限定退款只能退还到消费者的网站账户的投诉热点,规定团购网站经营者应当遵守《消费者权益保护法》中关于退货、退款的相关规定,不得排除消费者依法拥有的退货、退款等权利。团购网站经营者以预收款方式销售团购商品或服务,不得设定过期未消费预付款不退或者限定款项只能退回网站账户等限制。

(4) 促销活动规范

秒杀、抽奖等是团购网站经营者经常使用的促销手段。目前团购中的促销活动公正性、透明性不足,虚假秒杀、内定中奖、暗箱操作、巨奖销售等行为屡屡发生。因此,对团购网站开展的促销活动作出了特别规定:团购网站经营者开展秒杀、抽奖等促销活动应当遵守《反不正当竞争法》及国家工商总局《关于禁止有奖销售活动中不正当竞争行为的若干规定》中关于抽奖式有奖销售的规定,禁止欺骗性有奖销售行为。鼓励团购网站经营者引入第三方公证机构对秒杀、抽奖等促销活动进行监督,保障促销活动的公平、公正。

《意见》中对各地工商机关加强对网络团购经营活动的监管工作提出了五点要求,分别是建立团购网站经营者主体数据库、积极开展网上巡查、查处网络团购违法行为、制定和推广合同示范文本、进一步完善消费者权益保护机制以及鼓励支持团购网站加强自律。这五点要求归结起来可以概括为两个方面：一是要求将监管重点放在抓团购网站上，特别是抓住辖区内开办的影响范围大、交易频率高的团购网站，加强行政指导，鼓励支持网站自律，采取有力措施督促团购网站经营者切实履行责任义务。建立团购网站经营者主体数据库，将团购网站作为网上巡查的重点巡查对象，及时发现和查处网络团购经营活动中的违法违规行为。二是要求将监管基本方式放在抓合同上，积极制定推广网络团购合同示范文本，规范和引导网络团购合同当事人的签约履约行为，明确团购参与各方的责任义务，切实保护团购消费者合法权益，从源头上有效规范网络团购市场交易秩序。

4.3 各地推进网络消费维权工作经验

网上交易非"钱货两清"现场消费和网络平台服务商、网络经营者、网络消费者的跨区域性，网络消费维权一直是网络交易管理工作中的难点。但是，全国工商并没有在困难面前却步，而是深入调研，认真研究，积极开展网络交易消费维权的探索实践。其中上海、深圳、杭州的工商行政管理部门由于客观方面的优势和主观方面的努力，在网络交易消费维权方面做了大量工作。

4.3.1 上海市工商局

主要做法：创新"消费维权进网站"，大力提升网络维权效能。

近年来，上海市工商局以打造"消费维权进网站"工作为特色，多重举措助力提升网络消费维权工作效能。

一是重保障，夯实网络消费维权基础。首先是制度保障，制定《关于加强网络购物消费维权工作的指导意见》。一方面，进一步明确网络商品（服务）经营者、提供网络交易平台服务经营者、提供支付平台服务经营者以及物流配送经营者的责任和义务，重点强调了消费者知情权保护、平台服务商连带责任等要求。另一方面，明确"消费维权进网站"联络点的建设要求。要求统一联络点名称、网站主页"Logo"和公示内容（工作职责、联系方式、监督单位和投诉处理流程),明确由企业负责人或售后服务(客服)部门负责人担任联络员。明确接待受理投诉、健全商品质量承诺、接受并支持消费者举报等七项工作职责。着重建立健全消费投诉信息报送和分析制度,分析报告每季度上报属地工商所,健全书面电子台账。其次是队伍保障。培育网络消费维权专业骨干,充实网络交易消费维权联络员队伍,将工作触角延伸到基层。

二是重指导,推动电商企业诚信经营。首先是设立专业工作指导站。2012年,嘉定工业区被授予首批"国家电子商务示范基地"称号。2013年初,上海市工商局与嘉定工业区所在的叶城工商所联合设立"国家电子商务示范基地工作指导站"。指导站内工作人员由工商所消费维权联络员、工业区管委会工作人员和部分电商企业客服代表组成。指导站成立以来,先后搭建每周沟通、每季例会、半年通报、跟班培训等平台,街镇部门和工商联合加强对电商企业"面对面"的指导与服务。同时,通过《网上行政指导书》等新方式,指导督促电商企业建立和完善网上亮照、消费申(投)诉的受理、处理、反馈等工作制度,指导督促建立并落实进货查验、不合格商品退市、商品质量承诺等制度,进一步落实企业主体责任。加强对辖区电商企业促销行为的监管,加强对促销广告、活动内容、产品质量的把关查验,指导电商通过升级服务器、增加客服人员、增强物流运力、发布消费警示等方式积极应对订单激升。其次是开展上门走访活动。2013年以来,依托"走千家企业"活动,重点走访电商企业46户次。例如,京东商城欲在经营范围内增加粮食销售业务,但由于是外资企业,需要前置审批,分局跨前一步,加强与区经委沟通,快速协调解决了经营范围变更问题。对国美在线电子商务有限公司售后服务部投诉处理工作人员进行现场法规培训、业务指导,帮助提高纠纷处理能力。

三是重创新,推进消费纠纷妥善解决。首先是创新维权途径。在京东商城等10户电商企业设立消费维权联络点。同时,关注线上线下融合,启动"网上消费维权联络点",构建"企业—消费者保护委员会—工商部门"消费纠纷三级处理机制。开发设计专业的网络消费维权软件,植入辖区九九维康、乐蜂网、齐家网等试点电商企业,由企业先行对消费者申投诉进行处理,并与消保委联合设置投诉转申诉通道,在企业、消保委均无法有效处理的情况下,转由工商部门处理,力争将投诉关口前移,从源头化解矛盾。消费者可以通过网络实时查看申(投)诉处理情况,工商和消保委可以通过网络追溯纠纷处理痕迹,便于开展指导监督,实现"网上购物"到"网上维权"的有效衔接。其次是创新维权方法。指导建立"ABC分级处理办法",快速处理简单纠纷,着力化解疑难纠纷。根据来源和内容,将申诉分为A、B、C三级,不同级别不同处理。通过分级处理,以规范和制度化开辟网络消费申诉处理的绿色通道,力争将各种消费矛盾化解在第一时间。

4.3.2 深圳市工商局

主要做法:人财物保障,建立电子商务在线非诉讼纠纷解决机制。

在线非诉讼纠纷解决(Online Dispute Resolution,ODR)机制是为了快速解决电子商务交易纠纷,遵循行业标准,联合业界专业人员,为企业及其消费者提供包括在线法律咨询、消费投诉、协商和解、调解、仲裁,及先行赔付在内的一站式电子商务纠纷处理服务,有别于传统权利救济方式及纠纷解决方式,在解决电子商务(网上购物)纠纷方面有独特优势。深圳市市场监管局依托电子商务交易保障促进中心,在建立在线非诉讼纠纷解决机制方面进行了积极探索,并取得了明显成效。

2012年3月,经深圳市政府依法授权和委托,在深圳市市场监督管理局的具体指导下,正式成立电子商务交易保障促进中心,主要任务是提供电子商务市场提供主体在线查验、产品基础信息填报与查验、凭证在线查验、在线纠纷处理ODR等公益性基础服务。

深圳ODR机制建立在传统消费保障与维权体系基础上,融入电子商务元素,与电子商务可信交易环境建设中的电子商务交易主体身份、商品信息、凭证诚信认证等服务紧密配套,提供包括网上在线法律咨询、指引、投诉、协商、调解、仲裁等及其相关法律服务。深圳ODR机制是从建立一套服务规则机制,规划一套业务流程,组织一支专业团队,开展服务试点等方面入手,逐渐建立了较成熟的ODR机制。

ODR服务一经推出,受到了广大电子商务企业的积极响应。截至目前,已有500余家电子商务企业递交承诺函,承诺愿意接受第三方专业机构提供的ODR服务快速解决纠纷。自2013年4月ODR服务平台正式上线至2013年底,为电子商务企业及其消费者提供在线法律咨询数千次,接收并受理投诉400余起,投诉有效解决率和客户满意度高达100%。

4.3.3 杭州市工商局

主要做法:政企联动,构建第三方网络交易平台维权体系。

一是建立指导平台,推行消费者权益保障计划。杭州是中国大型网络交易平台淘宝网所在地。2010—2013年,杭州市局受理调处的淘宝、天猫消费申诉举报件数分别为1999件、4500件、12309件、18952件,与淘宝网的交易规模成正比,基本保持一年翻一番的增长态势,投诉率约为1.1亿~1.2亿元交易额发生一笔工商申诉。激增的消费纠纷倒逼着工商部门创新机制,提升维权效能。先后通过行政指导、政企协商等方式在淘宝平台上推出了多项消保制度,得到消费者的好评。(1)先行赔付制度。即在自愿的前提下,卖家在"支付宝"账户缴存并冻结一定金额的保证金。如果买家购买了"先行赔付"商品,在符合法律法规的基础上,买家要求退货退款的,或卖家违反法律法规、违背对买家的承诺致使买家权益受损的,买家可按照淘宝网的规则提出索赔。淘宝网对相关证据作表面审查,如符合法律规定,将直接使用保证金对买家进行赔偿。此制度使消费者索赔更加简单主动,是一次网络消费维权手段的有益尝试。(2)鼓励有条件的商家推出七天无理由退换货制度。即非因质量问题且不影响二次销售的商品,消费者在收到商品之日起7天内可以提出更换或退货,对此经营者应当予以接受,不附加其他条件,但更换或者退货产生的合理运输费用,应当由消费者承担。目前,这项制度已被写入新修改的《消费者权益保护法》。(3)"透明消费"。2009年9月24日正式上线,即淘宝网将网店铺退款率和投诉率两个数据直接向消费者公布,供网购时参考。(4)全网消保计划。2010年1月15日淘宝网投入1亿元消费保障基金启动该项计划,即消费者不但在参加了消保计划的店铺购物时能得到保障,在淘宝网上任何一家店铺购物出现商品问题,经网站核实后将动用保障基金先行赔付。

实践证明,消费者权益保证计划实施后,效果十分显著,在相等成交额下,网络消费申诉量和全网交易退款率同比都明显下降。

二是构建网络3·15维权平台。2010年3月8日,杭州市工商局、浙江淘宝网络有限公司举办的"共筑网络诚信"为主题的新闻发布会,启动网络3·15消保维权平台。平台启动后,消费者可以随时发起投诉。淘宝网要求商家必须在48小时内与消费者联系积极解决,逾期不响应,网站维权人员会跟进处理,并最终由消费者评价打分。网络3·15消保维权平台增加了消费者维权的透明度,降低了维权成本,也提高了消费纠纷处理的效率。

三是为特殊商品架设准入门槛。为了向消费者提供安全的购物环境,杭州市工商局从2008年6月开始,在淘宝网上试推行特殊商品准入制度,针对网上特殊商品经营者业态多样、经营管理水平不一的实际情况,参考线下前置许可条件,力求通过技术手段引导特殊商品经营者规范经营,从准入环节引导经营者自律。以食品销售者为例,其在网上发布食品销售信息时,通过网站后台技术设置要求卖家必须填写卫生许可证或检验检疫合格证明、质检合格证明等,否则商品信息将无法发布。2009年3月,该局又联手淘宝网试点建立保健食品网络信息发布的管理规范,并出台一系列相应规定。其中包括:淘宝网上所有被允许发布的保健食品信息,必须取得国家批准文号,否则将进行商品下架处理。对于违规的网店,淘宝网将视情节轻重进行限权直至永久封店。

四是完善机制,夯实维权工作基础。2012年8月,高新区(滨江)分局设立工商驻淘宝"一室两站",即工商驻淘宝联络室、12315消费维权服务站、消保委消费维权联络站,使得工商各项职能尤其是消费维权工作在网络经济这个新兴领域得以延伸。"一室两站"的推出,在政企间搭建了更快捷的网络消费投诉处理流程,采用联络员制度、集中办公制度、定期月例会制度、不定期专题会议制度研究近期消费投诉工作中的焦点、难点工作,会同淘宝网客服、行政、网安等部门研究落地方案,固化分类处理模型。

五是推进异地协作,共管全国网络市场。2013年11月21日,杭州市局发起召开网络交易监管和消费者权益保护城市协作会议,邀请大连、宁波、青岛等14个副省级城市工商局(市场监督管理局)参会,并在会上签订《网络交易监管及消费者权益保护异地协作备忘录》及《网络交易监管执法异地协作补充协议》,建立长效机制,共享信息数据,搭建合作平台,以明确重点协作范围,营造一体化协作环境,提升异地协作效能,推进工商行政管理地区(城市)合作。

4.4 网络消费维权典型案例

4.4.1 河南省工商局查办华豪商贸有限公司侵犯消费者权益案

[基本案情]

2012年7月3日,驻马店市工商局网监大队在日常网络巡查中发现,驻马店市华豪商贸有限公司在其公司网站上注明的VIP卡使用规则中,制定了单方面享有对格式合同解释权的规定条款,涉嫌利用合同格式条款侵害消费者合法权益。经报请主管领导批准,于2012年7月3日立案,依法对当事人进行调查。立案后,调查人员对当事人采取现场检查,采集、固定电子证据,询问当事人等方式,进行了调查取证,至2012年7月20日调查终结。

经调查,当事人未与消费者协商,擅自在其公司网站发布VIP卡使用规则,并在其中注明了包含"最终解释权归华豪商贸有限公司所有"的内容。同时,当事人还制作并向消费者发放标注有"持卡须知:本卡只限本人使用;每次消费时请出示本卡;本卡可享受会员特级待遇;本公司拥有最终解释权"内容的VIP卡,单方面制定了享有对格式合同条款解释权的规定条款。自2011年底至2012年7月3日,当事人以消费者购买其388元商品即免费向消费者发放一张VIP贵宾卡的形式,按其单方面制定的侵权合同格式条款向消费者发放了40张侵权会员卡。

当事人作为提供格式合同条款方,未与消费者进行协商,单方面在其向消费者发放的VIP卡和公司网站上制定了免除经营者责任、加重消费者责任或者排除消费者主要权利的不公平规定,侵害了消费者的合法权益。当事人的行为违反了《中华人民共和国合同法》第三十九条第一款"采用格式条款订立合同的,提供格式条款的一方应当遵循公平原则确定当事人之间的权利和义务,并采取合理的方式提请对方注意免除或者限制其责任的条款,按照对方的要求,对该条款予以说明"的规定和《中华人民共和国消费者权益保护法》第二十四条第一款"经营者不得以格式合同、通知、声明、店堂告示等方式作出对消费者不公平、不合理的规定,或者减轻、免除其损害消费者合法权益应当承担的民事责任"的规定。

依据《河南省消费者权益保护条例》第五十一条"经营者有下列情形之一,侵害消费者权益的,有关法律、法规有规定的,依照法律、法规的规定执行;法律、法规未作规定的,由工商行政管理部门责令改正,可以根据情节单处或者并处警告、没收违法所得,处以违法所得一倍以上五倍以下的罚款,没有违法所得的,处以一万元以下的罚款,情节严重的,从重处罚,责令停业整顿"之第一项"以合同的格式条款、通知、声明、店堂告示为据侵害消费者合法权益的"规定,责令当事人改正违法行为,在其网站显著位置公开更正、消除影响,并对当事人作出罚款三千元的处罚。

[案例分析]

本案是一起典型的利用格式合同单方面制定享有对格式合同条款解释权侵犯消费者权益的案件。在该案件的查处过程中,网络监管在本案的查处过程中起到很大的作用,网络信息的筛选和分析能够及时发现案件线索。

在本案中,当事人发行VIP卡时间较短,没有正式开始使用,同时,由于当事人VIP贵宾卡发放的时候属于免费发放,并未与消费者签订书面协议合同,书面证据的提取变成难题。因此,日常网络监管中发现的当事人网站发布内容成为了案件的重要线索来源,而通过技术手段固定下来的电子证据,成为其制定侵权合同格式条款的直接证据。因为网站信息属于电子数据,其内容必须由该公司人员进行操作或提供内容由他人代为操作,才能发布在网站内容中。因此,当事人也无法以"仿效他人摹本,照抄他人卡上印刷的内容",作为借口进行狡辩,其证据效力大大加强,电子证据和文字证据的关联性更为完整。

4.4.2 深圳市市场监管局依托ODR机制解决网络交易纠纷典型案例

[案例1]团购遭遇商家卷款案

一位来自广东汕头的消费者于2012年11月在一个团购网站购买了一款价值不菲的三星手机,下单付款成功一天后,发现商家承诺的24小时发货并未有任何消息,待联系商家时,发现该网站无法访问,且无法找到相关责任人追讨损失。由于消费者使用了第三方支付平台付款,但通过该支付平台查询到订单货款已被转至商家并被提走,故消费者认为在他没确认收到货物的情况下,商家却能把钱提走,支付平台负有不可推卸的责任,损失也应由支付平台承担。支付企业愿意给予最大限度先行支付50%,并附相关支付条件。在双方多次协商无果,及跨地域投诉维权成本较高的情况下,消费者选择了工商投诉平台。中心ODR人员对此进行了快速响应,根据消费者的投诉、企业的回复、查证的初步事实以及相关证据材料,由律师团书面出具了一份法律意见书,指导消费者及企业进行协调,并对企业存在的法律风险问题给出了建议。在多次协商、沟通后,双方最终达成和解方案:支付平台先行支付订单的100%,并附相关条件,待找到逃逸商家,消费者需归还支付平台的款项。处理过程中,消费者对ODR服务给予了很高的评价,认为该服务能够让投诉在繁琐的机制下得到简单、快速、便捷的处理,是一项惠民工程。

[案例2]延迟发货及卖家单方取消订单案

一位消费者春节后在天猫商城上分批购买了某知名服饰的服装,由于该厂商在年前积压了大量未生产订单,出现部分款式缺货,由于事先未与消费者进行沟通,造成订单延时发货及部分订单取消。因消费者急需订单中的货品,认为厂商无视其权益,遂通过该服饰网悬挂的"工商网监"电子标识找到网络交易管理机关,工作人员随即与服饰厂商沟通了解情况,卖方得知后很快向消费者说明情况并致以歉意,承诺延时发货的订单将尽快处理,被取消的订单也将如期补上。

  事后跟进得知企业遵守承诺,消费者也对处理结果表示满意,同时赞扬ODR服务作为具有公信力的第三方机构,对此类纠纷进行协调极具高效率,让消费者可免于直接与"强大"的卖方交涉。

第5章　电子数据证据取证

随着电子存贮、计算机应用、互联网络技术的快速发展,大量的企业经营信息是以电子数据的形式存贮与传送的。近年来工商行政管理机关在行政执法当中大量涉及电子数据取证工作,电子数据取证工作已是工商行政管理机关网络交易管理无法回避的重要内容。电子数据证据取证是一项集技术和法律要求于一体的特殊工作,是开展网络交易执法和消费维权的前提和保障。掌握电子数据证据不仅需要计算机和网络技术,还要在了解电子数据取证基础理论、法规程序规定的基础上,深入开展具体实践。

5.1 电子数据证据取证基础理论

5.1.1 电子数据证据概述

广义上讲,电子数据证据就是借助电子、数字技术和设备形成的用于证明案件真实情况的一切电子化信息、记录和物品。狭义上讲,电子数据证据就是指能够证明案件相关事实的电子数据文件(电子数据文件是基于电子技术生成的以数字化形式存在于磁盘、磁带等载体上的内容可与载体分离并可多次复制到其他载体的数据文件)。子数据证据与传统证据的本质区别是记录方式。传统证据可以被直接感知到,比方说书证、物证,而电子数据证据因为是以数据电文形式存在的,不能被直接感知,所以必须借助计算机等电子设备加以转化。

电子数据证据作为证据的一种新的表现形式,已经被世界上很多国家和国际组织所认可。现行国内法律体系当中虽然没有专门针对电子数据证据而制定的证据法,但是在《刑事诉讼法》、《公安机关办理刑事案件程序规定》、《人民检察院刑事诉讼规则》等法律文件中都有相关规定。

除此之外,国务院颁布的《互联网信息服务管理办法》、工信部发布的《互联网电子公告服务管理规定》以及国家工商总局2011年发布的《关于工商行政管理机关电子数据取证的指导意见》等行政法规、部门规章也对电子数据证据做出了相关规定。这些规定在一定程度上为解决电子数据证据的效力问题提供了法律依据,但是较为零散。

目前国内相关法律体系当中对电子数据证据的零散规定试图集中解决的问题包括:一是确定电子数据证据的证据资格;二是将电子数据证据归入传统证据类别当中(归类),集中体现为书证和视听材料,同时采用相应的证据审查标准来确定电子数据证据的司法效力;三是对传统证据类型效力认定规则作扩大解释;四是从刑事诉讼角度明确了电子数据作为证据形式的法律地位,但是仍需解决电子数据证据的感知转化问题。

2012年3月,全国人大通过了《刑事诉讼法》修正案,首次将电子数据作为一种证据形式,列入八大证据类型当中,与"视听材料"列为一类,因而从法律层面上首次确立了电子数据证据的法律地位。但是不可否认的是,我国的电子数据证据立法工作仍具有明显的不足,具体表现在没有形成完整的法律体系、概念不清、刚性条款缺失以及缺乏实实在在的可采性规则等方面。因此造成电子数据证据的收集、提取以效力认定等方面还存在诸多困难。

虽然我国现行法律体系当中对于电子数据证据的相关规定并未统一,也难尽人意。但是在实际工作当中,电子数据证据的采集、固定等早已是工商行政管理机关行政执法特别是网络交易管理当中不可回避的主要内容。

5.1.2 工商机关电子数据证据取证工作的必要性

电子数据证据取证工作之于工商机关,其必要性集中体现在以下三个方面:

一是国内网络交易行为发展现状的客观要求。从国内网络交易发展现状来看,近年来中国互联网及其应用的发展速度非常迅猛。但是,随着互联网的发展,电子商务进一步繁荣,消费模式也在不断升级,诚信问题成为阻碍网络经济发展的瓶颈。涉及"网购"这一新兴消费业态的投诉也渐呈水涨船高之势。与此同时,网络上侵犯知识产权、不正当竞争、网络传销等违法行为也层出不穷。

由于互联网本身所具有的虚拟性、无界性以及数字化形式存在等特点,导致针对网络违法行为的查处与传统行为相比具有更大的难度,其中焦点就是电子数据证据。因此,工商行政管理机关如何应对信息时代网络经济的发展,如何提高自身的监管执行力成为关键。互联网及其应用的快速发展,对工商行政管理管理机关来讲,所面临的挑战空前严峻。

二是工商行政管理机关切实履行职能的迫切需要。2008年7月国务院新定方案明确将网络交易监管工作职能落实到工商机关,2010年国家工商总局发布实施的《网络商品交易及有关服务行为管理暂行办法》(简称为《办法》),又从法律角度上明确了这一点。《办法》正式实施后,全国各级工商行政管理机关高度重视,积极推进,在包括制度规范制定,工作平台、搜索中心及电子取证中心的建设方面工作情况良好,基础布局渐趋完成。与此同时,全国工商系统所承接的日常网管工作任务越来越多,网络违法行为专项整治以及个案查处工作已全面展开。随着网络执法工作的不断深入,大量的现实问题也逐渐涌现出来。具体表现在:对电子数据证据的重要性认识不足。以传统的案件调查思路和证据提取方式,应对网络交易违法行为的取证工作,甚至在案件调查取证过程中刻意回避电子数据证据的提取应用。导致取证不及时、不规范、不全面甚至违法违规取证等问题,严重影响了对违法行为的依法合理定性处罚,甚至产生假案错案、失职渎职等行为。同时在社会上也产生了不小的负面影响,对于工商机关的执法能力、水平与权威都产生了较大的损害。工商行政管理机关如果想要高效务实地履职到位,就必须做好各方面的准备,谋定而后动。全面充分地认识电子数据取证工作对于工商行政管理机关的作用至关重要。电子数据证据取证工作将成为考验工商行政管理能否高效务实地履行新的职能的一块"试金石"。

三是工商机关完善网络交易监管工作体系的需要。工商行政管理机关履行网络交易行为管理职能,一个完善的以行政执法为核心的工作体系必须构建完成。执法是网络交易管理工作的保障,离开行政执法,规范将难以有效落实。随着社会的持续发展和法制的不断进步,依法有效地提取应用电子数据证据,已成为推进法制工商建设、依法规范职能履行的必经之路,也是我们在网络交易等新兴商贸业态中提升监管地位、树立执法权威的关键手段。因此可以说电子数据证据是工商行政管理机关网络交易监管工作体系当中的关键内容。

5.1.3 电子数据证据取证相关基础知识

5.1.3.1 电子数据证据的分类

根据电子数据证据的存在状态分类,可以将电子数据证据分为静态电子数据证据和动态电子数据证据。静态电子数据证据是指计算机系统设备中存储处理输出的证据。动态电子数据证据是指计算机网络中传输的电子数据证据。

根据电子数据证据的内容分类又可将电子数据证据分为内容信息电子数据证据和附属信息电子数据证据。内容信息电子数据证据是指记载一定社会活动内容的电子数据证据,也就是证据的正文。附属信息电子数据证据则是指记录内容信息电子数据证据的形成、处理、存储、传输、输出等与内容信息电子数据证据相关的环境和适用条件等附属信息的证据。

第二种分类是工商行政管理机关较为常用的电子数据证据类型形式。

内容信息电子数据证据一般包括:字处理文件、电子邮件、即时聊天记录、图形处理文件、多媒体文件、程序文件、超本文或复合文本文件、数据库文件、日志文件等能够直接反映案件事实的电子数据。

附属信息电子数据证据一般包括:文档的文件大小、文件位置、修改时间、电子邮件的发送、传输路径、邮件的ID号、电子邮件的发送者、日期等电子邮件的信息以及电子数据证据所依赖的计算机系统软硬件构成、时钟等能够间接反映出电子数据正确的存在状态,以保证电子数据证据真实性的电子数据。

5.1.3.2 电子数据证据的特性

电子数据证据具有两方面的特性,一个是一般性特性,另一个则是特殊性特性。

一般性特性是指电子数据证据作为证据的一种形式,它应具有证据的相关特性。一般而言,证据具有三个特性,一是关联性,二是合法性,三是真实性。关联性是指证据必须与需要证明的违法行为事实或其他争议事实具有一定的联系。合法性是指证据的主体、形式及收集程序或提取方法必须符合法律的有关规定。真实性是指用于证明违法行为事实的证据必须真实,虚假或者伪造的证据不得被采纳。电子数据证据也不例外,也具有这三个特性,我们称之为电子数据证据的一般特性。

当然,由于电子数据证据和电子技术、计算机技术具有密切关系,决定了电子数据证据又具有与传统证据不同的特性,我们称之为电子数据证据的特殊特性。体现在以下六个方面。

(1) 系统依赖性

电子数据证据的依赖性是指电子数据证据必须依赖于一定的设备才能产生、存储、复制、转移、读取等。而传统证据则不然,以传统的书证、物证来说,这些证据形式依靠一定的自然或者人工的材料得以存在,可以直接读取其中包含的内容。但是电子数据证据的产生、存储、复制、转移、读取则不能直接进行,必须依赖于某种中介设备。以 Email 为例,如果一封 Email 包含了与案件有关的信息,则必须通过电脑上网收取这封 Email,才能通过电脑获知其中包含的信息。如果没有一定的硬件设备,人们是无法获知其中的内容的,因此电子数据证据和传统证据相比,具有依赖性。

(2) 易受破坏性

与传统证据相比,电子数据证据特有的生成、储存和传递方式导致了电子数据证据容易被删改且不留痕迹。在当今网络高速普及的时代,网络的高覆盖率和开放结构常常使电子数据证据被不着痕迹地删改。删改者既可能是形成电子数据证据的计算机的使用者,也可能是穿越防火墙的黑客,还可能是来自无法预料的计算机病毒。另外,电子数据证据储存方便、体积小,持有人往往只需具备一定的知识技能就可以变更电子数据证据的内容,甚至销毁证据。电子数据证据的易破坏性使得它有不稳定的一面,因此有许多人把电子数据证据易受破坏的这个特性称为"脆弱性"。

(3) 外在形式多样性

电子数据在计算机内部的存在形式是简单电磁形式的,但其外在表现输出的形式却是多种多样的。它可以输出在计算机屏幕上成为图像、动画等视频形式,输出在打印纸上成为传统纸质文件,输出在音箱中成为音频信息,输出在缩微胶卷上成为视听资料,计算机程序的执行操作更是以不同的动作指令为表现形式,这都显示了其外在形式多样性。多媒体技术的出现,更使电子数据证据综合了文本、图形、图像、动画、音频及视频等多种媒体信息,这种以多媒体形式存在的电子数据证据几乎涵盖了所有传统证据类型,使得证据外在形式复杂多样。

(4) 高科技性

电子数据证据的产生、储存和传输,都必须借助于计算机技术、存储技术、网络技术等,离不开高科技的技术设备。因此电子数据证据的收集与审查判断必须依赖于一定的技术手段乃至尖端科技,并将伴随着科技的发展进程不断更新、变化,较之传统的证据形式更难把握。

(5) 隐蔽性

电子数据证据的一些隐藏信息只能在程序运行时才能体现出来,一份电子数据证据很可能与打印出来的复制品不是完全相同的,电子数据证据的制作人也可以通过加密、隐藏的方式使之不易获得。

(6) 可恢复性

存储在磁盘中的电子数据证据,即使被破坏了,通过一定的技术手段,也可以发现破坏的过程,条件允许的话,甚至可以恢复原来的面目。

5.1.4 电子数据证据的自身特点对取证的影响

由于电子数据证据所具有的特殊性特征,对于取证工作提出了更高、更严格的要求,必然导致在取证工作当中体现出与传统证据提取的差异性来。体现出四个方面的影响：一是从取证主体讲，要求我们必须坚持取证主体法定原则，同时要求取证人员要具有一定的计算机知识，取证过程遵循严格的技术标准和程序。二是从取证内容来看，电子数据证据的依赖性影响要求我们在取证过程中不仅要收集电子数据证据，还要收集与系统的稳定性和软件的使用情况等相关的证明。电子数据证据的脆弱性影响要求我们收集电子数据证据时应符合可采性要求，要求收集的电子数据证据应是原件。电子数据证据的隐蔽性及可恢复性影响又要求在电子数据证据收集过程当中要全面、综合地进行，适时运用高科技手段与设备。三是从取证方法来看，电子数据证据的高科技性影响必然导致取证过程中收集方法的高科技性，在取证中会使用数据恢复技术、数据搜索与解密技术、仿真技术、动态截获技术等高科技方式。四是从取证程序方面来看，要求电子数据证据的采集要有更加严格的程序予以规范。由于现行法律规定的局限性及内容的零散性无法规范所有采集电子数据证据的行为，因此，就要求执法机关必须制定相关的取证程序，以保护电子数据证据的原始性、完整性以及可采性。

5.1.5 电子数据证据取证的基本原则

针对电子数据证据的特点以及对取证工作的影响，国内外理论界、司法界针对取证的基本原则研究很多，也基本达成一定的共识。

这些基本原则大体包括以下六项。

(1)及时性原则

及时性原则是指由于电子数据容易被隐蔽、篡改、毁灭、转移、传播，而削弱甚至丧失其证明效力、扩大违法经营危害后果或者增加执法办案成本，因此要求电子数据证据取证必须坚持及时性原则，确定取证对象后，应该尽快收集保全证据。

(2)合法性原则

合法性原则是指要在现行的法律规范框架要求下进行取证，保证取证主体、对象、手段和过程四个要素同时合法，只有这样才能保证获取的电子数据证据合法。

(3) 全面性原则

全面性原则是指在电子数据证据取证过程中要认真分析电子数据证据的来源并进行全方位、多角度的取证,在确保证据与案件事实关联的基础上,将获取的所有电子数据证据结合案件的其他类型证据相互印证,排除矛盾的电子数据证据,最终组成完整的证据链。

(4) 无损取证原则

无损取证原则是指为了防止由于对涉案设备、系统的操作而损毁某些电子数据证据,造成证据收集的不充分甚至证据失效,电子取证过程中不能对涉案设备、系统进行任何修改操作,要维护涉案设备、运行环境等全部信息的完整状态,要采取必要措施妥善保管收集到的电子数据证据。

(5) 技术取证原则

技术取证原则是指取证人员必须具备必要的技术能力或资质,并借助一定的电子数据取证专用设备进行取证操作,必要时也可以委托并监督具备相应技术水平的第三方技术机构或相应资质的电子数据司法鉴定机构协助取证。

(6) 潜在证人协助原则

电子数据证据的潜在证人是指虽然对案件事实不能起到证明作用,但是可以对电子数据证据的真实性及其内容起到一定的证明作用的人。潜在证人一般包括用计算机及外设记录其营业管理活动状况的人、监视数据输入的管理人、计算机及外设的硬件和程序编制的负责人。在收集电子数据证据的过程中,执法人员应该取得这些潜在证人的协助。

5.1.6 电子数据证据的效力认证标准

由于国内没有统一的电子数据证据法,因此也没有规定统一的电子数据证据认证标准,只是在一些法律法规中有零散的规定。这里结合各种研究成果与司法工作的实践经验和作法,介绍一下关于电子数据证据效力认证的一些原则性标准,供在实际工作中参考使用。

众所周知,证据的基本特性表现为三个方面:关联性、合法性、真实性,电子数据证据也不例外。因此,电子数据证据是否具有效力或者可采性,关键在于电子数据证据本身是否体现出证据的客观性、关联性与合法性。

电子数据证据效力性的三项基本标准就是:真实性认证标准、关联性认证标准、合法性认证标准。

真实性标准也叫做客观性认证标准,作为确认电子数据证据可采性的前提之一,是指形式上的真实性,即用于证明案件事实的电子数据证据必须在形式上或表面上是真实的。真实性是证据本质特征,只有客观真实的电子数据才能成为证据。这就要求我们,一方面要考虑电子数据的来源,来源不同,其真实可靠程度和证据力就不同。另一方面要考虑电子数据的技术因素。主要指电子数据的技术形成过程是否真实,有无删除、剪辑、篡改或拼接的情况;记录、储存、收集、提取的技术设备的性能及可靠程度是否符合标准以及获取电子数据的人员是否具有合格的操作水平等。解决电子数据证据的真实性主要通过四种方式,即自认方式、证人具结方式、推定方式与鉴定方式。凡是通过任一种方式检验的,则认为该电子数据证据经过了鉴识,应认定该电子数据证据为真实的。

关联性是证据的自然属性,是证据与案件事实之间客观存在的联系。由于电子数据内容繁杂,信息量大,因此只有那些与案件有客观联系的信息才是有效的证据。这就需考虑电子数据与案件之间是直接联系还是间接联系;是肯定联系还是否定联系;是必然联系还是偶然联系,通过科学的分析研究,运用联系对比的方法,做出恰当的判断,排除与案件无关的不具有证明力的信息。

合法性是电子数据获得证据资格的关键。因为并不是所有与案件联系的客观真实的电子数据都可以作为证据,即使这一证据确实是案件的事实情况,它也必须通过法定程序才具有证据资格。这主要是要求审查电子数据是否由法定人员收集、提供和是否是依照法定程序和方法收集来认定。

具体到实际的司法审判工作,各级地方司法机关也有一些具体的判断标准,可以作为工商机关确立电子数据证据效力的参考标准。

循传统规则:是指对于某一电子数据证据能否被采纳进行认定时,法庭必须首先对其进行感知转化并与传统证据归类,然后基于传统证据类型的不同及电子形式的特殊性加以判断。

非歧视性规则:是指在任何诉讼中,不得仅以某项证据系电子形式为由而对其予以排除。

非法证据排除规则:包括四个方面,一是对于通过窃录方式获得的电子数据证据,不予采信;二是对于通过非法搜查、扣押等方式获得的电子数据证据,不予采信;三是对于通过非核证程序得来的电子数据证据,不予采信;四是对于通过非法软件得来的电子数据证据,不予采信。

真实性认证规则:凡是当事人提交的电子数据证据符合以下情形之一的,应当裁定或推定其具有真实性。包括六个方面,一是对于当事人双方均认可的电子数据证据,裁定其具有真实性,予以采信;二是对于由适格证人通过具结方式证明其为真的电子数据证据,裁定其具有真实性,予以采信;三是对于有证据证明计算机系统在关键时刻处于正常状态的电子数据证据,推定其具有真实性,予以采信;四是对于附有电子签名的或附加其他适当安全程序保障的电子书证,推定其具有真实性,予以采信;五是对于由适格专家鉴定未遭修改的电子数据证据,裁定其具有真实性,予以采信;六是对于具有其他真实性保证的电子数据证据,考虑具体情形对其真实性程度做出相应裁定。

5.1.7 国内外有关电子数据证据方面的主要法律规定

国内外关于电子数据证据方面的法律规定很多,有的国家也有专门的电子数据证据法。国内虽然没有专门的电子数据证据法与相关规则,但是在一些法律法规当中也有零散的规定。现选取一些主要的和典型的规定,目的是便于从这些法律法规当中发现所体现的电子数据证据及取证方面的相关规则。

5.1.7.1 国外有关电子数据证据的相关法律规定

从世界范围看,随着科学技术的发展和计算机违法犯罪问题的普遍化,世界各国越来越重视电子数据证据这一类新兴的证据种类。这是与国外电子技术与计算机技术的应用普及有关的。截至目前,世界各国普遍制定了关于电子数据证据的法律或者规则,如英国《电子通信法案》、美国《统一电子交易法》、德国《多媒体法》、加拿大《统一电子数据证据法》、新加坡《1998电子交易法》、菲律宾《电子数据证据规则》、澳大利亚《计算机和证据法》以及联合国贸易委员会通过的《电子商务示范法》等。

其中较为典型的有联合国贸易委员会《电子商务示范法》(1996)、加拿大《统一电子数据证据法》(1998)、美国《联邦证据规则》三部,这三部可以说是英美法系国家电子数据证据立法的范本。

联合国贸易委员会《电子商务示范法》第二条规定"数据电文是指经由电子手段、光学手段或类似手段生成、储存和传递的信息"。第五条规定"不得仅以某项信息采用数据电文形式为理由而否定其法律效力、有效力和可执法性"。第九条规定"在任何形式的诉讼中,证据规则的适用在任何方面均不得以下述任何理由否定一项数据电文作为证据的可接受性:1. 仅仅以它是数据电文为由。2. 如果它是举证人按合理预期所能得到的最佳证据,以不是原件为由"。

这部法律关于电子数据证据方面所做的规定的作用与影响:一是明确了电子数据证据的法律地位与内涵。二是对最佳证据原则的合理扩充。从中我们可以看出这部示范法律所坚持的一个基本指导原则——既不以电子数据证据为数据电文就加以歧视,也不原封不动照搬照抄传统的认证规则。

加拿大《统一电子数据证据法》(1998)与美国《联邦证据规则》这里不详细介绍,可以从网上下载来研究。这里强调一点,1998年加拿大颁布的《统一电子数据证据法》是世界上第一部单独为电子数据证据制订的法律,而美国《联邦证据规则》又是世界上被借鉴使用最为普遍的。

5.1.7.2 国内有关电子数据证据的相关法律规定

从国内法律体系看,没有制定关于电子数据证据专门的法律法规,只是在一些法律法规当中有关于电子数据证据的零散规定。大致有以下几部:《中华人民共和国合同法》(1999)、《中华人民共和国电子签名法》(2004)、《中华人民共和国刑事诉讼法》(2012修正)、《关于民事诉讼证据的若干规定》(2002)、《关于行政诉讼证据的若干规定》(2002)、《计算机犯罪现场勘验与电子数据证据检查规则》、《关于工商行政管理机关电子数据证据取证工作的指导意见》,后两部一部是公安部制定的,一部是工商总局制定的关于程序性的部门规章。

其中1999年颁布的《中华人民共和国合同法》第十一条规定:书面形式是指合同书、信件和数据电文(包括电报、电传、传真、电子数据交换和电子邮件)等可以有形地表现所载内容的形式。该法条的规定,承认了电子合同的合法性,肯定了在我国民商法体系中电子数据证据满足书面形式的要求,实际上是对最佳证据规则的扩大补充解释。

2004年颁布的《中华人民共和国电子签名法》第三条规定:民事活动中的合同或者其他文件、单证等文书,当事人可以约定使用或者不使用电子签名、数据电文。当事人约定使用电子签名、数据电文的文书,不得仅因为其采用电子签名、数据电文的形式而否定其法律效力。第七条规定:数据电文不得仅因为它是以电子、光学、磁或者类似手段生成、发送、接收或者储存的而被拒绝作为证据使用。该法于2005年4月1日生效。《电子签名法》是我国首部对数据电文有确切描述的法律,它是一部针对电子商务发展的立法。但是电子签名法毕竟不是专门的证据立法,其对证据制度的作用有限,电子签名法也不能作为证据法的替代。

2012年发布的《中华人民共和国刑事诉讼法》修正案,第四十八条中,在传统证据类型当中增加了"电子数据",与"视听资料"共同组成第(八)项。第五十二条第二款中规定:"行政机关在行政执法和查办案件过程中收集的物证、书证、视听资料、电子数据等证据材料,在刑事诉讼中可以作为证据使用。"这是我国现行法律体系当中首次明确"电子数据"作为一种新的证据形式的法律定位,同时规定电子数据可以在刑事诉讼中作为证据使用,应该说这具有相当重大的意义。

2002年发布的最高人民法院的司法解释《关于民事诉讼证据的若干规定》第二十二条规定:"调查人员调查收集计算机数据或者录音、录像等视听资料的,应当要求被调查人提供有关资料的原始载体。提供原始载体确有困难的,可以提供复制件。提供复制件的,调查人员应当在调查笔录中说明其来源和制作经过。"

2002年发布的最高人民法院的司法解释《关于行政诉讼证据的若干规定》第十二条规定:"根据行政诉讼法第三十一条第一款第(三)项的规定,当事人向人民法院提供计算机数据或者录音、录像等视听资料的,应当符合下列要求:(一)提供有关资料的原始载体。提供原始载体确有困难的,可以提供复制件;(二)注明制作方法、制作时间、制作人和证明对象等;(三)声音资料应当附有该声音内容的文字记录。第六十四条规定:"以有形载体固定或者显示的电子数据交换、电子邮件以及其他数据资料,其制作情况或真实性经对方当事人确认,或者以公证等其他有效方式予以证明的,与原件具有同等的证明效力。"这是近年来工商机关在确定电子数据证据效力方面应用最广泛的一个法律规定。

5.1.8 《关于工商行政管理机关电子数据证据取证工作的指导意见》解读

5.1.8.1 内容要点

工商行政管理机关介入电子数据证据研究工作较早,但由于缺乏足够的认识程度与程序规定,基本上处于无序的低层面的工作状态当中,实际上早在2007年开始的国家工商总局的《网络商品交易及有关服务行为管理暂行办法》立法当中,电子数据证据采集与固定已作为一个重点部分加以制定,只是在后来的修改当中,由于一些客观原因被删除掉了。《办法》实施后,为了有效地贯彻落实《办法》与满足履行新的职能的要求,2009年开始国家工商总局又开始着手制定关于电子数据证据取证方面的规则,历时两年,于2011年底发布《关于工商行政管理机关电子数据证据取证工作的指导意见》(以下简称为《指导意见》)。

客观上讲,《指导意见》只是一个宏观指导性文件,其指导意义大于实际操作意义,更多的工作还是需要在各级地方工商机关的配合与支持下进行操作性地细化,后续工作还很多。但这毕竟作为工商行政管理机关第一部关于电子数据证据取证工作的程序规则,它所确定的电子数据证据定义、电子数据证据提取与固定程序指引,以及所体现的电子数据证据取证方面的原则对于统一全体工商机关认识,规范电子数据证据取证工作程序都具有相当重大的意义。

《指导意见》在电子数据取证方面确定了四个方面的内容:一是基本概念定义,二是电子数据证据取证基本方式方法,三是电子数据证据取证基本程序,四是电子数据证据固定基本程序。

从基本概念定义上讲,《指导意见》确定了两个概念:一是电子数据证据的概念,二是电子数据证据取证的概念。

《指导意见》中明确:电子数据证据是指以电子数据的形式存在于计算机存储器或外部存储介质中,能够证明案件真实情况的电子数据证明材料或与案件有关的其他电子数据材料。而电子数据证据取证是指工商行政管理执法人员在查处网络交易及有关服务违法行为时,运用技术手段收集、调取违法行为的电子数据证明材料或者与违法行为有关的其他电子数据材料。

从电子数据证据取证方式方法上看,《指导意见》明确了工商执法人员在电子数据证据取证中应当收集电子数据证据的原始载体。收集原始载体有困难的,可以采用以下四种方式取证,分别是:

(1)书式固定。对于计算机系统中的文字、符号、图画等有证据效力的文件,可以将有关内容直接进行打印,按书面证据进行固定。书式固定应注明证据来源并保持其完整性。

(2)拍照摄像。如果电子数据证据中含有动态文字、图像、声音、视频或者需要专门软件才能显示的内容,可以采用拍照、录音或摄像方法,将其转化为视听资料证据。

(3)拷贝复制。执法人员可以将涉嫌违法的计算机文件拷贝到U盘或刻录到光盘等计算机存储设备,也可以对整个硬盘进行镜像备份。在复制之前,应当检验确认所准备的计算机存储设备完好且没有数据。在复制之后,应当及时检查复制的质量,防止因保存方式不当等导致复制不成功或被病毒感染,同时要现场封存好复制件。

(4)委托分析。对于较为复杂的电子数据证据或者遇到数据被删除、篡改等执法人员难以解决的情况,可以委托具有资质的第三方电子数据证据鉴定机构或司法部门进行检验分析。

从电子数据证据取证程序上看,《指导意见》提出了三方面的要求:一是针对第三方证据提取的程序规定。《指导意见》第七项规定:"在网络交易平台中进行电子数据证据取证时,按照相关规定,网络服务经营者应提供有关数据,并在输出的电子数据证据书件上加盖公章予以确认。"二是保持电子数据证据载体完整性程序要求。《指导意见》第六项规定:"信息内容电子数据证据与附属电子数据证据完整提取。"《指导意见》第八项规定:"现场检查记录详细记载取证过程。"三是采用行政强制措施程序规定。《指导意见》第九项、第十项规定:"依法扣押、保证载体的完整与无损。"

从电子数据证据固定程序来看,《意见》提出了三个方面的原则规定。一是自认方式,包括进行书式证据转换并由当事人确认、进行视听证据转换并由当事人确认;二是证人具结方式;三是鉴定方式,要求委托适格机构分析并出具鉴定报告。

5.1.8.2 相关焦点问题解释

(1)严格依照成熟的取证原则制定但并没有全部体现的问题

电子数据证据的取证原则有六大项,但是在《指导意见》当中并没有全部体现,只体现了合法性原则、全面性原则、技术取证原则。这是充分考虑当下工商系统人才与知识储备、机制建设等方面的实际情况;同时考虑地区差异,余留充分细化空间,以便于操作。

(2)公证方式进行证据固定的问题

《指导意见》当中关于电子数据证据的固定方式当中没有涉及到公证方式。但是在近年来,全国工商行政管理机关在网络交易行政执法工作当中,对于电子数据证据的固定,利用公证进行固定运用的较为普遍,它的法律依据就是最高人民法院发布的《关于行政诉讼证据的若干规定》。我们认为,公证机关的公证行为更多地是体现在处理民事主体法律关系当中。由这样的一个组织来对行政机关所取得的电子数据证据进行确认,对于行政机关的法律地位来讲可能会存在不适当的地方,因此,《意见》当中没有纳入此项电子数据证据固定方式。各地工商机关可根据具体情况自行运用。

(3) 取证方式中的在线取证问题

由于互联网络的无边界性,网络违法行为地往往与核心电子数据证据载体所在地不是同一个地方,这就涉及到了在线取证方面的问题,在线取证也叫远程取证,是指通过计算机终端远程登录异地服务器,提取存贮在该服务器上的电子数据的取证方式。这包括公共信息的提取以及私密信息的提取,对于私密电子数据的采取,由于涉及到职权问题,工商部门尚无此职权,因此,对于在线取证,现阶段还必须提请具有职权的公安部门协助采集并进行司法鉴定,工商行政管理机关不宜运用此方式。

5.2 电子数据证据取证实务操作

电子数据证据的技术性,对执法机关提取和制作电子数据证据的方式提出了较高的技术标准和程序要求,要求在取证过程中必须遵循电子数据证据的特点,严格执行证据规则,利用专门设备,培养专门人才,保证提取的证据客观、真实、合法,保证执法办案活动公正、合法、高效。同时由于在网络交易管理电子数据证据取证中需要运用电子商务认证、数据复制、信息加解密、数据复原、数据截取等技术,要求取证人员了解或通晓计算机技术,并要以取证分析设备为支撑,以便于及时采取相应的技术方法收集证据,查办案情。

5.2.1 电子数据证据表现形式和来源

随着计算机信息技术的不断发展,电子数据证据的表现形式和来源也呈现多样化、复杂化演变趋势。工商行政管理部门竞争执法工作涉及的电子数据证据,一般来源和表现方式有以下几种。

(1) 网络中存在或体现的网页及其有关信息。包括网站网页中存在或体现的网站域名、网址、IP 地址、网站名称、文字、图片、音频、视频、动画、插件、程序、超链接地址等。这是涉及网络的违法经营案件中最直观、最容易被发现的电子数据证据源。

（2）涉案计算机终端信息数据。包括储存在当事人电脑终端和服务器设备中的网页信息原始材料、电子合同备份、电子邮件备份、账务管理软件、商品进销库存台账等字处理文件、可运行程序、数据库文件、系统文件等数据信息。这也是获取当事人违法经营电子数据证据的重要来源。

（3）涉案的外置硬盘、U盘、光盘、磁盘等移动存储介质设备中的电子数据。一般情况下，当事人为了方便储存、复制电子数据，或者有意识地隐蔽转移某些重要敏感信息，往往会使用可移动电子数据存储介质来保存电子数据，同时，有些特殊的计算机操作软件或者网络运行程序需要使用电子密钥U盘、启动光盘等一些可移动电子储存介质设备来启动程序和保存数据。因此，电子数据可移动存储介质设备往往也是我们获取电子数据证据的一个重要来源。

（4）互联网信息服务提供商依法保存的网络服务信息记录备份。主要是应用在当事人直接利用网络交易平台、门户网站、论坛、博客等第三方互联网信息服务平台实施违法经营行为，或者在违法经营过程中使用电子邮件等第三方互联网信息服务工具的电子数据取证方面。这些记录一般有两个各类：一类是反映网络服务行为属性的信息，如使用者的接入IP、接入时间、信息发布时间、用户帐号等；另一类是记录具体行为内容、过程和结果的信息，比如网店经营者在网络交易平台中的具体交易记录等。

（5）互联网接入服务提供者依法保存的网络服务信息记录备份。主要是指移动、电信、联通、网通、铁通等电信公司及其接入服务代理商，对其用户的网络行为记录备份信息。

（6）网络即时通讯软件中显示、存储的信息交互记录或数据内容。

（7）当事人违法经营所使用的手机中通讯录名单、通话记录、短信息、操作记录、储存文档等数据。

（8）涉案照相机、摄像机、录音机等摄录设备中存储的相片、音频、视频等数据资料。

其他电子数据证据的表现方式和来源，还有传真机、电话机中的通信记录,打印机、复印机、光盘刻录机、扫描仪中的操作记录,音频、视屏播放设备中的信息等。

5.2.2 电子数据证据取证流程

电子数据证据取证工作流程具体包括取证准备、证据识别、证据采集及固定三个阶段。取证准备是前往现场前的准备工作。证据识别是检查现场所有可能有效的证据。证据收集是收集所有与案件有关的证物及外部设备。证据提取及固定的目的,是及时提取相关的易丢失电子数据,并保护存储介质中的静态数据不被修改或破坏。取证准备在实施现场检查以前完成,证据识别、证据采集及固定两个阶段贯穿于整个现场检查。

5.2.2.1 取证准备阶段

由于电子数据证据的脆弱性使得其极易被删改,因此,取证人员在前往现场进行检查取证前,必须做好充分的准备工作。包括了解案件的基本情况、现场所在的位置、现场可能有哪些人、要取证的计算机有几台等。现场检查前的准备工作,主要需要考虑以下问题:一是由谁前往现场,二是携带哪些设备,三是记录哪些信息,四是注意哪些事项。取证人员应针对这四个方面的问题做好预案。

(1)进入现场预案

执法人员在前往现场进行调查取证之前,必须做好充分的准备工作。首先要查明计算机的类型和数量以及涉及的介质。其次是得到需要的软硬件。再次是确保预先拥有工具箱的所有工具,如只读锁和开机工具。最后是拥有备份和复制所必需的介质。应该提前准备好取证可能用到的各种设备和空白光盘、硬盘及其他现场可能用到的工具硬件。

(2)人员分配预案

电子数据取证是调查人员与涉案计算机操作人员之间斗智斗勇的过程。在检查前期准备阶段,什么样的人员适合什么样的工作,也是规划准备工作的一部分。一般情况下,参与现场检查负责电子取证的执法人员至少要接受过电子取证理论、方法和过程的培训,要求能够做到以下几点:计算机的常规调查,电子数据证据的固定及保存,对不同操作系统的调查分析,计算机保护,计算机调查分析文档的整理,使用计算机调查工具对电子数据证据分析,现场检查笔录、计算机提存笔录的制作。

(3) 现场检查预案

现场检查的情况往往都是预先无法精确预计的,基于基层工商的检查经验,对于涉网案件的现场检查前进行适当的规划和准备是必要的。主要注意以下几个问题:一是正确对待现场涉案人员。涉网案件中的当事人往往雇佣具有较高计算机操作能力的职工进行网站管理和后台运作,同时由于手机等可携带设备的高度智能化,现场任何人员均可通过联网电脑或联网手机远程关闭网站服务器或远程删除涉案电子数据,所以应正确对待现场任何一名涉案人员,而非简单地只针对负责人或财务人员。二是正确对待现场所有设备。电子数据证据具有易灭失、易被修改的特点,其易被修改性包含两个层面的意思:一方面是数据在被作为证据固定前可能被修改,这给后期的证据排查鉴定工作增加了很大的工作难度。另一方面是调查取证人员自身在收集电子数据证据的过程中,由于取证方法或取证流程不当等原因,造成原始证据被修改。因此要求所取证介质在取证过程中未受第三人不当操作,并完整记录调查的每一个步骤以及采取该步骤的原因或目的。三是正确考虑现场以外的涉案因素。检查人员在现场应充分考虑待检查计算机是否需要处理联网状态。从原则性讲,在调查的过程中应将网络断开,防止违法经营人员或同伙通过远程方式进行数据删除等破坏工作。但是,由于部分案件的特殊性,如网络传销案件,其大部分会员数据和网站相关数据均存放在远程代理服务器中,而这些代理服务器往往托管于国外运营商,这时候对涉案经营场所的联网电脑进行细致检查就显得至关重要。特别是IT管理员所使用的电脑多数处于联网状态且保持远程连接网站服务器状态,这时便可以通过现场电脑对远程服务器数据进行本地备份,对远程服务器电子数据进行取证。另外,IT管理员为了网站的安全管理均会定期地对远程服务器的数据进行本地备份,这些备份也是提取涉案电子数据证据的重中之重。四是准备好相关现场检查手续。在工商行政执法实践中,在证据质证和案件审查过程中容易招致当事人及审查机关的质疑、排斥甚至反驳,所以需要我们尽量参照司法审查审判标准进行电子取证操作,尽可能保障电子数据证据在可能遭遇的案件复议诉讼过程中能被完全采信,以支持执法人员做出的违法行为认定。在对当事人经营场所进行电子数据的取证工作时,除了像非涉网案件一样需要制作《现场检查笔录》、《询问通知书》等文书外,还需要准备相应的取证笔录文书。电子数据取证所作的现场笔录,与工商机关一般案件的现场笔录相比,专业性要求更高,内容也更详细。同时,《计算机证据提存笔录》和《现场检查笔录》要相互印证,有扣押当事人电子介质的,还要制作相应的《实施强制措施决定书》、《(场所、设施、财务)清单》与取证笔录相互印证,形成现场检查完整证据链。

5.2.2.2 证据识别阶段

现场检查能否有效地控制并收集电子数据证据对后期取证实验室数据分析与鉴定至关重要。

(1) 确定重点检查区域

重点区域根据不同案件类型进行具体的划分确定,常见如下:网络传销案件重点区域为IT管理员办公室和服务器机房;网络售假案件重点区域为发货人员办公区域;商业贿赂案件重点区域为财务室和运营经理办公室;网络广告违法案件重点区域为网站美工、图片设计人员办公区域等。

(2) 证据识别

电子数据证据的覆盖范围从台式计算机到智能手机到便携U盘。这些介质上的图形文件、音频文件、文本文件以及其他数据很容易删改或被忽略,要求现场检查人员有方法有技巧地进行识别和检查。首先由涉案单位的计算机操作人员打开计算机,查找所需收集的证据。然后由操作人员打开文件,由取证人员确认该文件是否系所要收集的证据。在查找证据过程中,如遇文件找不到或打不开、当事人终端设备设置密码或当事人对电子数据证据进行了删除、篡改,无法直接收集和固定电子数据证据等问题,应及时通知电子数据证据分析技术组予以协助。同时技术人员检查硬件设备时,切断可能存在的其他输入、输出设备,保证计算机储存的信息在取证过程中不被修改或损毁。同时执法人员应当询问计算机使用或维护人员以下几方面问题:一是有无为计算机设置密码及密码的组成;二是计算机的软件情况,比如已使用的软件有哪些、软件的来源、软件的维护情况等;三是计算机的使用情况,比如如何进行计算机的日常管理、谁能够打开并使用计算机、计算机是否出现过影响或可能影响文件质量的故障、案件所涉及的资料存放于存储设备的什么位置、有无备份等。

5.2.2.3 证据采集与固定阶段

现场拍照/录像:现场检查人员在接触设备之前,应该通过视频、图片等对现场进行记录,只有该区域已经被记录,才可以展开检查取证工作。记录最方便的方式就是拍照或录像。拍摄的照片必须能够清晰显示重要的证据信息,特别是反映当前系统中应用程序的运行状态。

对于需要保持联网进行实时取证的设备,应该通过实时录像或专业的计算机屏幕录像软件进行记录,应录下检查人员对计算机实时取证的整个操作过程。这里需要注意的是在录像时应保持对整个计算机操作界面的录像,而不是只拍摄检查人员在操作电脑却未拍到操作设备屏幕内容。

静态电子数据的现场复制取证:电子数据的提取有多种方式,在存储介质没有通电的情况下,存储在该介质中的电子数据会处于相对稳定的状态,称之为静态。对于静态电子数据,一般需要借助专门的设备或工具来读取存储介质中的数据,同时要保证不会篡改介质中存储的数据。位对位复制及磁盘镜像制作是最为常见通用的静态提取方法。

互联网电子数据的现场复制取证:互联网电子数据相较静态电子数据的提取,难度更大而且证明力更低。电子数据证据的真实性与其证明力密切相关,由于互联网电子数据大部分是动态更新的,无法保持证据的原始状态,所以对于互联网电子数据证据的取证目前通用的做法是进行公证保全,即委托公证机关对电子数据取证过程和结果进行公证,以国家证明权赋予电子数据证据更强的证明力。电子数据公证对象不仅是电子数据证据,还包括取证人员提取电子数据证据的行为,一般只应用在案件比较重大复杂、显在或者潜在争议较大的电子数据证据提取保全上。

除了对案情复杂的进行公证保全外,大部分互联网电子数据的取证采取在当事人或见证人在场的情况下,使用实时联网的计算机取证。由于现场检查所取得的证据比询问调查所取得证据更具有可信度,且所取得互联网电子数据证据可与《现场检查笔录》相互印证,所以推荐在现场检查中进行互联网电子数据的取证工作。另外,对电子邮件、聊天软件聊天记录、在线财务软件"现金流"记录等电子数据证据的取证,方法与网页取证基本一致,即采用"录像截屏"加"导出保存"方法进行证据固定。

制作《现场检查笔录》和《计算机证据提存笔录》:现场检查除了采用拍照、录像等方式记录外,还必须制作《现场检查笔录》,主要记载电子数据证据的收集和固定情况。包括案由、执法人员姓名及职务、检查的简要过程(包括检查时间、检查地点及取证步骤等)、检查中出现的问题及解决方法、取证方式及取证份数(一般不少于3份)、执法人员和证据提供人签名或盖章;证据提供人拒绝签名或盖章的,应当在笔录中注明,并邀请有关见证人在笔录及打印纸上签名或盖章。

证物封存:对于取证人员现场无法解决的问题,可以进行证物封存。封存可以采取整机封存的方式,也可以对单一介质进行封存。封存的原则是保证封条贴在正确的位置,保证除非破坏封条,否则无法使用封存设备;当事人要在封条上签字确认;证物须贴上标签注明提取时间、人员姓名以及设备的名称、型号等信息。

5.3 电子数据证据取证设备及技术简介

取证调查工作中调查人员往往要面对大量的数据进行取证工作,在目前传统的工作模式下,需要用的设备比较多而且工序繁杂,对人员技术能力要求比较高。这无形当中为取证调查工作增加了巨大的工作量与工作难度,因此,稳定、系统、快捷的电子数据取证设备及相关技术的使用成为必然。

5.3.1 电子数据取证基础硬件设备

(1)现场勘查箱

由于电子数据本身固有的特性决定了需要用到专业的技术装备来提

取及固定。为方便取用,以防丢失。将一些常用的工具整合到一个专用的工具箱内,箱内主要放置诸如相机或摄像机、多功能充电器、USB 集线器、无线信号检测证设备及硬盘接口转换器等小型电子数据取证基础设备。

(2)写保护设备

在电子数据取证领域,介质写保护设备已经是一种成熟的介质数据保护专用设备,它能有效地保证取证人员在读取介质时,不篡改电子介质中的数据。通常此类的写保护设备常称之为"只读锁"(Write Blocker)。

当前常见的只读锁支持常见的各种介质接口的硬盘,包括 IDE(PATA)、SATA、SCSI、USB、SAS、Firewire,此外还有专门用于读取各种存储卡的只读设备,支持常见的 SD 卡、MMC 卡、记忆棒(Sony)、TF 卡等。电子数据取证人员在制作磁盘镜像过程中需使用只读锁设备来保护原始介质。在对原始介质进行分析时,同样也需要使用只读锁,方可对原始介质进行相应的分析操作。

(3)高速硬盘复制设备

它是网络交易行政执法过程中对当事人计算机取证的常用工具之一,用于硬盘对硬盘的复制,在实现完全复制的同时,可使用 CRC、MD5 等校验技术检验生成的复制数据与源硬盘数据的一致性。高速硬盘复制设备是一种专业的电子数据取证专用设备,它能保证源硬盘接口处于写保护状态,以较快的速度将源盘(检查对象的硬盘)的所有数据精确地复制到目标盘中,实现数据的完整克隆。当前常见的硬盘复制设备除了支持硬盘的复制,还支持硬盘镜像制作、校验、数据擦除等功能。另外,硬盘复制机的发展经历了几个不同的时代,从早期的 GB 级普通硬盘复制技术逐渐向 TB 级高速传输技术发展,当今硬盘容量越来越大,存储密度也越来越大,传统的 GB 级普通复制技术已经不能适应市场。当前主流的 SATA II 代机械硬盘复制速度在 5~7GB/Min 之间。

(4)现场取证专用设备

是一类高效集成的现场检查取证综合一体化设备。该类产品采用全球领先的高速硬盘复制、批量快速取证、自动取证分析和动态仿真取证技术。同时提供了符合司法有效性的写保护功能,使得现场证据固定、电子数据取证分析工作简单快捷,大大提高现场检查取证人员的效率,简化操作步骤,有利于规范现场检查取证流程,实现现场取证的标准化。

(5)在线取证设备

现场获取设备是用于计算机安全、电子数据取证、调查分析等用途的专业现场快速调查取证获取设备。该类设备可在不拆卸被调查计算机或硬盘的情况下,利用光盘或U盘启动对方计算机或直接进入系统,进行密码绕过、离线或在线硬盘复制、硬盘镜像、特定数据获取等操作。

(6)便携式刻录设备

便携式刻录设备通常就是指可移动的刻录光驱,在工商执法现场进行电子数据检查工作中,检查人员针对涉案的检查重要数据通常需要现场进行刻录到光盘,通过同时刻录几个光盘的备份来进行现场证据的固定,并且跟当事人进行确认。

(7)便携式打印设备

便携式打印设备就是指体积小巧,易于携带的打印机,主要是为了满足用户在移动途中打印需要而设计的。在现场检查中,方便现场进行快速打印相关涉案文档,从而能够在现场让对象进行签字确认,以及让相关证人进行签字。

(8)取证分析设备

主要是针对案件涉及到的嫌疑磁盘数量较多的情况使用。此类设备具有较强的信息处理功能、高性能的图形以及图像处理能力。

5.3.2 电子数据证据取证分析技术

电子数据取证分析技术,是从海量数据中获取与计算机违法经营或犯罪有关的证据,进行相关性分析与研究。借助高效率的搜索算法、完整性检测算法、数据挖掘算法等技术快速有效进行数据分析和取证。国内外的取证分析软件也是围绕这些取证技术方向进行探索和研究。

5.3.2.1 基础取证分析软件

(1)现场快速搜索软件:在现场检查过程中,需要将对象计算机里易丢失的数据进行固定。数据获取软件只需要存放到一个简单的U盘里，再将U盘接入对象计算机直接运行该程序即可。现场能够快速获取的数据包括系统信息、账号和密码、上网痕迹以及用户痕迹等相关信息。

(2)取证分析软件：是指一类综合型的电子数据取证分析软件。此类软件提供电子数据证据固定、分析、报告生成等取证功能。目前主流的专业取证分析软件包括 EnCase、X-ways、FTK、取证大师等。

5.3.2.2 其他取证分析辅助软件

在复杂的取证过程中，除了前面介绍到的取证工具及软件，还可能用到很多其他辅助工具，一起配合完成整个取证工作。

(1)内存数据提取

Win32dd：这是一个开源工具，在没有获取内存镜像的设备时，可以通过该工具获取内存数据，并生成镜像文件。

FTK Imager：是美国 AccessData 公司提供的证据获取及证据数据提取的工具(免费工具)，深受全球电子数据取证调查员的欢迎。可以通过该工具获取内存数据，并生成镜像文件。

(2)密码相关

ChromePass：用于查看通过 Google Chrome Web 浏览器存储的用户名和密码信息。

Dialupass：拨号上网密码查看工具。该工具能够列出计算机中所有拨号上网记录信息，包括用户名、密码、域等。

PasswordFox：用于查看通过 Mozilla Firefox Web 浏览器存储的用户名和密码信息。

Protected Storage PassView：用于查看通过 IE 浏览器、Outlook Express 和 MSN Explorer 存储在计算机上的密码。

Remote Desktop PassView：用于查看通过 Microsoft 的远程桌面连接工具存储的密码。

WirelessKeyView：用于查看通过 Windows XP 的"Wireless Zero Configuration"服务或 WindowsVista 的"WLAN AutoConfig"服务保存在计算机

中的所有无线网络密钥(WEP/WPA)。

(3)信息查看

Windows File Analyzer:解析 Windows 操作系统中一些特殊类型的文件,如 Thums. db 缩略图文件、Shortcut 文件解析、Index. dat 文件解析、回收站记录解析等。

AdapterWatch:用于显示网络适配器相关的信息,如 IP 地址、物理地址、WINS 服务器、DNS 服务器、MTU 值、接收或发送的字节数、当前传输速率等。此外,该工具还可以显示本地计算机的网络协议的相关状态信息。

RecentFilesView:每次从 Windows 资源管理器或从标准的打开/保存对话框中打开一个文件时,操作系统都会记录打开文件的名称,部分名称被保存到"Recent"文件夹中,其他的保存到注册表中。该工具用于查看所有最近打开的文件列表,并允许删除不想要的文件名,也可以将文件列表保存为 text、HTML 或 XML 文件。

WebLog Expert:网站日志分析工具,可以提供网站的访问者、活动统计、文件访问量、关联网页、搜索引擎、浏览器、操作系统和错误的相关信息,使你更好地了解网站的使用状况。

WinMD5:可用于对文件计算 MD5 散列值,从而校验文件是否具有相同的 MD5 值。使用简单,只需双击运行,将文件拖放到软件窗口中即可自动计算并显示文件的 MD5 散列值,通过比较不同文件计算所得的 MD5 值可以校验两个文件的内容是否完全一致。

5.3.3 电子数据证据保全技术

电子数据证据保全技术是指用一定形式将电子数据证据固定下来,并妥善保管,以便司法人员或律师分析、认定案件事实时使用。按照电子数据证据保全对象的不同,可将电子数据证据保全分为文件型证据保全和硬件设备保全两大类。

文件型证据通常包括两大类:一是存储于计算机硬盘、移动存储介质和内存中的系统日志文件、数据文件、临时文件等信息;二是来自于计算机网络上的信息,包括实时获取的网络通信设备、路由交换设备的日志文件,网络安全设备如防火墙的日志文件、IDS系统日志文件,服务器上的IIS日志文件、FTP日志文件和杀毒软件日志文件等。

硬件设备包括以下几方面:一是计算机相关证据。包括计算机主机以及相关存储介质,如硬盘、移动硬盘、U盘,和各类光盘等,此类型的存储介质中往往包含大量的涉案信息。除此之外,与计算机相关的设备还包括调制解调器、路由器、交换机、网卡等。针对计算机证据,除了需要考虑计算机主机本身硬件的证据保全,检查人员还需要根据现场的情况处理好开机状态的计算机。如果在现场计算机处于开机状态,就要采取措施提取易丢失数据,如内存数据、桌面信息、进程信息、网络连接信息、加载模块信息、路由器信息等,因为这些信息在计算机关机后将会丢失。对于易丢失数据(如桌面信息、内存数据、进程信息、网络信息等)的提取和固定,可以采用如下专用设备或软件:相机/摄像机、现场获取设备、关键数据获取模块、工具软件(DD、Win32dd、WinEn、FTK Imager)。二是传真机设备。当前最新的传真方式已经实现了无纸化的网络传真,网络传真是基于PSTN(电话交换网)和互联网络的传真存储转发,也称电子传真。传真证据保全的主要对象是快速拨号列表,存储的传真信息,传真发送日志,传真机的使用说明书等。三是复印机设备。复印机一般具有存储功能,很多至少带一个40G的硬盘,保存有大量的复印文件的信息,2002年以后生产的复合机,有的就会自带一块体积不大的硬盘,尤其是高端复合机居多。它的存储记忆功能相当强大,能储存任何经它复印、扫描、发送过的文字、图像。现场勘查遇到复印机时候,如果复印机正在运行,不要断电关机,先找到产品的操作手册,看断电后存储信息会不会消失,如果断电会丢失,需要先进行证据的固定,将数据导出,然后再关机。如果不会丢失,可以关机封存,封存的时候拍照并连用户手册等附属物品一起封存。四是打印机设备。打印机(printer)是计算机的输出设备之一。当电脑发送打印任务给打印机时,并不是直接将打印任务发送到打印机的缓存中,而是在硬盘上建立一个打印缓冲池,首先将打印数据送入缓冲池内,然后再根据打印机的请求,由缓冲池向打印机传送数据。因此现场勘查计算机网络时,一定要找到打印服务器的位置,将打印服务器中的打印缓冲池中的打印文件进行固定。五是多功能一体机设备。通常情况下是拥有传真机,复印机,打印机,扫描仪等设备的组合功能,一般都有存储硬盘,证据保全时注意存储介质的保全。同样可以操作功能菜单,导出传真机打印的缓存文件以及日志文件,并进行证据的固定。在进行证据的封存的时候,最好连用户手册,说明书,配套光盘等附属设备一起封存。

5.3.4 电子数据证据复制技术

电子数据证据的提取有多种方式,一般可以根据现场的实际情况进行判断和处理,如果存储介质在没有通电的情况下,存储在该介质中的电子数据会处于相对稳定的状态,也可以称之为静态。对于静态的电子数据,一般处理的方法相对比较简单,需要借助专门的设备或工具来读取存储介质中的数据,同时要保证不会篡改介质中存储的数据。通过存储介质进行位对位复制及磁盘镜像制作是最为常见的静态提取方法。

5.3.4.1 位对位复制技术

是指对介质采取精确的复制,将原始介质中的每一个位数据都精确地复制到另外一个存储证据副本的介质中。通过操作系统的"复制"命令操作,无法将已经删除的文件,以及残留于磁盘中的数据片段提取出来,因此会破坏数据的完整性。因此,只有通过位对位精确的复制,才能保证电子数据提取的司法有效性,不会遗漏相关的线索或证据。在计算机取证领域,通常采用硬盘复制机设备来对原始介质进行位对位的复制,可以有效保证原始介质处于写保护状态的情况下,能将其中的数据完整、精确地复制到另一个介质副本。位对位复制后通常需要进行校验,检查是否复制成功。

在现场检查工作中,针对计算机中的硬盘有些情况需要复制硬盘的备份,通常情况下如果硬盘方便拆卸的,都建议拆卸下来进行磁盘离线位对位复制操作。当被调查计算机的硬盘不便拆卸时,可以使用网络复制引导光盘或U盘启动被调查计算机进行不拆机获取。

5.3.4.2 电子数据证据镜像技术

如今涉及电子数据证据的取证工作越来越多,并且在一个案件中经常会有若干个存储介质,同时磁盘的存储容量也日趋增大。前面介绍的电子数据证据复制技术具备较快的复制备份速度,但也存在一定的局限:首先,就是硬盘位对位的复制必须一个硬盘对一个硬盘,即便有很多的剩余磁盘空间也无法供案件中的第二块盘备份,这样就需要准备好多硬盘来备份同一个案件中的若干个磁盘,硬件成本很大;另外,随着硬盘容量的剧增,现在很多时候需要花很长的时间对一个磁盘进行取证分析,因此单一的计算机处理能力已经不能完全满足分析的需求,分布式取证技术也正广泛用于实际的案件分析中。磁盘镜像方式相对于磁盘复制方式取证具有成本低、使用灵活等优点,因此采取磁盘镜像备份的取证方式越来越普遍。

磁盘镜像通常有两种不同含义:一种是指复制到相同功能的存储装置中以起到增强数据整合度,增强容错功能,增加吞吐量等作用(如RAID);另一种是指复制到不同的装置或数据格式,主要用于数据备份。通常在使用中这两者都称为"镜像"或"磁盘镜像"。

电子数据取证磁盘镜像是指为了司法取证目的,对原始媒介采取位对位方式进行精确复制,并转换为文件。此类镜像文件可以通过特定方法进行校验,确认该镜像文件与原始存储介质的数据完全一致,并且未被修改。另外,该镜像文件可以根据需要将具体数据还原到其他存储介质。此类镜像文件与一般常见的 GHOST 所制作的磁盘镜像不同,因为 GHOST 镜像通常只考虑分区中的逻辑文件,但电子数据取证磁盘镜像会记录分区所有扇区的数据,如 Windows 交换文件、文件残留区域、未分配空间等信息,恰恰这些区域针对很多的案件分析都是非常重要的。

目前常用的磁盘镜像软件种类较多,如 Ghost、R-Drive、Image、DiskImage、SafeBack、linuxdd 等,根据镜像软件的应用领域可分为通用型和专业型两类。Ghost、DiskImage 和 R-Drive 等在一般的电脑备份时使用较多,磁盘镜像文件可以实现对硬盘、分区或逻辑硬盘的逐位拷贝,以防止数据文件丢失。特别在操作系统崩溃、病毒攻击或者硬件故障后,可全面而迅速的还原计算机系统。Linuxdd、SnapeBack、SafeBack 是三款专业镜像软件,常用于司法取证实践。

5.3.5 电子数据证据校验技术

在大多数案件取证中,证明所收集到的证物没有被修改过是一件困难的事情,也是很重要的事情,对计算机证据更是如此。对于电子数据证据,主要需要证明的是两部分内容:一是取证人员在取证调查过程中没有造成任何对原始证物的改变;二是如果存在对证物的改变,也是由于计算机的本质特征造成的,并用这种改变对证物在取证上没有任何的影响。

证据的有效性是案件的核心和灵魂。证据是否充分可信将决定一个案件的胜负。电子数据证据是信息技术与司法学科结合的产物,需要遵循司法证明的各种原则与规则。然而,电子数据证据通常需要由技术专家进行收集,从技术角度为案件提供科学证明。因此,提取电子数据证据后,对电子数据证据的有效性的验证是取证工作的不可忽视的工作之一。

电子数据证据的真实性检验,是检验现场提取到的电子物证是否真实,有无被修改过,取证方法是否真实。根据我国《电子签名法》第八条规定,审查数据电文作为证据的真实性,应当考虑以下四方面因素:一是生成、储存或者传递数据电文方法的可靠性;二是保持内容完整性方法的可靠性;三是用以鉴别发件人方法的可靠性;四是其他相关的因素。检验电子数据证据还需要对其生成过程、存储、传递流程以及相关设备的情况进行审查。目前,通常使用数字签名、数字时间戳技术来检验电子数据证据的真实性。

附录：

国内现行涉及网络交易管理方面的法律法规及规范性文件

1.《网络交易管理办法》

第一章 总 则

第一条 为规范网络交易及有关服务，保护消费者和经营者的合法权益，促进网络经济持续健康发展，依据《消费者权益保护法》、《产品质量法》、《反不正当竞争法》、《合同法》、《商标法》、《广告法》、《侵权责任法》和《电子签名法》等法律、法规，制定本办法。

第二条 在中华人民共和国境内从事网络交易及有关服务，应当遵守中华人民共和国法律、法规和本办法的规定。

第三条 本办法所称网络交易，是指通过互联网（含移动互联网）销售商品或者提供服务的经营活动。

本办法所称有关服务，是指为网络交易提供第三方交易平台、宣传推广、信用评价、支付结算、物流、快递、网络接入、服务器托管、虚拟空间租用、网站网页设计制作等营利性服务。

第四条 从事网络交易及有关服务应当遵循自愿、公平、诚实信用的原则，遵守商业道德和公序良俗。

第五条 鼓励支持网络商品经营者、有关服务经营者创新经营模式，提升服务水平，推动网络经济发展。

第六条 鼓励支持网络商品经营者、有关服务经营者成立行业组织，建立行业公约，推动行业信用建设，加强行业自律，促进行业规范发展。

第二章　网络商品经营者和有关服务经营者的义务

第一节　一般性规定

第七条　从事网络交易及有关服务的经营者,应当依法办理工商登记。

从事网络交易的自然人,应当通过第三方交易平台开展经营活动,并向第三方交易平台提交其姓名、地址、有效身份证明、有效联系方式等真实身份信息。具备登记注册条件的,依法办理工商登记。

从事网络交易及有关服务的经营者销售的商品或者提供的服务属于法律、行政法规或者国务院决定规定应当取得行政许可的,应当依法取得有关许可。

第八条　已经工商行政管理部门登记注册并领取营业执照的法人、其他经济组织或者个体工商户,从事网络交易及有关服务的,应当在其网站首页或者从事经营活动的主页面醒目位置公开营业执照登载的信息或者其营业执照的电子链接标识。

第九条　网上交易的商品或者服务应当符合法律、法规、规章的规定。法律、法规禁止交易的商品或者服务,经营者不得在网上进行交易。

第十条　网络商品经营者向消费者销售商品或者提供服务,应当遵守《消费者权益保护法》和《产品质量法》等法律、法规、规章的规定,不得损害消费者合法权益。

第十一条　网络商品经营者向消费者销售商品或者提供服务,应当向消费者提供经营地址、联系方式、商品或者服务的数量和质量、价款或者费用、履行期限和方式、支付形式、退换货方式、安全注意事项和风险警示、售后服务、民事责任等信息,采取安全保障措施确保交易安全可靠,并按照承诺提供商品或者服务。

第十二条　网络商品经营者销售商品或者提供服务,应当保证商品或者服务的完整性,不得将商品或者服务不合理拆分出售,不得确定最低消费标准或者另行收取不合理的费用。

附录:国内现行涉及网络交易管理方面的法律法规及规范性文件

第十三条　网络商品经营者销售商品或者提供服务,应当按照国家有关规定或者商业惯例向消费者出具发票等购货凭证或者服务单据;征得消费者同意的,可以以电子化形式出具。电子化的购货凭证或者服务单据,可以作为处理消费投诉的依据。

消费者索要发票等购货凭证或者服务单据的,网络商品经营者必须出具。

第十四条　网络商品经营者、有关服务经营者提供的商品或者服务信息应当真实准确,不得作虚假宣传和虚假表示。

第十五条　网络商品经营者、有关服务经营者销售商品或者提供服务,应当遵守《商标法》、《企业名称登记管理规定》等法律、法规、规章的规定,不得侵犯他人的注册商标专用权、企业名称权等权利。

第十六条　网络商品经营者销售商品,消费者有权自收到商品之日起七日内退货,且无须说明理由,但下列商品除外:

（一）消费者定作的;

（二）鲜活易腐的;

（三）在线下载或者消费者拆封的音像制品、计算机软件等数字化商品;

（四）交付的报纸、期刊。

除前款所列商品外,其他根据商品性质并经消费者在购买时确认不宜退货的商品,不适用无理由退货。

消费者退货的商品应当完好。网络商品经营者应当自收到退回商品之日起七日内返还消费者支付的商品价款。退回商品的运费由消费者承担;网络商品经营者和消费者另有约定的,按照约定。

第十七条　网络商品经营者、有关服务经营者在经营活动中使用合同格式条款的,应当符合法律、法规、规章的规定,按照公平原则确定交易双方的权利与义务,采用显著的方式提请消费者注意与消费者有重大利害关系的条款,并按照消费者的要求予以说明。

网络商品经营者、有关服务经营者不得以合同格式条款等方式作出排除或者限制消费者权利、减轻或者免除经营者责任、加重消费者责任等对消费者不公平、不合理的规定，不得利用合同格式条款并借助技术手段强制交易。

第十八条　网络商品经营者、有关服务经营者在经营活动中收集、使用消费者或者经营者信息，应当遵循合法、正当、必要的原则，明示收集、使用信息的目的、方式和范围，并经被收集者同意。网络商品经营者、有关服务经营者收集、使用消费者或者经营者信息，应当公开其收集、使用规则，不得违反法律、法规的规定和双方的约定收集、使用信息。

网络商品经营者、有关服务经营者及其工作人员对收集的消费者个人信息或者经营者商业秘密的数据信息必须严格保密，不得泄露、出售或者非法向他人提供。网络商品经营者、有关服务经营者应当采取技术措施和其他必要措施，确保信息安全，防止信息泄露、丢失。在发生或者可能发生信息泄露、丢失的情况时，应当立即采取补救措施。

网络商品经营者、有关服务经营者未经消费者同意或者请求，或者消费者明确表示拒绝的，不得向其发送商业性电子信息。

第十九条　网络商品经营者、有关服务经营者销售商品或者服务，应当遵守《反不正当竞争法》等法律的规定，不得以不正当竞争方式损害其他经营者的合法权益、扰乱社会经济秩序。同时，不得利用网络技术手段或者载体等方式，从事下列不正当竞争行为：

（一）擅自使用知名网站特有的域名、名称、标识或者使用与知名网站近似的域名、名称、标识，与他人知名网站相混淆，造成消费者误认；

（二）擅自使用、伪造政府部门或者社会团体电子标识，进行引人误解的虚假宣传；

（三）以虚拟物品为奖品进行抽奖式的有奖销售，虚拟物品在网络市场约定金额超过法律法规允许的限额；

（四）以虚构交易、删除不利评价等形式，为自己或他人提升商业信誉；

（五）以交易达成后违背事实的恶意评价损害竞争对手的商业信誉；

（六）法律、法规规定的其他不正当竞争行为。

第二十条　网络商品经营者、有关服务经营者不得对竞争对手的网站或者网页进行非法技术攻击，造成竞争对手无法正常经营。

第二十一条　网络商品经营者、有关服务经营者应当按照国家工商行政管理总局的规定向所在地工商行政管理部门报送经营统计资料。

第二节　第三方交易平台经营者的特别规定

第二十二条　第三方交易平台经营者应当是经工商行政管理部门登记注册并领取营业执照的企业法人。

前款所称第三方交易平台，是指在网络交易活动中为交易双方或者多方提供网页空间、虚拟经营场所、交易规则、交易撮合、信息发布等服务，供交易双方或者多方独立开展交易活动的信息网络系统。

第二十三条　第三方交易平台经营者应当对申请进入平台销售商品或者提供服务的法人、其他经济组织或者个体工商户的经营主体身份进行审查和登记，建立登记档案并定期核实更新，在其从事经营活动的主页面醒目位置公开营业执照登载的信息或者其营业执照的电子链接标识。

第三方交易平台经营者应当对尚不具备工商登记注册条件、申请进入平台销售商品或者提供服务的自然人的真实身份信息进行审查和登记，建立登记档案并定期核实更新，核发证明个人身份信息真实合法的标记，加载在其从事经营活动的主页面醒目位置。

第三方交易平台经营者在审查和登记时，应当使对方知悉并同意登记协议，提请对方注意义务和责任条款。

第二十四条　第三方交易平台经营者应当与申请进入平台销售商品或者提供服务的经营者订立协议，明确双方在平台进入和退出、商品和服务质量安全保障、消费者权益保护等方面的权利、义务和责任。

第三方交易平台经营者修改其与平台内经营者的协议、交易规则，应当遵循公开、连续、合理的原则，修改内容应当至少提前七日予以公示并通知相关经营者。平台内经营者不接受协议或者规则修改内容、申请退出平台的，第三方交易平台经营者应当允许其退出，并根据原协议或者交易规则承担相关责任。

第二十五条　第三方交易平台经营者应当建立平台内交易规则、交易安全保障、消费者权益保护、不良信息处理等管理制度。各项管理制度应当在其网站显示，并从技术上保证用户能够便利、完整地阅览和保存。

第三方交易平台经营者应当采取必要的技术手段和管理措施保证平台的正常运行，提供必要、可靠的交易环境和交易服务，维护网络交易秩序。

第二十六条　第三方交易平台经营者应当对通过平台销售商品或者提供服务的经营者及其发布的商品和服务信息建立检查监控制度，发现有违反工商行政管理法律、法规、规章的行为的，应当向平台经营者所在地工商行政管理部门报告，并及时采取措施制止，必要时可以停止对其提供第三方交易平台服务。

工商行政管理部门发现平台内有违反工商行政管理法律、法规、规章的行为，依法要求第三方交易平台经营者采取措施制止的，第三方交易平台经营者应当予以配合。

第二十七条　第三方交易平台经营者应当采取必要手段保护注册商标专用权、企业名称权等权利，对权利人有证据证明平台内的经营者实施侵犯其注册商标专用权、企业名称权等权利的行为或者实施损害其合法权益的其他不正当竞争行为的，应当依照《侵权责任法》采取必要措施。

第二十八条　第三方交易平台经营者应当建立消费纠纷和解和消费维权自律制度。消费者在平台内购买商品或者接受服务，发生消费纠纷或者其合法权益受到损害时，消费者要求平台调解的，平台应当调解；消费者通过其他渠道维权的，平台应当向消费者提供经营者的真实的网站登记信息，积极协助消费者维护自身合法权益。

第二十九条　第三方交易平台经营者在平台上开展商品或者服务自营业务的，应当以显著方式对自营部分和平台内其他经营者经营部分进行区分和标记，避免消费者产生误解。

第三十条　第三方交易平台经营者应当审查、记录、保存在其平台上发布的商品和服务信息内容及其发布时间。平台内经营者的营业执照或者个人真实身份信息记录保存时间从经营者在平台的登记注销之日起不少于两年,交易记录等其他信息记录备份保存时间从交易完成之日起不少于两年。

第三方交易平台经营者应当采取电子签名、数据备份、故障恢复等技术手段确保网络交易数据和资料的完整性和安全性,并应当保证原始数据的真实性。

第三十一条 第三方交易平台经营者拟终止提供第三方交易平台服务的,应当至少提前三个月在其网站主页面醒目位置予以公示并通知相关经营者和消费者,采取必要措施保障相关经营者和消费者的合法权益。

第三十二条 鼓励第三方交易平台经营者为交易当事人提供公平、公正的信用评价服务,对经营者的信用情况客观、公正地进行采集与记录,建立信用评价体系、信用披露制度以警示交易风险。

第三十三条 鼓励第三方交易平台经营者设立消费者权益保证金。消费者权益保证金应当用于对消费者权益的保障,不得挪作他用,使用情况应当定期公开。

第三方交易平台经营者与平台内的经营者协议设立消费者权益保证金的,双方应当就消费者权益保证金提取数额、管理、使用和退还办法等作出明确约定。

第三十四条 第三方交易平台经营者应当积极协助工商行政管理部门查处网上违法经营行为,提供在其平台内涉嫌违法经营的经营者的登记信息、交易数据等资料,不得隐瞒真实情况。

第三节 其他有关服务经营者的特别规定

第三十五条 为网络交易提供网络接入、服务器托管、虚拟空间租用、网站网页设计制作等服务的有关服务经营者,应当要求申请者提供经营资格证明和个人真实身份信息,签订服务合同,依法记录其上网信息。申请者营业执照或者个人真实身份信息等信息记录备份保存时间自服务合同终止或者履行完毕之日起不少于两年。

第三十六条　为网络交易提供信用评价服务的有关服务经营者,应当通过合法途径采集信用信息,坚持中立、公正、客观原则,不得任意调整用户的信用级别或者相关信息,不得将收集的信用信息用于任何非法用途。

第三十七条　为网络交易提供宣传推广服务应当符合相关法律、法规、规章的规定。

通过博客、微博等网络社交载体提供宣传推广服务、评论商品或者服务并因此取得酬劳的,应当如实披露其性质,避免消费者产生误解。

第三十八条　为网络交易提供网络接入、支付结算、物流、快递等服务的有关服务经营者,应当积极协助工商行政管理部门查处网络交易相关违法行为,提供涉嫌违法经营的网络商品经营者的登记信息、联系方式、地址等相关数据资料,不得隐瞒真实情况。

第三章　网络交易及有关服务监督管理

第三十九条　网络交易及有关服务的监督管理由县级以上工商行政管理部门负责。

第四十条　县级以上工商行政管理部门应当建立网络交易及有关服务信用档案,记录日常监督检查结果、违法行为查处等情况。根据信用档案的记录,对网络商品经营者、有关服务经营者实施信用分类监管。

第四十一条　网络交易及有关服务违法行为由发生违法行为的经营者住所所在地县级以上工商行政管理部门管辖。对于其中通过第三方交易平台开展经营活动的经营者,其违法行为由第三方交易平台经营者住所所在地县级以上工商行政管理部门管辖。第三方交易平台经营者住所所在地县级以上工商行政管理部门管辖异地违法行为人有困难的,可以将违法行为人的违法情况移交违法行为人所在地县级以上工商行政管理部门处理。

两个以上工商行政管理部门因网络交易及有关服务违法行为的管辖权发生争议的,应当报请共同的上一级工商行政管理部门指定管辖。

对于全国范围内有重大影响、严重侵害消费者权益、引发群体投诉或者案情复杂的网络交易及有关服务违法行为,由国家工商行政管理总局负责查处或者指定省级工商行政管理局负责查处。

第四十二条　网络交易及有关服务活动中的消费者向工商行政管理部门投诉的,依照《工商行政管理部门处理消费者投诉办法》处理。

第四十三条　县级以上工商行政管理部门对涉嫌违法的网络交易及有关服务行为进行查处时,可以行使下列职权:

(一)询问有关当事人,调查其涉嫌从事违法网络交易及有关服务行为的相关情况;

(二)查阅、复制当事人的交易数据、合同、票据、账簿以及其他相关数据资料;

(三)依照法律、法规的规定,查封、扣押用于从事违法网络交易及有关服务行为的商品、工具、设备等物品,查封用于从事违法网络交易及有关服务行为的经营场所;

(四)法律、法规规定可以采取的其他措施。

工商行政管理部门依法行使前款规定的职权时,当事人应当予以协助、配合,不得拒绝、阻挠。

第四十四条　工商行政管理部门对网络交易及有关服务活动的技术监测记录资料,可以作为对违法的网络商品经营者、有关服务经营者实施行政处罚或者采取行政措施的电子数据证据。

第四十五条　在网络交易及有关服务活动中违反工商行政管理法律法规规定,情节严重,需要采取措施制止违法网站继续从事违法活动的,工商行政管理部门可以依照有关规定,提请网站许可或者备案地通信管理部门依法责令暂时屏蔽或者停止该违法网站接入服务。

第四十六条　工商行政管理部门对网站违法行为作出行政处罚后,需要关闭该违法网站的,可以依照有关规定,提请网站许可或者备案地通信管理部门依法关闭该违法网站。

第四十七条　工商行政管理部门在对网络交易及有关服务活动的监

督管理中发现应当由其他部门查处的违法行为的,应当依法移交相关部门。

第四十八条　县级以上工商行政管理部门应当建立网络交易及有关服务监管工作责任制度,依法履行职责。

第四章　法律责任

第四十九条　对于违反本办法的行为,法律、法规另有规定的,从其规定。

第五十条　违反本办法第七条第二款、第二十三条、第二十五条、第二十六条第二款、第二十九条、第三十条、第三十四条、第三十五条、第三十六条、第三十八条规定的,予以警告,责令改正,拒不改正的,处以一万元以上三万元以下的罚款。

第五十一条　违反本办法第八条、第二十一条规定的,予以警告,责令改正,拒不改正的,处以一万元以下的罚款。

第五十二条　违反本办法第十七条规定的,按照《合同违法行为监督处理办法》的有关规定处罚。

第五十三条　违反本办法第十九条第(一)项规定的,按照《反不正当竞争法》第二十一条的规定处罚;违反本办法第十九条第(二)项、第(四)项规定的,按照《反不正当竞争法》第二十四条的规定处罚;违反本办法第十九条第(三)项规定的,按照《反不正当竞争法》第二十六条的规定处罚;违反本办法第十九条第(五)项规定的,予以警告,责令改正,并处一万元以上三万元以下的罚款。

第五十四条　违反本办法第二十条规定的,予以警告,责令改正,并处一万元以上三万元以下的罚款。

第五章　附　　则

第五十五条　通过第三方交易平台发布商品或者营利性服务信息、但交易过程不直接通过平台完成的经营活动,参照适用本办法关于网络交易的管理规定。

第五十六条　本办法由国家工商行政管理总局负责解释。

第五十七条　省级工商行政管理部门可以依据本办法的规定制定网络交易及有关服务监管实施指导意见。

第五十八条　本办法自2014年3月15日起施行。国家工商行政管理总局2010年5月31日发布的《网络商品交易及有关服务行为管理暂行办法》同时废止。

2.《全国人民代表大会常务委员会关于维护互联网安全的决定》

（2000年12月28日第九届全国人民代表大会常务委员会第十九次会议通过。根据中华人民共和国主席令第十八号《全国人民代表大会常务委员会关于修改部分法律的决定》对本文第六条作出修改，将"治安管理处罚条例"修改为"治安管理处罚法"，自2009年8月27日起施行。）

我国的互联网，在国家大力倡导和积极推动下，在经济建设和各项事业中得到日益广泛的应用，使人们的生产、工作、学习和生活方式已经开始并将继续发生深刻的变化，对于加快我国国民经济、科学技术的发展和社会服务信息化进程具有重要作用。同时，如何保障互联网的运行安全和信息安全问题已经引起全社会的普遍关注。为了兴利除弊，促进我国互联网的健康发展，维护国家安全和社会公共利益，保护个人、法人和其他组织的合法权益，特作如下决定：

一、为了保障互联网的运行安全，对有下列行为之一，构成犯罪的，依照刑法有关规定追究刑事责任：

（一）侵入国家事务、国防建设、尖端科学技术领域的计算机信息系统；

（二）故意制作、传播计算机病毒等破坏性程序，攻击计算机系统及通信网络，致使计算机系统及通信网络遭受损害；

（三）违反国家规定，擅自中断计算机网络或者通信服务，造成计算机网络或者通信系统不能正常运行。

二、为了维护国家安全和社会稳定，对有下列行为之一，构成犯罪的，依照刑法有关规定追究刑事责任：

（一）利用互联网造谣、诽谤或者发表、传播其他有害信息，煽动颠覆国家政权、推翻社会主义制度，或者煽动分裂国家、破坏国家统一；

（二）通过互联网窃取、泄露国家秘密、情报或者军事秘密；

（三）利用互联网煽动民族仇恨、民族歧视，破坏民族团结；

（四）利用互联网组织邪教组织、联络邪教组织成员，破坏国家法律、行政法规实施。

三、为了维护社会主义市场经济秩序和社会管理秩序，对有下列行为之一，构成犯罪的，依照刑法有关规定追究刑事责任：

（一）利用互联网销售伪劣产品或者对商品、服务作虚假宣传；

（二）利用互联网损坏他人商业信誉和商品声誉；

（三）利用互联网侵犯他人知识产权；

（四）利用互联网编造并传播影响证券、期货交易或者其他扰乱金融秩序的虚假信息；

（五）在互联网上建立淫秽网站、网页，提供淫秽站点链接服务，或者传播淫秽书刊、影片、音像、图片。

四、为了保护个人、法人和其他组织的人身、财产等合法权利，对有下列行为之一，构成犯罪的，依照刑法有关规定追究刑事责任：

（一）利用互联网侮辱他人或者捏造事实诽谤他人；

（二）非法截获、篡改、删除他人电子邮件或者其他数据资料，侵犯公民通信自由和通信秘密；

（三）利用互联网进行盗窃、诈骗、敲诈勒索。

五、利用互联网实施本决定第一条、第二条、第三条、第四条所列行为以外的其他行为，构成犯罪的，依照刑法有关规定追究刑事责任。

六、利用互联网实施违法行为,违反社会治安管理,尚不构成犯罪的,由公安机关依照《治安管理处罚条例》予以处罚;违反其他法律、行政法规,尚不构成犯罪的,由有关行政管理部门依法给予行政处罚;对直接负责的主管人员和其他直接责任人员,依法给予行政处分或者纪律处分。

利用互联网侵犯他人合法权益,构成民事侵权的,依法承担民事责任。

七、各级人民政府及有关部门要采取积极措施,在促进互联网的应用和网络技术的普及过程中,重视和支持对网络安全技术的研究和开发,增强网络的安全防护能力。有关主管部门要加强对互联网的运行安全和信息安全的宣传教育,依法实施有效的监督管理,防范和制止利用互联网进行的各种违法活动,为互联网的健康发展创造良好的社会环境。从事互联网业务的单位要依法开展活动,发现互联网上出现违法犯罪行为和有害信息时,要采取措施,停止传输有害信息,并及时向有关机关报告。任何单位和个人在利用互联网时,都要遵纪守法,抵制各种违法犯罪行为和有害信息。人民法院、人民检察院、公安机关、国家安全机关要各司其职,密切配合,依法严厉打击利用互联网实施的各种犯罪活动。要动员全社会的力量,依靠全社会的共同努力,保障互联网的运行安全与信息安全,促进社会主义精神文明和物质文明建设。

3.《全国人民代表大会常务委员会关于加强网络信息保护的决定》

(2012年12月28日第十一届全国人民代表大会常务委员会第三十次会议通过。)

为了保护网络信息安全,保障公民、法人和其他组织的合法权益,维护国家安全和社会公共利益,特作如下决定:

一、国家保护能够识别公民个人身份和涉及公民个人隐私的电子信息。

任何组织和个人不得窃取或者以其他非法方式获取公民个人电子信息,不得出售或者非法向他人提供公民个人电子信息。

二、网络服务提供者和其他企业事业单位在业务活动中收集、使用公民个人电子信息,应当遵循合法、正当、必要的原则,明示收集、使用信息的目的、方式和范围,并经被收集者同意,不得违反法律、法规的规定和双方的约定收集、使用信息。

网络服务提供者和其他企业事业单位收集、使用公民个人电子信息,应当公开其收集、使用规则。

三、网络服务提供者和其他企业事业单位及其工作人员对在业务活动中收集的公民个人电子信息必须严格保密,不得泄露、篡改、毁损,不得出售或者非法向他人提供。

四、网络服务提供者和其他企业事业单位应当采取技术措施和其他必要措施,确保信息安全,防止在业务活动中收集的公民个人电子信息泄露、毁损、丢失。在发生或者可能发生信息泄露、毁损、丢失的情况时,应当立即采取补救措施。

五、网络服务提供者应当加强对其用户发布的信息的管理,发现法律、法规禁止发布或者传输的信息时,应当立即停止传输该信息,采取消除等处置措施,保存有关记录,并向有关主管部门报告。

六、网络服务提供者为用户办理网站接入服务,办理固定电话、移动电话等入网手续,或者为用户提供信息发布服务,应当在与用户签订协议或者确认提供服务时,要求用户提供真实身份信息。

七、任何组织和个人未经电子信息接收者同意或者请求,或者电子信息接收者明确表示拒绝的,不得向其固定电话、移动电话或者个人电子邮箱发送商业性电子信息。

八、公民发现泄露个人身份、散布个人隐私等侵害其合法权益的网络信息,或者受到商业性电子信息侵扰的,有权要求网络服务提供者删除有关信息或者采取其他必要措施予以制止。

九、任何组织和个人对窃取或者以其他非法方式获取、出售或者非法向他人提供公民个人电子信息的违法犯罪行为以及其他网络信息违法犯罪行为,有权向有关主管部门举报、控告;接到举报、控告的部门应当依法及时处理。被侵权人可以依法提起诉讼。

十、有关主管部门应当在各自职权范围内依法履行职责,采取技术措施和其他必要措施,防范、制止和查处窃取或者以其他非法方式获取、出售或者非法向他人提供公民个人电子信息的违法犯罪行为以及其他网络信息违法犯罪行为。有关主管部门依法履行职责时,网络服务提供者应当予以配合,提供技术支持。

国家机关及其工作人员对在履行职责中知悉的公民个人电子信息应当予以保密,不得泄露、篡改、毁损,不得出售或者非法向他人提供。

十一、对有违反本决定行为的,依法给予警告、罚款、没收违法所得、吊销许可证或者取消备案、关闭网站、禁止有关责任人员从事网络服务业务等处罚,记入社会信用档案并予以公布;构成违反治安管理行为的,依法给予治安管理处罚。构成犯罪的,依法追究刑事责任。侵害他人民事权益的,依法承担民事责任。

十二、本决定自公布之日起施行。

4.《中华人民共和国电子签名法》

(2004年8月28日第十届全国人民代表大会常务委员会第十一次会议通过,2004年8月28日中华人民共和国主席令第十八号公布,自2005年4月1日起施行。)

第一章 总 则

第一条 为了规范电子签名行为,确立电子签名的法律效力,维护有关各方的合法权益,制定本法。

第二条 本法所称电子签名,是指数据电文中以电子形式所含、所附用于识别签名人身份并表明签名人认可其中内容的数据。

本法所称数据电文,是指以电子、光学、磁或者类似手段生成、发送、接收或者储存的信息。

第三条　民事活动中的合同或者其他文件、单证等文书,当事人可以约定使用或者不使用电子签名、数据电文。

当事人约定使用电子签名、数据电文的文书,不得仅因为其采用电子签名、数据电文的形式而否定其法律效力。

前款规定不适用下列文书:

(一)涉及婚姻、收养、继承等人身关系的;

(二)涉及土地、房屋等不动产权益转让的;

(三)涉及停止供水、供热、供气、供电等公用事业服务的;

(四)法律、行政法规规定的不适用电子文书的其他情形。

第二章　数据电文

第四条　能够有形地表现所载内容,并可以随时调取查用的数据电文,视为符合法律、法规要求的书面形式。

第五条　符合下列条件的数据电文,视为满足法律、法规规定的原件形式要求:

(一)能够有效地表现所载内容并可供随时调取查用;

(二)能够可靠地保证自最终形成时起,内容保持完整、未被更改。但是,在数据电文上增加背书以及数据交换、储存和显示过程中发生的形式变化不影响数据电文的完整性。

第六条　符合下列条件的数据电文,视为满足法律、法规规定的文件保存要求:

(一)能够有效地表现所载内容并可供随时调取查用;

(二)数据电文的格式与其生成、发送或者接收时的格式相同,或者格式不相同但是能够准确表现原来生成、发送或者接收的内容;

(三)能够识别数据电文的发件人、收件人以及发送、接收的时间。

第七条　数据电文不得仅因为其是以电子、光学、磁或者类似手段生成、发送、接收或者储存的而被拒绝作为证据使用。

第八条 审查数据电文作为证据的真实性,应当考虑以下因素:

(一)生成、储存或者传递数据电文方法的可靠性;

(二)保持内容完整性方法的可靠性;

(三)用以鉴别发件人方法的可靠性;

(四)其他相关因素。

第九条 数据电文有下列情形之一的,视为发件人发送:

(一)经发件人授权发送的;

(二)发件人的信息系统自动发送的;

(三)收件人按照发件人认可的方法对数据电文进行验证后结果相符的。

当事人对前款规定的事项另有约定的,从其约定。

第十条 法律、行政法规规定或者当事人约定数据电文需要确认收讫的,应当确认收讫。发件人收到收件人的收讫确认时,数据电文视为已经收到。

第十一条 数据电文进入发件人控制之外的某个信息系统的时间,视为该数据电文的发送时间。

收件人指定特定系统接收数据电文的,数据电文进入该特定系统的时间,视为该数据电文的接收时间;未指定特定系统的,数据电文进入收件人的任何系统的首次时间,视为该数据电文的接收时间。

当事人对数据电文的发送时间、接收时间另有约定的,从其约定。

第十二条 发件人的主营业地为数据电文的发送地点,收件人的主营业地为数据电文的接收地点。没有主营业地的,其经常居住地为发送或者接收地点。

当事人对数据电文的发送地点、接收地点另有约定的,从其约定。

第三章 电子签名与认证

第十三条 电子签名同时符合下列条件的,视为可靠的电子签名:

（一）电子签名制作数据用于电子签名时，属于电子签名人专有；

（二）签署时电子签名制作数据仅由电子签名人控制；

（三）签署后对电子签名的任何改动能够被发现；

（四）签署后对数据电文内容和形式的任何改动能够被发现。

当事人也可以选择使用符合其约定的可靠条件的电子签名。

第十四条 可靠的电子签名与手写签名或者盖章具有同等的法律效力。

第十五条 电子签名人应当妥善保管电子签名制作数据。电子签名人知悉电子签名制作数据已经失密或者可能已经失密时，应当及时告知有关各方，并终止使用该电子签名制作数据。

第十六条 电子签名需要第三方认证的，由依法设立的电子认证服务提供者提供认证服务。

第十七条 提供电子认证服务，应当具备下列条件：

（一）具有与提供电子认证服务相适应的专业技术人员和管理人员；

（二）具有与提供电子认证服务相适应的资金和经营场所；

（三）具有符合国家安全标准的技术和设备；

（四）具有国家密码管理机构同意使用密码的证明文件；

（五）法律、行政法规规定的其他条件。

第十八条 从事电子认证服务，应当向国务院信息产业主管部门提出申请，并提交符合本法第十七条规定条件的相关材料。国务院信息产业主管部门接到申请后经依法审查，征求国务院商务主管部门等有关部门的意见后，自接到申请之日起四十五日内作出许可或者不予许可的决定。予以许可的，颁发电子认证许可证书；不予许可的，应当书面通知申请人并告知理由。

申请人应当持电子认证许可证书依法向工商行政管理部门办理企业登记手续。

取得认证资格的电子认证服务提供者，应当按照国务院信息产业主管部门的规定在互联网上公布其名称、许可证号等信息。

第十九条　电子认证服务提供者应当制定、公布符合国家有关规定的电子认证业务规则,并向国务院信息产业主管部门备案。

电子认证业务规则应当包括责任范围、作业操作规范、信息安全保障措施等事项。

第二十条　电子签名人向电子认证服务提供者申请电子签名认证证书,应当提供真实、完整和准确的信息。

电子认证服务提供者收到电子签名认证证书申请后,应当对申请人的身份进行查验,并对有关材料进行审查。

第二十一条　电子认证服务提供者签发的电子签名认证证书应当准确无误,并应当载明下列内容:

(一)电子认证服务提供者名称;

(二)证书持有人名称;

(三)证书序列号;

(四)证书有效期;

(五)证书持有人的电子签名验证数据;

(六)电子认证服务提供者的电子签名;

(七)国务院信息产业主管部门规定的其他内容。

第二十二条　电子认证服务提供者应当保证电子签名认证证书内容在有效期内完整、准确,并保证电子签名依赖方能够证实或者了解电子签名认证证书所载内容及其他有关事项。

第二十三条　电子认证服务提供者拟暂停或者终止电子认证服务的,应当在暂停或者终止服务九十日前,就业务承接及其他有关事项通知有关各方。

电子认证服务提供者拟暂停或者终止电子认证服务的,应当在暂停或者终止服务六十日前向国务院信息产业主管部门报告,并与其他电子认证服务提供者就业务承接进行协商,作出妥善安排。

电子认证服务提供者未能就业务承接事项与其他电子认证服务提供者达成协议的,应当申请国务院信息产业主管部门安排其他电子认证服务提供者承接其业务。

电子认证服务提供者被依法吊销电子认证许可证书的，其业务承接事项的处理按照国务院信息产业主管部门的规定执行。

第二十四条　电子认证服务提供者应当妥善保存与认证相关的信息，信息保存期限至少为电子签名认证证书失效后五年。

第二十五条　国务院信息产业主管部门依照本法制定电子认证服务业的具体管理办法，对电子认证服务提供者依法实施监督管理。

第二十六条　经国务院信息产业主管部门根据有关协议或者对等原则核准后，中华人民共和国境外的电子认证服务提供者在境外签发的电子签名认证证书与依照本法设立的电子认证服务提供者签发的电子签名认证证书具有同等的法律效力。

第四章　法律责任

第二十七条　电子签名人知悉电子签名制作数据已经失密或者可能已经失密未及时告知有关各方、并终止使用电子签名制作数据，未向电子认证服务提供者提供真实、完整和准确的信息，或者有其他过错，给电子签名依赖方、电子认证服务提供者造成损失的，承担赔偿责任。

第二十八条　电子签名人或者电子签名依赖方因依据电子认证服务提供者提供的电子签名认证服务从事民事活动遭受损失，电子认证服务提供者不能证明自己无过错的，承担赔偿责任。

第二十九条　未经许可提供电子认证服务的，由国务院信息产业主管部门责令停止违法行为；有违法所得的，没收违法所得；违法所得三十万元以上的，处违法所得一倍以上三倍以下的罚款；没有违法所得或者违法所得不足三十万元的，处十万元以上三十万元以下的罚款。

第三十条　电子认证服务提供者暂停或者终止电子认证服务，未在暂停或者终止服务六十日前向国务院信息产业主管部门报告的，由国务院信息产业主管部门对其直接负责的主管人员处一万元以上五万元以下的罚款。

第三十一条 电子认证服务提供者不遵守认证业务规则、未妥善保存与认证相关的信息,或者有其他违法行为的,由国务院信息产业主管部门责令限期改正;逾期未改正的,吊销电子认证许可证书,其直接负责的主管人员和其他直接责任人员十年内不得从事电子认证服务。吊销电子认证许可证书的,应当予以公告并通知工商行政管理部门。

第三十二条 伪造、冒用、盗用他人的电子签名,构成犯罪的,依法追究刑事责任;给他人造成损失的,依法承担民事责任。

第三十三条 依照本法负责电子认证服务业监督管理工作的部门的工作人员,不依法履行行政许可、监督管理职责的,依法给予行政处分;构成犯罪的,依法追究刑事责任。

第五章 附 则

第三十四条 本法中下列用语的含义:

(一)电子签名人,是指持有电子签名制作数据并以本人身份或者以其所代表的人的名义实施电子签名的人;

(二)电子签名依赖方,是指基于对电子签名认证证书或者电子签名的信赖从事有关活动的人;

(三)电子签名认证证书,是指可证实电子签名人与电子签名制作数据有联系的数据电文或者其他电子记录;

(四)电子签名制作数据,是指在电子签名过程中使用的,将电子签名与电子签名人可靠地联系起来的字符、编码等数据;

(五)电子签名验证数据,是指用于验证电子签名的数据,包括代码、口令、算法或者公钥等。

第三十五条 国务院或者国务院规定的部门可以依据本法制定政务活动和其他社会活动中使用电子签名、数据电文的具体办法。

第三十六条 本法自2005年4月1日起施行。

5.《中华人民共和国侵权责任法》(摘录)

(2009年12月26日第十一届全国人民代表大会常务委员会第十二次会议通过,自2010年7月1日起施行。)

第三十六条　网络用户、网络服务提供者利用网络侵害他人民事权益的,应当承担侵权责任。

网络用户利用网络服务实施侵权行为的,被侵权人有权通知网络服务提供者采取删除、屏蔽、断开链接等必要措施。网络服务提供者接到通知后未及时采取必要措施的,对损害的扩大部分与该网络用户承担连带责任。

网络服务提供者知道网络用户利用其网络服务侵害他人民事权益,未采取必要措施的,与该网络用户承担连带责任。

6.《中华人民共和国消费者权益保护法》

(1993年10月31日第八届全国人民代表大会常务委员会第四次会议通过,中华人民共和国主席令第十一号公布,自1994年1月1日起施行。根据2009年8月27日中华人民共和国主席令第十八号《全国人民代表大会常务委员会关于修改部分法律的决定》第一次修正,根据2013年10月25日中华人民共和国主席令第七号《关于修改〈中华人民共和国消费者权益保护法〉的决定》第二次修正。)

第一章　总　则

第一条　为保护消费者的合法权益,维护社会经济秩序,促进社会主义市场经济健康发展,制定本法。

第二条　消费者为生活消费需要购买、使用商品或者接受服务,其权益受本法保护;本法未作规定的,受其他有关法律、法规保护。

第三条　经营者为消费者提供其生产、销售的商品或者提供服务,应当遵守本法;本法未作规定的,应当遵守其他有关法律、法规。

第四条　经营者与消费者进行交易,应当遵循自愿、平等、公平、诚实信用的原则。

第五条　国家保护消费者的合法权益不受侵害。

国家采取措施,保障消费者依法行使权利,维护消费者的合法权益。

国家倡导文明、健康、节约资源和保护环境的消费方式,反对浪费。

第六条　保护消费者的合法权益是全社会的共同责任。

国家鼓励、支持一切组织和个人对损害消费者合法权益的行为进行社会监督。

大众传播媒介应当做好维护消费者合法权益的宣传,对损害消费者合法权益的行为进行舆论监督。

第二章　消费者的权利

第七条　消费者在购买、使用商品和接受服务时享有人身、财产安全不受损害的权利。

消费者有权要求经营者提供的商品和服务,符合保障人身、财产安全的要求。

第八条　消费者享有知悉其购买、使用的商品或者接受的服务的真实情况的权利。

消费者有权根据商品或者服务的不同情况,要求经营者提供商品的价格、产地、生产者、用途、性能、规格、等级、主要成分、生产日期、有效期限、检验合格证明、使用方法说明书、售后服务,或者服务的内容、规格、费用等有关情况。

第九条　消费者享有自主选择商品或者服务的权利。

消费者有权自主选择提供商品或者服务的经营者,自主选择商品品种或者服务方式,自主决定购买或者不购买任何一种商品、接受或者不接受任何一项服务。

消费者在自主选择商品或者服务时,有权进行比较、鉴别和挑选。

第十条　消费者享有公平交易的权利。

消费者在购买商品或者接受服务时,有权获得质量保障、价格合理、计量正确等公平交易条件,有权拒绝经营者的强制交易行为。

第十一条　消费者因购买、使用商品或者接受服务受到人身、财产损害的,享有依法获得赔偿的权利。

第十二条　消费者享有依法成立维护自身合法权益的社会组织的权利。

第十三条　消费者享有获得有关消费和消费者权益保护方面的知识的权利。

消费者应当努力掌握所需商品或者服务的知识和使用技能,正确使用商品,提高自我保护意识。

第十四条　消费者在购买、使用商品和接受服务时,享有人格尊严、民族风俗习惯得到尊重的权利,享有个人信息依法得到保护的权利。

第十五条　消费者享有对商品和服务以及保护消费者权益工作进行监督的权利。

消费者有权检举、控告侵害消费者权益的行为和国家机关及其工作人员在保护消费者权益工作中的违法失职行为,有权对保护消费者权益工作提出批评、建议。

第三章　经营者的义务

第十六条　经营者向消费者提供商品或者服务,应当依照本法和其他有关法律、法规的规定履行义务。

经营者和消费者有约定的,应当按照约定履行义务,但双方的约定不得违背法律、法规的规定。

经营者向消费者提供商品或者服务,应当恪守社会公德,诚信经营,保障消费者的合法权益;不得设定不公平、不合理的交易条件,不得强制交易。

第十七条 经营者应当听取消费者对其提供的商品或者服务的意见,接受消费者的监督。

第十八条 经营者应当保证其提供的商品或者服务符合保障人身、财产安全的要求。对可能危及人身、财产安全的商品和服务,应当向消费者作出真实的说明和明确的警示,并说明和标明正确使用商品或者接受服务的方法以及防止危害发生的方法。

宾馆、商场、餐馆、银行、机场、车站、港口、影剧院等经营场所的经营者,应当对消费者尽到安全保障义务。

第十九条 经营者发现其提供的商品或者服务存在缺陷,有危及人身、财产安全危险的,应当立即向有关行政部门报告和告知消费者,并采取停止销售、警示、召回、无害化处理、销毁、停止生产或者服务等措施。采取召回措施的,经营者应当承担消费者因商品被召回支出的必要费用。

第二十条 经营者向消费者提供有关商品或者服务的质量、性能、用途、有效期限等信息,应当真实、全面,不得作虚假或者引人误解的宣传。

经营者对消费者就其提供的商品或者服务的质量和使用方法等问题提出的询问,应当作出真实、明确的答复。

经营者提供商品或者服务应当明码标价。

第二十一条 经营者应当标明其真实名称和标记。

租赁他人柜台或者场地的经营者,应当标明其真实名称和标记。

第二十二条 经营者提供商品或者服务,应当按照国家有关规定或者商业惯例向消费者出具发票等购货凭证或者服务单据;消费者索要发票等购货凭证或者服务单据的,经营者必须出具。

第二十三条 经营者应当保证在正常使用商品或者接受服务的情况下其提供的商品或者服务应当具有的质量、性能、用途和有效期限;但消费者在购买该商品或者接受该服务前已经知道其存在瑕疵,且存在该瑕疵不违反法律强制性规定的除外。

经营者以广告、产品说明、实物样品或者其他方式表明商品或者服务的质量状况的，应当保证其提供的商品或者服务的实际质量与表明的质量状况相符。

经营者提供的机动车、计算机、电视机、电冰箱、空调器、洗衣机等耐用商品或者装饰装修等服务，消费者自接受商品或者服务之日起六个月内发现瑕疵，发生争议的，由经营者承担有关瑕疵的举证责任。

第二十四条　经营者提供的商品或者服务不符合质量要求的，消费者可以依照国家规定、当事人约定退货，或者要求经营者履行更换、修理等义务。没有国家规定和当事人约定的，消费者可以自收到商品之日起七日内退货；七日后符合法定解除合同条件的，消费者可以及时退货，不符合法定解除合同条件的，可以要求经营者履行更换、修理等义务。

依照前款规定进行退货、更换、修理的，经营者应当承担运输等必要费用。

第二十五条　经营者采用网络、电视、电话、邮购等方式销售商品，消费者有权自收到商品之日起七日内退货，且无须说明理由，但下列商品除外：

（一）消费者定作的；

（二）鲜活易腐的；

（三）在线下载或者消费者拆封的音像制品、计算机软件等数字化商品；

（四）交付的报纸、期刊。

除前款所列商品外，其他根据商品性质并经消费者在购买时确认不宜退货的商品，不适用无理由退货。

消费者退货的商品应当完好。经营者应当自收到退回商品之日起七日内返还消费者支付的商品价款。退回商品的运费由消费者承担；经营者和消费者另有约定的，按照约定。

第二十六条　经营者在经营活动中使用格式条款的，应当以显著方式提请消费者注意商品或者服务的数量和质量、价款或者费用、履行期限和方式、安全注意事项和风险警示、售后服务、民事责任等与消费者有重大利害关系的内容,并按照消费者的要求予以说明。

经营者不得以格式条款、通知、声明、店堂告示等方式,作出排除或者限制消费者权利、减轻或者免除经营者责任、加重消费者责任等对消费者不公平、不合理的规定,不得利用格式条款并借助技术手段强制交易。

格式条款、通知、声明、店堂告示等含有前款所列内容的,其内容无效。

第二十七条　经营者不得对消费者进行侮辱、诽谤,不得搜查消费者的身体及其携带的物品,不得侵犯消费者的人身自由。

第二十八条　采用网络、电视、电话、邮购等方式提供商品或者服务的经营者,以及提供证券、保险、银行等金融服务的经营者,应当向消费者提供经营地址、联系方式、商品或者服务的数量和质量、价款或者费用、履行期限和方式、安全注意事项和风险警示、售后服务、民事责任等信息。

第二十九条　经营者收集、使用消费者个人信息,应当遵循合法、正当、必要的原则,明示收集、使用信息的目的、方式和范围,并经消费者同意。经营者收集、使用消费者个人信息,应当公开其收集、使用规则,不得违反法律、法规的规定和双方的约定收集、使用信息。

经营者及其工作人员对收集的消费者个人信息必须严格保密,不得泄露、出售或者非法向他人提供。经营者应当采取技术措施和其他必要措施,确保信息安全,防止消费者个人信息泄露、丢失。在发生或者可能发生信息泄露、丢失的情况时,应当立即采取补救措施。

经营者未经消费者同意或者请求,或者消费者明确表示拒绝的,不得向其发送商业性信息。

第四章　国家对消费者合法权益的保护

第三十条　国家制定有关消费者权益的法律、法规、规章和强制性标准,应当听取消费者和消费者协会等组织的意见。

第三十一条　各级人民政府应当加强领导,组织、协调、督促有关行政部门做好保护消费者合法权益的工作,落实保护消费者合法权益的职责。

各级人民政府应当加强监督,预防危害消费者人身、财产安全行为的发生,及时制止危害消费者人身、财产安全的行为。

第三十二条 各级人民政府工商行政管理部门和其他有关行政部门应当依照法律、法规的规定,在各自的职责范围内,采取措施,保护消费者的合法权益。

有关行政部门应当听取消费者和消费者协会等组织对经营者交易行为、商品和服务质量问题的意见,及时调查处理。

第三十三条 有关行政部门在各自的职责范围内,应当定期或者不定期对经营者提供的商品和服务进行抽查检验,并及时向社会公布抽查检验结果。

有关行政部门发现并认定经营者提供的商品或者服务存在缺陷,有危及人身、财产安全危险的,应当立即责令经营者采取停止销售、警示、召回、无害化处理、销毁、停止生产或者服务等措施。

第三十四条 有关国家机关应当依照法律、法规的规定,惩处经营者在提供商品和服务中侵害消费者合法权益的违法犯罪行为。

第三十五条 人民法院应当采取措施,方便消费者提起诉讼。对符合《中华人民共和国民事诉讼法》起诉条件的消费者权益争议,必须受理,及时审理。

第五章 消费者组织

第三十六条 消费者协会和其他消费者组织是依法成立的对商品和服务进行社会监督的保护消费者合法权益的社会组织。

第三十七条 消费者协会履行下列公益性职责:

(一)向消费者提供消费信息和咨询服务,提高消费者维护自身合法权益的能力,引导文明、健康、节约资源和保护环境的消费方式;

(二)参与制定有关消费者权益的法律、法规、规章和强制性标准;

（三）参与有关行政部门对商品和服务的监督、检查；

（四）就有关消费者合法权益的问题，向有关部门反映、查询，提出建议；

（五）受理消费者的投诉，并对投诉事项进行调查、调解；

（六）投诉事项涉及商品和服务质量问题的，可以委托具备资格的鉴定人鉴定，鉴定人应当告知鉴定意见；

（七）就损害消费者合法权益的行为，支持受损害的消费者提起诉讼或者依照本法提起诉讼；

（八）对损害消费者合法权益的行为，通过大众传播媒介予以揭露、批评。

各级人民政府对消费者协会履行职责应当予以必要的经费等支持。

消费者协会应当认真履行保护消费者合法权益的职责，听取消费者的意见和建议，接受社会监督。

依法成立的其他消费者组织依照法律、法规及其章程的规定，开展保护消费者合法权益的活动。

第三十八条　消费者组织不得从事商品经营和营利性服务，不得以收取费用或者其他牟取利益的方式向消费者推荐商品和服务。

第六章　争议的解决

第三十九条　消费者和经营者发生消费者权益争议的，可以通过下列途径解决：

（一）与经营者协商和解；

（二）请求消费者协会或者依法成立的其他调解组织调解；

（三）向有关行政部门投诉；

（四）根据与经营者达成的仲裁协议提请仲裁机构仲裁；

（五）向人民法院提起诉讼。

第四十条　消费者在购买、使用商品时，其合法权益受到损害的，可以向销售者要求赔偿。销售者赔偿后，属于生产者的责任或者属于向销售者提供商品的其他销售者的责任的,销售者有权向生产者或者其他销售者追偿。

消费者或者其他受害人因商品缺陷造成人身、财产损害的,可以向销售者要求赔偿,也可以向生产者要求赔偿。属于生产者责任的,销售者赔偿后,有权向生产者追偿。属于销售者责任的,生产者赔偿后,有权向销售者追偿。

消费者在接受服务时,其合法权益受到损害的,可以向服务者要求赔偿。

第四十一条　消费者在购买、使用商品或者接受服务时,其合法权益受到损害,因原企业分立、合并的,可以向变更后承受其权利义务的企业要求赔偿。

第四十二条　使用他人营业执照的违法经营者提供商品或者服务,损害消费者合法权益的,消费者可以向其要求赔偿,也可以向营业执照的持有人要求赔偿。

第四十三条　消费者在展销会、租赁柜台购买商品或者接受服务,其合法权益受到损害的,可以向销售者或者服务者要求赔偿。展销会结束或者柜台租赁期满后,也可以向展销会的举办者、柜台的出租者要求赔偿。展销会的举办者、柜台的出租者赔偿后,有权向销售者或者服务者追偿。

第四十四条　消费者通过网络交易平台购买商品或者接受服务,其合法权益受到损害的,可以向销售者或者服务者要求赔偿。网络交易平台提供者不能提供销售者或者服务者的真实名称、地址和有效联系方式的,消费者也可以向网络交易平台提供者要求赔偿;网络交易平台提供者作出更有利于消费者的承诺的,应当履行承诺。网络交易平台提供者赔偿后,有权向销售者或者服务者追偿。

网络交易平台提供者明知或者应知销售者或者服务者利用其平台侵害消费者合法权益,未采取必要措施的,依法与该销售者或者服务者承担连带责任。

第四十五条　消费者因经营者利用违法广告或者其他虚假宣传方式提供商品或者服务,其合法权益受到损害的,可以向经营者要求赔偿。广告经营者、发布者发布违法广告的,消费者可以请求行政主管部门予以惩处。广告经营者、发布者不能提供经营者的真实名称、地址和有效联系方式的,应当承担赔偿责任。

广告经营者、发布者设计、制作、发布关系消费者生命健康商品或者服务的违法广告,造成消费者损害的,应当与提供该商品或者服务的经营者承担连带责任。

社会团体或者其他组织、个人在关系消费者生命健康商品或者服务的违法广告或者其他虚假宣传中向消费者推荐商品或者服务,造成消费者损害的,应当与提供该商品或者服务的经营者承担连带责任。

第四十六条　消费者向有关行政部门投诉的,该部门应当自收到投诉之日起七个工作日内,予以处理并告知消费者。

第四十七条　对侵害众多消费者合法权益的行为,中国消费者协会以及在省、自治区、直辖市设立的消费者协会,可以向人民法院提起诉讼。

第七章　法律责任

第四十八条　经营者提供商品或者服务有下列情形之一的,除本法另有规定外,应当依照其他有关法律、法规的规定,承担民事责任:

(一)商品或者服务存在缺陷的;

(二)不具备商品应当具备的使用性能而出售时未作说明的;

(三)不符合在商品或者其包装上注明采用的商品标准的;

(四)不符合商品说明、实物样品等方式表明的质量状况的;

(五)生产国家明令淘汰的商品或者销售失效、变质的商品的;

(六)销售的商品数量不足的;

(七)服务的内容和费用违反约定的;

(八)对消费者提出的修理、重作、更换、退货、补足商品数量、退还货款和服务费用或者赔偿损失的要求,故意拖延或者无理拒绝的;

（九）法律、法规规定的其他损害消费者权益的情形。

经营者对消费者未尽到安全保障义务，造成消费者损害的，应当承担侵权责任。

第四十九条　经营者提供商品或者服务，造成消费者或者其他受害人人身伤害的，应当赔偿医疗费、护理费、交通费等为治疗和康复支出的合理费用，以及因误工减少的收入。造成残疾的，还应当赔偿残疾生活辅助具费和残疾赔偿金。造成死亡的，还应当赔偿丧葬费和死亡赔偿金。

第五十条　经营者侵害消费者的人格尊严、侵犯消费者人身自由或者侵害消费者个人信息依法得到保护的权利的，应当停止侵害、恢复名誉、消除影响、赔礼道歉，并赔偿损失。

第五十一条　经营者有侮辱诽谤、搜查身体、侵犯人身自由等侵害消费者或者其他受害人人身权益的行为，造成严重精神损害的，受害人可以要求精神损害赔偿。

第五十二条　经营者提供商品或者服务，造成消费者财产损害的，应当依照法律规定或者当事人约定承担修理、重作、更换、退货、补足商品数量、退还货款和服务费用或者赔偿损失等民事责任。

第五十三条　经营者以预收款方式提供商品或者服务的，应当按照约定提供。未按照约定提供的，应当按照消费者的要求履行约定或者退回预付款；并应当承担预付款的利息、消费者必须支付的合理费用。

第五十四条　依法经有关行政部门认定为不合格的商品，消费者要求退货的，经营者应当负责退货。

第五十五条　经营者提供商品或者服务有欺诈行为的，应当按照消费者的要求增加赔偿其受到的损失，增加赔偿的金额为消费者购买商品的价款或者接受服务的费用的三倍；增加赔偿的金额不足五百元的，为五百元。法律另有规定的，依照其规定。

经营者明知商品或者服务存在缺陷，仍然向消费者提供，造成消费者或者其他受害人死亡或者健康严重损害的，受害人有权要求经营者依照本法第四十九条、第五十一条等法律规定赔偿损失，并有权要求所受损失二倍以下的惩罚性赔偿。

第五十六条 经营者有下列情形之一,除承担相应的民事责任外,其他有关法律、法规对处罚机关和处罚方式有规定的,依照法律、法规的规定执行;法律、法规未作规定的,由工商行政管理部门或者其他有关行政部门责令改正,可以根据情节单处或者并处警告、没收违法所得、处以违法所得一倍以上十倍以下的罚款,没有违法所得的,处以五十万元以下的罚款;情节严重的,责令停业整顿、吊销营业执照:

(一)提供的商品或者服务不符合保障人身、财产安全要求的;

(二)在商品中掺杂、掺假,以假充真,以次充好,或者以不合格商品冒充合格商品的;

(三)生产国家明令淘汰的商品或者销售失效、变质的商品的;

(四)伪造商品的产地,伪造或者冒用他人的厂名、厂址,篡改生产日期,伪造或者冒用认证标志等质量标志的;

(五)销售的商品应当检验、检疫而未检验、检疫或者伪造检验、检疫结果的;

(六)对商品或者服务作虚假或者引人误解的宣传的;

(七)拒绝或者拖延有关行政部门责令对缺陷商品或者服务采取停止销售、警示、召回、无害化处理、销毁、停止生产或者服务等措施的;

(八)对消费者提出的修理、重作、更换、退货、补足商品数量、退还货款和服务费用或者赔偿损失的要求,故意拖延或者无理拒绝的;

(九)侵害消费者人格尊严、侵犯消费者人身自由或者侵害消费者个人信息依法得到保护的权利的;

(十)法律、法规规定的对损害消费者权益应当予以处罚的其他情形。

经营者有前款规定情形的,除依照法律、法规规定予以处罚外,处罚机关应当记入信用档案,向社会公布。

第五十七条 经营者违反本法规定提供商品或者服务,侵害消费者合法权益,构成犯罪的,依法追究刑事责任。

第五十八条　经营者违反本法规定,应当承担民事赔偿责任和缴纳罚款、罚金,其财产不足以同时支付的,先承担民事赔偿责任。

第五十九条　经营者对行政处罚决定不服的,可以依法申请行政复议或者提起行政诉讼。

第六十条　以暴力、威胁等方法阻碍有关行政部门工作人员依法执行职务的,依法追究刑事责任;拒绝、阻碍有关行政部门工作人员依法执行职务,未使用暴力、威胁方法的,由公安机关依照《中华人民共和国治安管理处罚法》的规定处罚。

第六十一条　国家机关工作人员玩忽职守或者包庇经营者侵害消费者合法权益的行为的,由其所在单位或者上级机关给予行政处分;情节严重,构成犯罪的,依法追究刑事责任。

第八章　附则

第六十二条　农民购买、使用直接用于农业生产的生产资料,参照本法执行。

第六十三条　本法自1994年1月1日起施行。

7.《互联网信息服务管理办法》

（2000年9月20日国务院第三十一次常务会议通过,2000年9月25日国务院令第292号公布施行。根据中华人民共和国国务院令第588号《国务院关于废止和修改部分行政法规的决定》将本文第二十条中引用的"治安管理处罚条例"修改为"治安管理处罚法",自2011年1月8日起实施。）

第一条　为了规范互联网信息服务活动,促进互联网信息服务健康有序发展,制定本办法。

附录:国内现行涉及网络交易管理方面的法律法规及规范性文件

第二条　在中华人民共和国境内从事互联网信息服务活动,必须遵守本办法。

本办法所称互联网信息服务,是指通过互联网向上网用户提供信息的服务活动。

第三条　互联网信息服务分为经营性和非经营性两类。

经营性互联网信息服务,是指通过互联网向上网用户有偿提供信息或者网页制作等服务活动。

非经营性互联网信息服务,是指通过互联网向上网用户无偿提供具有公开性、共享性信息的服务活动。

第四条　国家对经营性互联网信息服务实行许可制度;对非经营性互联网信息服务实行备案制度。

未取得许可或者未履行备案手续的,不得从事互联网信息服务。

第五条　从事新闻、出版、教育、医疗保健、药品和医疗器械等互联网信息服务,依照法律、行政法规以及国家有关规定须经有关主管部门审核同意的,在申请经营许可或者履行备案手续前,应当依法经有关主管部门审核同意。

第六条　从事经营性互联网信息服务,除应当符合《中华人民共和国电信条例》规定的要求外,还应当具备下列条件:

(一)有业务发展计划及相关技术方案;

(二)有健全的网络与信息安全保障措施,包括网站安全保障措施、信息安全保密管理制度、用户信息安全管理制度;

(三)服务项目属于本办法第五条规定范围的,已取得有关主管部门同意的文件。

第七条　从事经营性互联网信息服务,应当向省、自治区、直辖市电信管理机构或者国务院信息产业主管部门申请办理互联网信息服务增值电信业务经营许可证(以下简称"经营许可证")。省、自治区、直辖市电信管理机构或者国务院信息产业主管部门应当自收到申请之日起六十日内审查完毕,作出批准或者不予批准的决定。予以批准的,颁发经营许可证;不予批准的,应当书面通知申请人并说明理由。

申请人取得经营许可证后,应当持经营许可证向企业登记机关办理登记手续。

第八条 从事非经营性互联网信息服务,应当向省、自治区、直辖市电信管理机构或者国务院信息产业主管部门办理备案手续。办理备案时,应当提交下列材料:

(一)主办单位和网站负责人的基本情况;

(二)网站网址和服务项目;

(三)服务项目属于本办法第五条规定范围的,已取得有关主管部门的同意文件。

省、自治区、直辖市电信管理机构对备案材料齐全的,应当予以备案并编号。

第九条 从事互联网信息服务,拟开办电子公告服务的,应当在申请经营性互联网信息服务许可或者办理非经营性互联网信息服务备案时,按照国家有关规定提出专项申请或者专项备案。

第十条 省、自治区、直辖市电信管理机构和国务院信息产业主管部门应当公布取得经营许可证或者已履行备案手续的互联网信息服务提供者名单。

第十一条 互联网信息服务提供者应当按照经许可或者备案的项目提供服务,不得超出经许可或者备案的项目提供服务。

非经营性互联网信息服务提供者不得从事有偿服务。

互联网信息服务提供者变更服务项目、网站网址等事项的,应当提前三十日向原审核、发证或者备案机关办理变更手续。

第十二条 互联网信息服务提供者应当在其网站主页的显著位置标明其经营许可证编号或者备案编号。

第十三条 互联网信息服务提供者应当向上网用户提供良好的服务,并保证所提供的信息内容合法。

第十四条 从事新闻、出版以及电子公告等服务项目的互联网信息服务提供者,应当记录提供的信息内容及其发布时间、互联网地址或者域名;互联网接入服务提供者应当记录上网用户的上网时间、用户账号、互联网地址或者域名、主叫电话号码等信息。互联网信息服务提供者和互联网接入服务提供者的记录备份应当保存六十日,并在国家有关机关依法查询时,予以提供。

第十五条　互联网信息服务提供者不得制作、复制、发布、传播含有下列内容的信息:

(一)反对宪法所确定的基本原则的;

(二)危害国家安全,泄露国家秘密,颠覆国家政权,破坏国家统一的;

(三)损害国家荣誉和利益的;

(四)煽动民族仇恨、民族歧视,破坏民族团结的;

(五)破坏国家宗教政策,宣扬邪教和封建迷信的;

(六)散布谣言,扰乱社会秩序,破坏社会稳定的;

(七)散布淫秽、色情、赌博、暴力、凶杀、恐怖或者教唆犯罪的;

(八)侮辱或者诽谤他人,侵害他人合法权益的;

(九)含有法律、行政法规禁止的其他内容的。

第十六条　互联网信息服务提供者发现其网站传输的信息明显属于本办法第十五条所列内容之一的,应当立即停止传输,保存有关记录,并向国家有关机关报告。

第十七条　经营性互联网信息服务提供者申请在境内境外上市或者同外商合资、合作,应当事先经国务院信息产业主管部门审查同意;其中,外商投资的比例应当符合有关法律、行政法规的规定。

第十八条　国务院信息产业主管部门和省、自治区、直辖市电信管理机构,依法对互联网信息服务实施监督管理。

新闻、出版、教育、卫生、药品监督管理、工商行政管理和公安、国家安全等有关主管部门,在各自职责范围内依法对互联网信息内容实施监督管理。

第十九条　违反本办法的规定,未取得经营许可证,擅自从事经营性互联网信息服务,或者超出许可的项目提供服务的,由省、自治区、直辖市电信管理机构责令限期改正,有违法所得的,没收违法所得,处违法所得三倍以上五倍以下的罚款;没有违法所得或者违法所得不足五万元的,处十万元以上一百万元以下的罚款;情节严重的,责令关闭网站。

违反本办法的规定,未履行备案手续,擅自从事非经营性互联网信息服务,或者超出备案的项目提供服务的,由省、自治区、直辖市电信管理机构责令限期改正;拒不改正的,责令关闭网站。

第二十条　制作、复制、发布、传播本办法第十五条所列内容之一的信息,构成犯罪的,依法追究刑事责任;尚不构成犯罪的,由公安机关、国家安全机关依照《中华人民共和国治安管理处罚条例》、《计算机信息网络国际联网安全保护管理办法》等有关法律、行政法规的规定予以处罚;对经营性互联网信息服务提供者,并由发证机关责令停业整顿直至吊销经营许可证,通知企业登记机关;对非经营性互联网信息服务提供者,并由备案机关责令暂时关闭网站直至关闭网站。

第二十一条　未履行本办法第十四条规定的义务的,由省、自治区、直辖市电信管理机构责令改正;情节严重的,责令停业整顿或者暂时关闭网站。

第二十二条　违反本办法的规定,未在其网站主页上标明其经营许可证编号或者备案编号的,由省、自治区、直辖市电信管理机构责令改正,处五千元以上五万元以下的罚款。

第二十三条　违反本办法第十六条规定的义务的,由省、自治区、直辖市电信管理机构责令改正;情节严重的,对经营性互联网信息服务提供者,并由发证机关吊销经营许可证,对非经营性互联网信息服务提供者,并由备案机关责令关闭网站。

第二十四条　互联网信息服务提供者在其业务活动中,违反其他法律、法规的,由新闻、出版、教育、卫生、药品监督管理和工商行政管理等有关主管部门依照有关法律、法规的规定处罚。

第二十五条　电信管理机构和其他有关主管部门及其工作人员,玩忽职守、滥用职权、徇私舞弊,疏于对互联网信息服务的监督管理,造成严重后果,构成犯罪的,依法追究刑事责任;尚不构成犯罪的,对直接负责的主管人员和其他直接责任人员依法给予降级、撤职直至开除的行政处分。

第二十六条　在本办法公布前从事互联网信息服务的,应当自本办法公布之日起六十日内依照本办法的有关规定补办有关手续。

第二十七条　本办法自公布之日起施行。

8.《工商行政管理部门处理消费者投诉办法》

(2014年2月14日国家工商行政管理总局令第62号公布。)

第一章　总　则

第一条　为了规范工商行政管理部门处理消费者投诉程序,及时处理消费者与经营者之间发生的消费者权益争议,保护消费者的合法权益,根据《消费者权益保护法》等法律法规,制定本办法。

第二条　消费者为生活消费需要购买、使用商品或者接受服务,与经营者发生消费者权益争议,向工商行政管理部门投诉的,依照本办法执行。

第三条　工商行政管理部门对受理的消费者投诉,应当根据事实,依照法律、法规和规章,公正合理地处理。

第四条　工商行政管理部门在其职权范围内受理的消费者投诉属于民事争议的,实行调解制度。

第五条　工商行政管理部门应当引导经营者加强自律,鼓励经营者与消费者协商和解消费纠纷。

第二章　管　辖

第六条　消费者投诉由经营者所在地或者经营行为发生地的县

(市)、区工商行政管理部门管辖。

消费者因网络交易发生消费者权益争议的,可以向经营者所在地工商行政管理部门投诉,也可以向第三方交易平台所在地工商行政管理部门投诉。

第七条　县(市)、区工商行政管理部门负责处理本辖区内的消费者投诉。

有管辖权的工商行政管理部门可以授权其派出机构,处理派出机构辖区内的消费者投诉。

第八条　省、自治区、直辖市工商行政管理部门或者市(地、州)工商行政管理部门及其设立的12315消费者投诉举报中心,应当对收到的消费者投诉进行记录,并及时将投诉分送有管辖权的工商行政管理部门处理,同时告知消费者分送情况。告知记录应当留存备查。

有管辖权的工商行政管理部门应当将处理结果及时反馈上级部门及其设立的12315消费者投诉举报中心。

第九条　上级工商行政管理部门认为有必要的,可以处理下级工商行政管理部门管辖的消费者投诉。

下级工商行政管理部门管辖的消费者投诉,认为需要由上级工商行政管理部门处理的,可以报请上级工商行政管理部门决定。

两地以上工商行政管理部门因管辖权发生异议的,报请其共同的上一级工商行政管理部门指定管辖。

第十条　工商行政管理部门及其派出机构发现消费者投诉不属于工商行政管理部门职责范围内的,应当及时告知消费者向有关行政管理部门投诉。

第三章　处理程序

第十一条　消费者投诉应当符合下列条件:

(一)有明确的被投诉人;

(二)有具体的投诉请求、事实和理由;

(三)属于工商行政管理部门职责范围。

第十二条 消费者通过信函、传真、短信、电子邮件和12315网站投诉平台等形式投诉的,应当载明:消费者的姓名以及住址、电话号码等联系方式;被投诉人的名称、地址;投诉的要求、理由及相关的事实根据;投诉的日期等。

消费者采用电话、上门等形式投诉的,工商行政管理部门工作人员应当记录前款各项信息。

第十三条 消费者可以本人提出投诉,也可以委托他人代为提出。

消费者委托代理人进行投诉的,应当向工商行政管理部门提交本办法第十二条规定的投诉材料、授权委托书原件以及受托人的身份证明。授权委托书应当载明委托事项、权限和期限,并应当由消费者本人签名。

第十四条 消费者为二人以上,投诉共同标的的,工商行政管理部门认为可以合并受理,并经当事人同意的,为共同投诉。

共同投诉可以由消费者书面推选并授权二名代表进行投诉。代表人的投诉行为对其所代表的消费者发生效力,但代表人变更、放弃投诉请求,或者进行和解,应当经被代表的消费者同意。

第十五条 有管辖权的工商行政管理部门应当自收到消费者投诉之日起七个工作日内,予以处理并告知投诉人:

(一)符合规定的投诉予以受理,并告知投诉人;

(二)不符合规定的投诉不予受理,并告知投诉人不予受理的理由。

第十六条 下列投诉不予受理或者终止受理:

(一)不属于工商行政管理部门职责范围的;

(二)购买后商品超过保质期,被投诉人已不再负有违约责任的;

(三)已经工商行政管理部门组织调解的;

(四)消费者协会或者人民调解组织等其他组织已经调解或者正在处理的;

(五)法院、仲裁机构或者其他行政部门已经受理或者处理的;

(六)消费者知道或者应该知道自己的权益受到侵害超过一年的,或者消费者无法证实自己权益受到侵害的；

（七）不符合国家法律、法规及规章规定的。

第十七条　工商行政管理部门受理消费者投诉后，当事人同意调解的，工商行政管理部门应当组织调解，并告知当事人调解的时间、地点、调解人员等事项。

第十八条　调解由工商行政管理部门工作人员主持。经当事人同意，工商行政管理部门可以邀请有关社会组织以及专业人员参与调解。

第十九条　工商行政管理部门的调解人员是消费者权益争议当事人的近亲属或者与当事人有其他利害关系，可能影响投诉公正处理的，应当回避。

当事人对调解人员提出回避申请的，应当及时中止调解活动，并由调解人员所属工商行政管理部门的负责人作出是否回避的决定。

第二十条　工商行政管理部门实施调解，可以要求消费者权益争议当事人提供证据，必要时可以根据有关法律、法规和规章的规定，进行调查取证。

除法律、法规另有规定的，消费者权益争议当事人应当对自己的主张提供证据。

第二十一条　调解过程中需要进行鉴定或者检测的，经当事人协商一致，可以交由具备资格的鉴定人或者检测人进行鉴定、检测。

鉴定或者检测的费用由主张权利一方当事人先行垫付，也可以由双方当事人协商承担。法律、法规另有规定的除外。

第二十二条　工商行政管理部门在调解过程中，需要委托异地工商行政管理部门协助调查、取证的，应当出具书面委托证明，受委托的工商行政管理部门应当及时予以协助。

第二十三条　工商行政管理部门在调解过程中，应当充分听取消费者权益争议当事人的陈述，查清事实，依据有关法律、法规，针对不同情况提出争议解决意见。在当事人平等协商基础上，引导当事人自愿达成调解协议。

第二十四条 有下列情形之一的,终止调解:
(一)消费者撤回投诉的;
(二)当事人拒绝调解或者无正当理由不参加调解的;
(三)消费者在调解过程中就同一纠纷申请仲裁、提起诉讼的;
(四)双方当事人自行和解的;
(五)其他应当终止的。

第二十五条 工商行政管理部门组织消费者权益争议当事人进行调解达成协议的,应当制作调解书。

调解书应当由当事人及调解人员签名或者盖章,加盖工商行政管理部门印章,由当事人各执一份,工商行政管理部门留存一份归档。

第二十六条 消费者权益争议当事人认为无须制作调解书的,经当事人同意,调解协议可以采取口头形式,工商行政管理部门调解人员应当予以记录备查。

第二十七条 消费者权益争议当事人同时到有管辖权的工商行政管理部门请求处理的,工商行政管理部门可以当即处理,也可以另定日期处理。

工商行政管理部门派出机构可以在其辖区内巡回受理消费者投诉,并就地处理消费者权益争议。

第二十八条 经调解达成协议后,当事人认为有必要的,可以按照有关规定共同向人民法院申请司法确认。

第二十九条 有管辖权的工商行政管理部门应当在受理消费者投诉之日起六十日内终结调解;调解不成的应当终止调解。

需要进行鉴定或者检测的,鉴定或者检测的时间不计算在六十日内。

第三十条 工商行政管理部门工作人员在处理消费者投诉工作中滥用职权、玩忽职守、徇私舞弊的,依法给予处分。

第四章 附 则

第三十一条 农民购买、使用直接用于农业生产的生产资料的投诉,参照本办法执行。

第三十二条 对其他部门转来属于工商行政管理部门职责范围内的消费者投诉,按照本办法第七条或者第八条规定执行。

第三十三条 工商行政管理部门在处理消费者投诉中,发现经营者有违法行为的,或者消费者举报经营者违法行为的,依照《工商行政管理机关行政处罚程序规定》另案处理。

第三十四条 本办法中有关文书式样,由国家工商行政管理总局统一制定。

第三十五条 本办法由国家工商行政管理总局负责解释。

第三十六条 本办法自2014年3月15日起施行。1996年3月15日原国家工商行政管理局第51号令公布的《工商行政管理机关受理消费者申诉暂行办法》和1997年3月15日原国家工商行政管理局第75号令公布的《工商行政管理所处理消费者申诉实施办法》同时废止。

9. 国家工商总局《关于加强跨省网络商品交易及有关服务违法行为查处工作的意见》

(工商市字[2011]111号)

各省、自治区、直辖市工商行政管理局:

为规范跨省网络商品交易及有关服务违法行为的查处工作,针对跨省网络商品交易及有关服务行为的实际情况和表现形式,根据《工商行政管理机关行政处罚程序规定》《网络商品交易及有关服务行为管理暂行办法》,提出如下意见:

一、各级工商行政管理机关应当加强跨省网络商品交易及有关服务违法行为(以下简称"网络交易违法行为")查处工作,加强查处跨省网络商品交易违法行为的协调配合工作。

跨省网络商品交易违法行为,是指通过网络交易平台提供商品或者服务的经营者(以下简称"网店经营者")与提供网络交易平台服务的经营者(以下简称"网络交易平台经营者")住所所在地分别属于不同省份(自治区、直辖市)时发生的网络商品交易违法行为。

二、查处跨省网络商品交易违法行为,需要异地工商行政管理机关协查的,以下情形,由立案地省级工商行政管理机关转请异地省级工商行政管理机关协查,并抄报国家工商行政管理总局备案:

1. 中央、国务院、省级领导批办的案件;

2. 国家工商行政管理总局交办的案件;

3. 省级以上新闻媒体、国内知名门户网站披露引发社会关注的违法行为;

4. 违法性质恶劣,引发群体投诉的;

5. 涉案金额一百万元以上的;

6. 立案地省级工商行政管理机关认为需要转请异地省级工商行政管理机关协查的其他案件。

上述情形以外的,由立案地地(市)级工商行政管理机关转请异地地(市)级工商行政管理机关协查,同时抄报省级工商行政管理机关备案。

网络交易平台经营者住所所在地工商行政管理机关查处网店经营者违法行为不便,需要移交异地工商行政管理机关处理的,按照上述原则移交。

三、网店经营者住所所在地工商行政管理机关查处网店违法经营行为,发现其涉及网络交易违法行为,需要搜集违法行为证据的,可以提请网络交易平台经营者住所所在地工商行政管理机关协查;对违法性质严重的网店经营者,可以依法要求网络交易平台经营者停止对其提供网络交易平台服务。

四、查处跨省网络商品交易违法行为,立案地工商行政管理机关需要异地工商行政管理机关协查的,应当说明违法经营者主体情况、网络载体情况、主要违法问题及需要协查事项等,同时附上案件相关材料。

负责案件协查的工商行政管理机关,应当在收到协查通知三十日内完成协查工作,并向立案地工商行政管理机关通报协查情况;立案地工商行政管理机关应当在结案后十五日内向协查地工商行政管理机关通报案件查处情况。

五、网络交易平台经营者住所所在地工商行政管理机关向网店经营者住所所在地工商行政管理机关移交网店经营者违法情况时,应报上级工商行政管理机关备案;网店经营者住所所在地工商行政管理机关应当在收到移交材料三十日内或案件结案后十五日内,向移交材料的工商行政管理机关通报查处情况。

六、国家工商行政管理总局对省级工商行政管理机关报请备案的网络交易协查案件和其他重大案件进行督办,对其他网络商品交易协查案件及违法情况移交查处工作进行检查。

七、对其他具有跨省网络商品交易违法行为特征的违法网络交易行为,参照本意见规定执行。

10. 国家工商总局《关于工商行政管理机关电子数据证据取证工作的指导意见》

(工商市字[2011]248号)

各省、自治区、直辖市及计划单列市、副省级市工商行政管理局、市场监督管理局:

为规范工商行政管理机关电子数据证据取证工作,加强商品网络交易及有关服务违法行为查处工作,根据《中华人民共和国行政诉讼法》、《中华人民共和国电子签名法》、《最高人民法院关于行政诉讼证据若干问题的规定》,以及《工商行政管理机关行政处罚程序规定》,现就工商行政管理机关电子数据证据(以下简称"电子证据")取证工作提出如下指导意见:

一、电子证据取证是指工商行政管理执法人员在查处网络商品交易及有关服务违法行为时,运用技术手段收集、调取违法行为的电子数据证明材料或者与违法行为有关的其他电子数据材料。

二、本意见所称电子证据是指以电子数据的形式存在于计算机存储器或外部存储介质中,能够证明案件真实情况的电子数据证明材料或与案件有关的其他电子数据材料。

三、电子证据取证应当严格遵守国家法律、法规、规章的有关规定,除与案件有关联的电子证据外,不得随意复制、泄露案件当事人储存在计算机系统中的私人材料和商业秘密。

四、电子证据取证工作任务应当至少有两名执法人员参与进行,其中至少有一名人员应当熟练掌握计算机操作知识。

五、执法人员应当收集电子证据的原始载体。收集原始载体有困难的,可以采用以下四种方式取证,取证时应当注明制作方法、制作时间、制作人和证明对象等。

(一)书式固定。对于计算机系统中的文字、符号、图画等有证据效力的文件,可以将有关内容直接进行打印,按书面证据进行固定。书式固定应注明证据来源并保持其完整性。

(二)拍照摄像。如果电子证据中含有动态文字、图像、声音、视频或者需要专门软件才能显示的内容,可以采用拍照、录音或摄像方法,将其转化为视听资料证据。

(三)拷贝复制。执法人员可以将涉嫌违法的计算机文件拷贝到U盘或刻录到光盘等计算机存储设备,也可以对整个硬盘进行镜像备份。在复制之前,应当检验确认所准备的计算机存储设备完好且没有数据。在复制之后,应当及时检查复制的质量,防止因保存方式不当等导致复制不成功或被病毒感染,同时要现场封存好复制件。

案件当事人拒绝对打印的相关书证和转化的视听证据进行核对确认,执法人员应当注明原因,必要时可邀请与案件无关的第三方人员进行见证。

(四)委托分析。对于较为复杂的电子证据或者遇到数据被删除、篡改等执法人员难以解决的情况,可以委托具有资质的第三方电子证据鉴定机构或司法部门进行检验分析。

委托专业机构或司法部门分析时,执法人员应填写委托书,同时提交封存的计算机存储设备或相关设备清单。专业机构按规定程序和要求分析设备中包含的电子数据,提取与案件相关的电子证据,并制作鉴定结论。

六、在计算机终端设备中进行电子证据取证时,应当了解掌握提供证据单位的计算机的密码设置、应用软件安装、资料存放位置等情况。

七、在网络交易平台中进行电子证据取证时,按照《网络商品交易及有关服务行为管理暂行办法》、《互联网信息服务管理办法》有关规定,网络服务经营者应提供有关数据,并在输出的电子证据书件上加盖公章予以确认。

八、工商行政管理机关查处违法案件涉及电子证据时,执法人员在案件现场应制作现场检查记录,现场检查记录应客观、详细、真实地记录计算机系统中显示与违法事实相关的内容和储存位置。

在案件调查阶段制作询问笔录中,对于现场检查记录、打印书证、拷贝复制文件时已经取得的电子证据内容,应专门询问案件当事人,并详细记载回答内容,使询问笔录与其他证据相互印证。

九、根据法律、法规的规定,执法人员对于专门用于违法经营的计算机系统中发现涉及违法经营的证据材料,经报请批准,可以直接对计算机及相关设备进行查封或扣押,防止案件当事人损毁、破坏数据。

十、对现场计算机设备实施行政强制措施进行查封时,其查封方法应当保证在不解除查封状态的情况下,无法使用被查封的设备。查封前后应当拍摄被查封计算机设备的照片,清晰反映封口或张贴封条处的状况。

请各地按照此文件精神,进一步规范电子证据取证工作。在实际工作中遇到的新情况新问题,请及时通报总局网络商品交易监管司。

11. 国家工商总局《关于加强网络团购经营活动管理的意见》

(工商市字[2012]39号)

各省、自治区、直辖市及计划单列市、副省级市工商行政管理局、市场监督管理局：

近年来，我国的网络团购经营活动发展迅速，用户总量和交易规模快速增长。网络团购已经成为一种重要的网络交易形式，对于促进我国网络市场的繁荣发展、推动生活服务业的网络化起到了积极的作用。在团购市场日益繁荣的同时，由于网站主体良莠不齐，消费欺诈、以次充好、虚报原价等问题时有发生，相关的消费纠纷和投诉也在急剧上升。为规范网络团购市场经营秩序，维护网络消费者和经营者的合法权益，促进网络团购行业健康发展，现就加强网络团购经营活动管理提出如下意见：

一、规范主体资格，把好网络团购市场准入关

网络团购是指通过互联网渠道，聚集一定数量的消费者组团，以较低折扣购买同一种商品或服务的商业活动。

按照现行登记注册相关法律法规和《网络商品交易及有关服务行为管理暂行办法》(国家工商行政管理总局令第49号，以下简称《办法》)的规定，团购网站经营者应当依法办理工商登记注册并领取营业执照，在其网站主页面醒目位置公开营业执照登载的信息或者其营业执照的电子链接标识。团购网站在各地区开办的分站，其工商登记注册事宜按照现行登记注册法律法规中的相关规定执行。

各地要把好网络团购市场准入关，审核辖区内团购网站的主体资格，对无照经营的，依法予以查处和取缔，并提请通信管理部门依法关闭网站；对违法经营的，依法进行查处，情节严重的依法吊销其营业执照。

二、加强行政指导，督促团购网站切实履行责任义务

团购网站经营者属于提供网络交易平台服务的经营者。在维护网络团购交易秩序方面，团购网站经营者负有重要管理责任。网络团购涉及

范围广、交易规模大,易引发群体性消费纠纷。各地应将团购网站作为网络监管重点,特别是要抓住辖区内开办的影响范围大、交易频率高的团购网站,加强行政指导,采取有力措施督促团购网站经营者认真履行《办法》规定的各项责任和义务,使《办法》的各项规定切实落到实处。团购网站经营者主要承担以下责任义务:

(一)对团购商品(服务)供应者的经营主体资格和团购商品(服务)质量建立审核制度。

团购网站经营者应当对申请通过其网站销售商品或服务的团购商品(服务)供应者的主体身份和经营资格进行审查和登记,建立登记档案并定期核实更新。团购商品(服务)供应者应当是经工商行政管理部门登记注册并领取营业执照的法人、其他经济组织或者个体工商户。团购网站经营者不得为无营业执照的团购商品(服务)供应者提供服务。

团购网站经营者应当对团购商品或服务项目进行严格的事前审核备案,保障团购商品(服务)质量,考查确认商品库存、发货速度、物流体系、服务细则等关键因素,并防止出现虚高报价。团购商品或服务项目应符合国家法律、法规、规章的规定,涉及前置行政许可的,团购商品(服务)供应者应当依法取得相关许可,团购网站经营者不得为未取得相关许可的团购商品(服务)供应者提供服务。

团购网站经营者发布的商品或服务信息应完整、准确、清晰,不得故意隐瞒关键信息,确保发布的商品或服务信息与实际提供的商品或服务保持一致。

(二)以合同形式明确与团购商品(服务)供应者、消费者之间的权利、义务和责任。

团购网站经营者应当与团购商品(服务)供应者签订网站进入经营合同,明确双方在团购交易进入和退出、商品和服务质量安全保障、消费者权益保护等方面的权利、义务和责任。

团购网站经营者应当与消费者签订网站进入消费合同(即用户注册协议)。团购网站经营者向消费者提供电子合同格式条款的,应当符合法律、法规、规章的规定,按照公平原则确定交易双方的权利与义务,采用合理和显著的方式提请消费者注意与消费者权益有重大关系的条款,并按照消费者的要求对该条款予以说明。不得以电子合同格式条款等方式作出对消费者不公平、不合理,减轻、免除经营者义务、责任或者排除、限制消费者主要权利的规定。团购网站经营者向消费者销售商品或者服务,应当事先向消费者说明商品或者服务的名称、种类、数量、质量、价格等主要信息,并在合同中列明配送方式、支付形式、退换货方式、退款条件、售后服务等内容。

(三)团购商品(服务)供应者商业秘密和消费者个人信息保护。

团购网站经营者应当建立信息安全保护制度,采取必要措施保护涉及团购商品(服务)供应者商业秘密或者消费者个人信息的数据资料信息的安全。非经交易当事人同意,不得向任何第三方公开、披露、转让、出售交易当事人名单、交易记录等涉及团购商品(服务)供应者商业秘密或者消费者个人信息的数据。

(四)不正当竞争行为禁止。

团购网站经营者应当采取必要手段保护注册商标专用权、企业名称权等权利,对权利人有证据证明网站内的团购商品(服务)供应者实施侵犯其注册商标专用权、企业名称权等权利的行为或者实施损害其合法权益的不正当竞争行为的,应当依照《侵权责任法》采取必要措施。

团购网站经营者不得利用网络技术手段或者载体等方式,实施盗用、仿效、抄袭其他网站域名、名称、标识等侵权行为,或者实施损害其他经营者的商业信誉、商品声誉等不正当竞争行为。

(五)保护消费者合法权益。

团购网站经营者应当建立完善的售后服务制度、消费纠纷处理制度及专业的客服团队,从技术和人力上保证投诉渠道的畅通,为消费者提供及时的疑难解答与反馈。消费者参加团购发生消费纠纷或者其合法权益受到损害的,团购网站经营者应当积极协助消费者维护自身合法权益。

团购网站经营者向消费者出具购货凭证或者服务单据,应当符合国家有关规定或者商业惯例；征得消费者同意的，可以以电子化形式出具。消费者要求团购网站经营者出具购货凭证或者服务单据的，经营者应当出具。

团购网站经营者应当遵守《消费者权益保护法》中关于退货、退款的相关规定，不得排除消费者依法拥有的退货、退款等权利。团购网站经营者以预收款方式销售团购商品或服务，不得设定过期未消费预付款不退或者限定款项只能退回网站账户等限制。

（六）记录、保存交易信息。

团购网站经营者应当审查、记录、保存在其网站上发布的网络团购相关信息内容及其发布时间。团购商品（服务）供应者主体资质信息记录保存时间从其在该网站举办的最近一次团购活动结束之日起不少于两年，团购商品或服务信息、交易记录等其他信息记录备份保存时间从团购活动结束之日起不少于两年。团购网站经营者应当采取数据备份、故障恢复等技术手段确保网络交易数据和资料的完整性和安全性，并应当保证原始数据的真实性。

（七）规范团购促销活动。

团购网站经营者开展秒杀、抽奖等促销活动应当遵守《反不正当竞争法》及国家工商总局《关于禁止有奖销售活动中不正当竞争行为的若干规定》中关于抽奖式有奖销售的规定，禁止欺骗性有奖销售行为。鼓励团购网站经营者引入第三方公正机构对秒杀、抽奖等促销活动进行监督，保障促销活动的公平、公正。

三、加大监管力度，维护网络团购市场秩序

针对目前网络团购市场中存在的问题，各级工商行政管理机关要立足职能，加强网络监督检查和行政执法工作，加大对各类网络团购违法行为的打击力度，切实维护团购消费者和经营者的合法权益，着力建设规范有序的网络团购市场经营环境，促进网络团购行业健康发展。

（一）建立团购网站经营者主体数据库。各地应当结合建立网络经营主体经济户籍工作，以本地实体经济户籍为依据，以工信部门备案网站数据为基础,以网上搜索、经营者自报、工商所普查等各种方式为补充,查清本地区团购网站设立情况,建立团购网站经营者主体数据库,并做好数据库的动态更新维护。

(二)积极开展网上巡查,查处网络团购违法行为。各地应当依照《办法》等法律、法规、规章,督促团购网站经营者切实履行相关法律责任和义务。积极推进网络交易信息化监管系统建设,充分运用信息技术手段,积极开展网上巡查,将团购网站作为重点巡查对象,开展对团购网站的日常经营活动监测,及时发现和查处网络团购经营活动中的销售假冒伪劣商品、虚假宣传、侵犯注册商标专用权和企业名称权、非法有奖促销、不公平格式合同等违法违规行为,依法规范网络团购经营活动中前置许可商品或服务项目的销售行为。

(三)制定和推广合同示范文本。目前,团购网站与团购商品(服务)供应者、团购网站与消费者之间签订的合同多数并不规范,不公平合同格式条款现象较为严重,是造成网络团购纠纷频频发生的重要原因之一。各地应积极制定推广网络团购合同示范文本,引导和规范网络团购合同当事人的签约履约行为,明确团购参与各方的权利义务,切实保护团购消费者合法权益,从源头上有效规范网络团购市场交易秩序。

(四)进一步完善消费者权益保护机制。各地应当积极探索研究有效维护网购消费者权益的制度和措施,通过与团购网站建立消费维权工作联络机制、指导监督团购网站经营者建立健全消费者权益保护制度、在团购网站设置消费投诉举报电子标识链接等多种形式,多方位开辟消费保护渠道,及时受理处理团购消费投诉举报,及时查处侵害团购消费者合法权益的行为。同时,各地应积极开展网络消费者教育,将网络团购违法行为和案例及时通过发布警示信息等多种形式向社会公布,提高团购消费者防范风险、维护自身合法权益的意识和能力。

(五)鼓励支持团购网站加强自律。促进行业和企业自律是维护网络交易秩序、促进网络交易健康发展的重要措施。各地要抓好团购网站经营者自律的指导监督工作,引导团购网站诚信守法经营,提高服务质量。鼓励团购网站经营者通过建立消费者权益保证金及先行赔付等制度和使用第三方支付等方式，保障网络交易安全，维护网络交易秩序。鼓励团购网站经营者为消费者提供公平、公正的信用评估服务，对团购商品（服务）供应者的信用情况客观、公正地进行采集与记录，建立信用评价体系、信用披露制度以警示交易风险。

参考文献

1. 张楚主编.《电子商务法教程》,清华大学出版社,2011年6月第2版。
2. 国家工商行政管理总局编著.中国工商行政管理分论丛书《竞争执法与市场秩序维护》。
3.《中德网络交易监管比较研究》,中国工商出版社,2011年6月第1版。
4. 国家工商总局行政学院网络教学平台"网络商品交易监管专题班"培训课程内容,包括:

(1)《网络交易监管工作概述》(国家工商总局网络商品交易监管司网络商品交易监管处处长吴东平);

(2)《网络交易特点及管理挑战》(国家工商总局网络商品交易监管司网络商品交易规范处处长刘宝恒);

(3)《网络交易管理信息化平台》(国家工商总局网络商品交易监管司王德翼);

(4)北京市工商局特殊交易监管处处长陈建平.《试论垂直搜索引擎在工商行政网监工作中的应用》;

(5)大连市工商局市场规范管理分局副局长戚辉.《电子证据取证基础理论》。

5. 浙江省金华市江南分局叶格.《当前网络广告监管工作存在的问题、原因和对策分析》,浙江省工商局政务内网,2007年3月5日。

6. 浙江省工商局.《网络违法广告及治理对策》,国家工商总局政务内网,2009年5月20日。

7. 上海市工商局.《对网络不正当竞争行为的监管分析》,《工商行政管理》(半月刊),2006第4期。

8. 张锦玲、赵彩芳.《如何监管网上新宠——微博广告》,《浙江工商行政管理》,2012 年第 4 期。

9. 浙江省宁波市工商局镇海分局李飞.《也谈网络不正当竞争行为的监管》,浙江省工商局政务内网,2006 年 6 月 14 日。

10. 江苏省南通工商局.《查处网络售假案件的方法与体会》,《工商行政管理》(半月刊),2009 年第 21 期。

11. 浙江省台州市临海工商局胡继明.《查处网络经营案件实战技巧》。

12.《福建省工商系统组织查办麦酷网络传销专案》,《工商行政管理》(半月刊),2009 年第 16 期。

13. 上海市工商局浦东新区分局徐海建、兰蓉.《对一则违法股票软件广告的处理》,《工商行政管理》(半月刊),2009 年第 20 期。

14. 福建省工商局.《一起运用网络信息化技术查办的网络商标侵权案件》,《工商行政管理》(半月刊),2013 年 9 期。

15. 上海市工商局浦东新区分局兰蓉.《对一起搜索引擎竞价排名广告的认定》,《工商行政管理》(半月刊),2011 年第 5 期。

16. 北京市第一中级人民法院知识产权审判庭陈勇.《人民法院判处搜索引擎商标侵权典型案例简评》,《工商行政管理》(半月刊),2011 年第 5 期。

17. 浙江省台州市路桥工商分局刘肃、陶利军.《对一起网络违法广告案件定性的探讨》,《网络经济与工商行政管理》,中国工商出版社,2006 年 11 月。

18.《一起普通网络违法案件的说理式处罚文书》,《工商行政管理》(半月刊),2011 年第 14 期。

19. 中国消费者协会.《网络消费安全研究报告(摘要)》,《工商行政管理》(半月刊),2012 年第 8 期。

20. 杭州市工商局局长陈祥荣.《以淘宝网为例看网络消费维权工作思路》,《工商行政管理》(半月刊),2014 年第 6 期。

21. 上海市工商局嘉定分局.《创新"消费维权进网站"大力提升网络维权效能》,《工商行政管理》(半月刊),2013 年第 23 期。

22. 深圳市市场监督管理局、众信电子商务交易保障促进中心.《深圳:ODR 在网络消费维权中的应用》,《工商行政管理》(半月刊),2013 年第 23 期。

参考文献

1. 张楚主编.《电子商务法教程》,清华大学出版社,2011年6月第2版。

2. 国家工商行政管理总局编著. 中国工商行政管理分论丛书《竞争执法与市场秩序维护》。

3.《中德网络交易监管比较研究》,中国工商出版社,2011年6月第1版。

4. 国家工商总局行政学院网络教学平台"网络商品交易监管专题班"培训课程内容,包括:

(1)《网络交易监管工作概述》(国家工商总局网络商品交易监管司网络商品交易监管处处长吴东平);

(2)《网络交易特点及管理挑战》(国家工商总局网络商品交易监管司网络商品交易规范处处长刘宝恒);

(3)《网络交易管理信息化平台》(国家工商总局网络商品交易监管司王德翼);

(4)北京市工商局特殊交易监管处处长陈建平.《试论垂直搜索引擎在工商行政网监工作中的应用》;

(5)大连市工商局市场规范管理分局副局长戚辉.《电子证据取证基础理论》。

5. 浙江省金华市江南分局叶格.《当前网络广告监管工作存在的问题、原因和对策分析》,浙江省工商局政务内网,2007年3月5日。

6. 浙江省工商局.《网络违法广告及治理对策》,国家工商总局政务内网,2009年5月20日。

7. 上海市工商局.《对网络不正当竞争行为的监管分析》,《工商行政管理》(半月刊),2006第4期。

8. 张锦玲、赵彩芳.《如何监管网上新宠——微博广告》,《浙江工商行政管理》,2012 年第 4 期。

9. 浙江省宁波市工商局镇海分局李飞.《也谈网络不正当竞争行为的监管》,浙江省工商局政务内网,2006 年 6 月 14 日。

10. 江苏省南通工商局.《查处网络售假案件的方法与体会》,《工商行政管理》(半月刊),2009 年第 21 期。

11. 浙江省台州市临海工商局胡继明.《查处网络经营案件实战技巧》。

12.《福建省工商系统组织查办麦酷网络传销专案》,《工商行政管理》(半月刊),2009 年第 16 期。

13. 上海市工商局浦东新区分局徐海建、兰蓉.《对一则违法股票软件广告的处理》,《工商行政管理》(半月刊),2009 年第 20 期。

14. 福建省工商局.《一起运用网络信息化技术查办的网络商标侵权案件》,《工商行政管理》(半月刊),2013 年 9 期。

15. 上海市工商局浦东新区分局兰蓉.《对一起搜索引擎竞价排名广告的认定》,《工商行政管理》(半月刊),2011 年第 5 期。

16. 北京市第一中级人民法院知识产权审判庭陈勇.《人民法院判处搜索引擎商标侵权典型案例简评》,《工商行政管理》(半月刊),2011 年第 5 期。

17. 浙江省台州市路桥工商分局刘肃、陶利军.《对一起网络违法广告案件定性的探讨》,《网络经济与工商行政管理》,中国工商出版社,2006 年 11 月。

18.《一起普通网络违法案件的说理式处罚文书》,《工商行政管理》(半月刊),2011 年第 14 期。

19. 中国消费者协会.《网络消费安全研究报告(摘要)》,《工商行政管理》(半月刊),2012 年第 8 期。

20. 杭州市工商局局长陈祥荣.《以淘宝网为例看网络消费维权工作思路》,《工商行政管理》(半月刊),2014 年第 6 期。

21. 上海市工商局嘉定分局.《创新"消费维权进网站"大力提升网络维权效能》,《工商行政管理》(半月刊),2013 年第 23 期。

22. 深圳市市场监督管理局、众信电子商务交易保障促进中心.《深圳:ODR 在网络消费维权中的应用》,《工商行政管理》(半月刊),2013 年第 23 期。

23. 姚振群.《电子证据在竞争执法中的应用》,《工商行政管理》(半月刊),2013第15期。

24. 福建省泉州市工商局王粟洋.《工商涉网案件的现场检查和电子证据取证》,《工商行政管理》(半月刊),2013年第23期。

25. 浙江省工商局合同处副主任陈旭锋.《浅议网络监管行政管辖权》,浙江省工商局政务网。

26. 台州市路桥工商分局陶利军.《网络经营主体种类及工商部门监管对象》,浙江省工商局政务网,2014年2月27日。

27. 全国工商系统网络市场监管专家型人才培训班第八课题组.《关于网络交易平台治理的探究》,《工商行政管理》(半月刊),2013年第23期。

28. 无锡工商局新区分局谈锋汪海涛.《网络海外代购》。

29. 杭州市工商局西湖分局江珏.《引导微博店健康发展的监管方略》,《浙江工商行政管理》,2013年第5期。

30. 北京大学法学院互联网法律中心.《国外互联网立法综述》,《中国工商管理研究》,2012年第3、4、5期。

后　记

　　工欲善其事,必先利其器。随着互联网和网络经济的迅猛发展,网络交易管理成为工商行政管理部门一个十分重要的工作领域。网络经济是知识经济,网络交易管理是一项十分复杂、高知识含量的管理工作。在推进网络交易管理过程中,最为迫切的任务是培养建立一支具有较高专业水平的管理队伍。但是,目前许多基层工商局(市场监督管理局)干部在学习落实国家工商总局60号令和查办网络交易违法案件的过程中,深刻感知自身知识不足,但又缺少系统的、专业的学习辅导用书。同时,各级工商行政管理部门根据近年来的具体实践,撰写了较多的网络交易管理类文章,且这类文章量大面广,有一些观点还有待商榷,对于刚涉足工商网络交易管理实践的同志来说常有不知所措之感。编写《网络交易管理理论与实务》旨在促进网络管理队伍建设,即对我国工商网络交易管理理论和实践进行系统地总结,为基层干部学习网络交易管理知识提供一本全面、有益的学习辅导用书,这对提升业务技能、保障履职到位、促进网络经济又好又快地发展具有重要意义。

　　本书主要服务对象是全国各级工商行政管理部门参与网络交易管理实践的相关人员,同时也力求为有志于开展网络交易管理研究的同志提供一本有益的参考书。内容侧重于基础知识,注重理论性和实用性;语言力求精练简洁,做到通俗易懂。本书具体内容包括互联网与电子商务(第1章)、网络交易管理综述(第2章)、网络交易行政执法(第3章)、网络交易消费维权(第4章)、电子数据证据取证(第5章)以及国内现行涉及网络交易管理方面的法律法规及规范性文件(附录)六个部分。其中互联网与电子商务部分立足于网络交易管理人员需要了解掌握的互联网技术和电子商务的相关知识;网络交易管理综述部分重点介绍网络交易的管理体制、内容、策略及以网管网技术、第三方网络交易平台治理及国外网络交易管理等;网络交易行政执法和网络交易消费维权这两个章节主要介绍这两项工作的基本理论、具体做法、主要经验及典型案例等;电子数据证据取证部分重点介绍了取证的基础理论知识,简要介绍了实务操作和取证技术;最后,在本书附录部分,摘录了与工商部门网络交易管理工作密切相关的法律、法规、行政规章和规范性文件。

在编写各个章节之前,我们不仅参阅了有关文献资料,而且对近年来在国家工商总局的《工商行政管理》、《中国工商管理研究》、中国工商报、工商部门政务内网以及互联网上发表的有关网络监管文章进行全面研读,对国家工商总局行政学院网络教学平台《网络商品交易监管专题班》培训课程进行全面学习,从中整理出大量有价值的素材。全书共涉及了20多位工商干部撰写的文章,因此,本书可以说是工商系统广大干部近年来深入开展网络交易管理实践和理论探索的结晶。

本书由国家工商总局网络商品交易监管司组织编写。初期,浙江省工商局承担了此书的初稿编写工作;其后,2014年5月,网络商品交易监管司在浙江省工商局召开初稿评审会议,北京、江苏、浙江、山东、四川、大连工商局网监机构有关同志参加评审会议;之后,2014年7月,在青海召开部分省市跨省网络商品交易监管工作协作机制研讨会,组织北京、上海、江苏、浙江、山东、四川、大连工商局网监机构参会同志对本书初稿的修订稿再次进行评审。浙江省台州市路桥区工商局陶利军同志承担初稿及修订稿主要执笔编纂工作,大连市工商局戚辉同志承担了本书部分初稿编写和最终统稿工作。网络商品交易监管司耿瑾云、柳晓、翟泳同志参与本书的编写和修订工作。在此,谨对参与本书编写工作的同志一并致谢。特别感谢浙江省工商局和大连市工商局对本书的编写工作给予的大力支持。

诚恳希望各位读者对本书存在的问题和疏漏之处给予批评和建议，为进一步修订本书做好有关准备。

国家工商行政管理总局网络商品交易监管司
二〇一四年九月

责任编辑/权燕子　张俏岩
封面设计/纺印图文

图书在版编目(CIP)数据

网络交易管理理论与实务/国家工商行政管理总局网络商品交易监管司编著.
—北京：中国工商出版社,2014.11
ISBN 978-7-80215-753-8

Ⅰ.①网…　Ⅱ.①国…　Ⅲ.①网上交易—监管机制—研究—中国　Ⅳ.①F724.6

中国版本图书馆 CIP 数据核字(2014)第 261531 号

书　名/网络交易管理理论与实务
编著者/国家工商行政管理总局网络商品交易监管司

出版·发行/中国工商出版社
经销/新华书店
印刷/北京翌新工商印制公司
开本/787 毫米×1092 毫米　1/16　印张/18.75　字数/280 千
版本/2014 年 11 月第 1 版　2014 年 11 月第 1 次印刷

社址/北京市丰台区花乡育芳园东里 23 号(100070)
电话/(010)63730074,63725178　电子邮箱/zggscbs@163.com
出版声明/版权所有,侵权必究

书号：ISBN 978-7-80215-753-8/F·876
定价：36.00 元

(如有缺页或倒装,本社负责退换)